本书由复旦大学马克思主义研究院资助出版

传承与发展

从科学社会主义到中国特色社会主义

孙　健◎著

上海人民出版社

目　录

序　言 /1

第一章　科学社会主义的空想社会主义前奏 /1

一、空想社会主义的形成背景 /1

二、空想社会主义的主要内容 /12

三、空想社会主义的历史贡献与局限性 /22

第二章　马克思、恩格斯对科学社会主义的探索 /28

一、社会主义从空想到科学的发展 /28

二、马克思、恩格斯关于“社会主义”和“共产主义”二词的使用情况 /41

三、未来社会的阶段划分及基本特征 /45

四、科学社会主义的思想建构特色 /59

第三章　十月革命的胜利与社会主义的实践 /74

一、时代变化与俄国无产阶级革命道路的探索 /74

二、列宁关于“社会主义”和“共产主义”二词的使用情况 /79

三、对社会主义建设道路的探索 /83

四、列宁社会主义思想中的时代性 /98

第四章　苏联社会主义制度的建立和苏联模式的兴衰 /107

一、苏联社会主义建设道路的选择 /107

二、对苏联社会主义建设的探索 /112

第五章　从新民主主义革命到社会主义实践 /118

一、对中国向何处去的难题的回答 /118

二、从新民主主义社会向社会主义社会的转变 /124

三、对社会主义革命与建设道路的探索 /127

四、从落后国情进一步丰富对社会主义的认识 /138

第六章　中国特色社会主义的开创与发展 /150

一、现实挑战与中国特色社会主义的提出 /150

二、中国特色社会主义的创新性贡献 /154

三、社会主义的中国特色日益彰显 /184

第七章　新时代中国特色社会主义的新发展 /188

一、承前启后与中国特色社会主义进入新时代 /188

二、新时代中国特色社会主义的时代要求 /192

三、新时代中国特色社会主义的发展创新 /199

四、新时代中国特色社会主义的发展特点 /210

五、新时代中国特色社会主义的重要意义 /215

结　语 /222

参考文献 /228

后　记 /236

序　言

马克思和恩格斯明确指出，“共产主义对我们来说不是应当确立的状况，不是现实应当与之相适应的理想。我们所称为共产主义的是那种消灭现存状况的现实的运动”①。作为“消灭现存状况的现实的运动”，共产主义的展开表现为一条道路。道路只能从脚下起步，在对时代问题的破解中推动社会主义事业的前进与发展。马克思、恩格斯找到了发达国家通往共产主义的道路，列宁探索了落后的俄国通往社会主义的道路，他们没有也不可能为当时落后的中国开辟出走向社会主义的现成道路。中国道路是中国共产党带领中国人民在实践中探索出来的，开辟了社会主义国家走向发展繁荣的道路，充满了鲜明的中国特色，在科学社会主义发展史上具有重要意义，为构建 21 世纪马克思主义基本原理提供了现实资源。

基于已有的研究成果，本书以科学社会主义的演进为研究对象，具体考察社会主义道路在不同时间、不同国家的发展历程，从而在时空交汇中揭示科学社会主义的演进规律，把握中国特色社会主义的理论创新与发展方位。由此，本书将着重探讨以下三个方面的问题。

问题一：社会主义的发展已有五百多年的历史，把握科学社会主义演进的轨迹与规律，对于明确中国特色社会主义的历史方位，构建 21 世纪马克思主义基本原理具有重要意义。那么，科学社会主义的演进究竟是什

① 《马克思恩格斯文集》第 1 卷，人民出版社 2009 年版，第 539 页。

么样?

问题二：改革开放以来，中国共产党领导中国人民开辟了中国特色社会主义道路，不仅推动了中国特色社会主义进入新时代这一新的历史方位，迎来了民族复兴的光明前景，也推动了世界社会主义的发展，为构建21世纪马克思主义基本原理提供了现实资源。那么，推动着中国与世界社会主义发展的中国特色社会主义究竟是什么样?

问题三：中国特色社会主义事业取得了历史性变革，中国特色社会主义进入新时代，这在实践中验证了中国特色社会主义的成功，也让中国的发展成为世界关注的焦点。在海内外学术界，对中国特色社会主义与科学社会主义的关系问题一直有着很大的争议，中国特色社会主义是“中国特色资本主义”“实用主义”等错误论调不绝于耳，进而产生的“共产主义虚无缥缈论”也时常耳闻。这些错误论调的产生说明我们对中国特色社会主义与科学社会主义之间的关系研究还应该进一步加强。那么，中国特色社会主义与科学社会主义究竟是什么关系?

综上，我们有必要对科学社会主义的演进规律进行研究。一方面是要展示科学社会主义的演进轨迹，力求发掘科学社会主义的演进规律，为构建21世纪马克思主义基本原理提供理论与现实资源；另一方面是要从学理上对中国特色社会主义与科学社会主义之间的关系进行循本溯源，把握中国特色社会主义的性质与历史方位，揭示中国特色社会主义的科学社会主义底色，坚定“四个自信”，推动中国特色社会主义事业发展。

第一章　科学社会主义的空想社会主义前奏

科学社会主义不是凭空产生的，而是来自空想社会主义这个形态。空想社会主义的产生与发展是与资本主义制度密切相关的。随着资本主义制度的形成与发展，空想社会主义也在不断地走向成熟。空想社会主义从16世纪兴起，于19世纪发展到顶峰，这三百多年的历史大致可以分为早期、中期、晚期三个阶段。早期莫尔、闵采尔等人以神秘主义的写作手法对未来社会作了基本的设想；中期摩莱里、马布利等人以法律的形式进一步阐释了未来新社会的基本架构，并且指出了实现未来新社会的途径；晚期圣西门、欧文等人系统性地发展了空想社会主义理论。空想社会主义者揭露了资本主义的弊端，描绘了未来生活的理想图景，为科学社会主义的形成提供了思想材料和理论准备。

一、空想社会主义的形成背景

15至19世纪，随着资本主义经济的迅猛发展，欧洲社会陷入前所未有的危机与动荡之中。通过残酷的原始积累，资产阶级迅速聚敛财富，无产阶级队伍不断壮大并遭受着惨无人道的剥削。资本主义原始积累引发的两极分化、无产阶级赤贫化和日益尖锐的阶级矛盾，成为这一时期最突出的社会问题。消弭阶级对立、化解社会矛盾成为无数先进思想家孜孜以求的时代主题，“社会向何处去”成为这一时期最重大的历史之问。面对贫富悬殊、无产者苦难深重的悲惨景象，工人运动风起云涌，人文主义、理性主义、自然法等思想解放潮流此起彼伏，空想社会主义应运而生。欧文、傅立叶、圣西门等空想社会主义代表人物深入社会调查，敏锐洞察私有制度弊端，开始探求改造社会的方案，试图为“社会向何处去”指明方向。

（一）资本主义的原始积累与社会危机

1. 地理大发现与资本主义世界市场的形成

15 世纪末以来，欧洲商品经济快速发展，手工业生产突破地域性限制，迫切需要开拓海外市场。与此同时，新航路的开辟客观上推动了资本主义世界市场的形成。通过地理大发现，欧洲传统的地中海贸易圈被突破，经济联系由欧洲内部拓展至美洲、亚洲、非洲等地。以葡萄牙、西班牙为代表的海洋国家率先建立殖民地，英国、法国、荷兰紧随其后，掀起了争夺海外殖民地和贸易霸权的大幕。16 世纪以后，英国东印度公司、荷兰东印度公司等特许贸易公司相继成立，对外贸易成为资本原始积累的有力杠杆。通过不平等贸易，这些公司攫取殖民地的财富，将之转化为资本，客观上促进了资本主义生产关系的萌芽。从总体上看，地理大发现使世界各地出现空前广泛而持久的联系，为资本主义世界体系奠定了初步基础。它是人类社会发展史上一次具有划时代意义的伟大事件，标志着资本主义开始从多方面显露自己。

2. 圈地运动与“血腥立法”

与对外贸易扩张相适应，欧洲各国也通过一系列暴力手段，剥夺农民土地，将其驱逐为“自由的”无产者。最典型的是英国的“圈地运动”。从 15 世纪后期开始，英国羊毛工业获得飞速发展，羊毛制品成为重要商品。为扩大牧羊场，地主阶级纷纷用暴力手段强占农民土地，肆意践踏农民权益。托马斯 · 莫尔的《乌托邦》一书中就对英国羊毛工场有生动描述，“全国各处，凡出产最精致贵重的羊毛的，无不有贵族豪绅，以及天知道什么圣人之流的一些主教”，“把每寸土都围起来做牧场，房屋和城镇给毁掉了，只留下教堂当作羊栏”。[①] 亨利八世统治时期，大量教会财产遭到兼并，成为新贵族改造为牧羊场的目标。到 16 世纪中叶，圈地运动达到高峰，成千上万农民沦为佃农或雇农。与此同时，英国还出台一系列“血腥立法”，将流落街头的贫民定为“恶棍”，强迫他们接受雇佣劳动。圈地运动残酷剥夺农民生存权，迫使他们与生产资料分离，为资本主义积累创造了“自由的”工人。它标志着英国由封建社会向资本主义社会过渡，为资本原始积累奠定了阶级基础。

3. 殖民掠夺与奴隶贸易

资本原始积累的血腥进程还体现在殖民掠夺和奴隶贸易上。欧洲殖民者以“文明”和“上帝”的名义，对殖民地进行经济掠夺、政治奴役和人身严控，通过不平等贸易攫取高额利润。广大殖民地人民沦为待宰的羔羊，遭受着惨无人道的奴役和蹂躏。荷兰人在东南亚，葡萄牙人在巴西，西班牙人在拉丁美洲，无不以极端野蛮的方式攫取当地的财富。正如马克思所指出的，“这种奴隶制就它的不人道和残酷性来说并不亚于古代的奴隶制”[②]。原始积累对人性的摧残达到了骇人听闻的程度。与之相伴的是奴隶贸易。奴隶贸易给非洲大陆带来灾难性的人口损失，也深刻影响了后来非洲的发展轨迹。奴隶制种植园为欧洲资本主义原始积累提供了持续不断的原料来源，客观上促进了欧洲工商业的繁荣。正如马克思所言，“没有奴隶制，就没有棉花；没有棉花，就没有现代工业”[③]。可见，殖民掠夺和奴隶贸易极大地促进了欧洲资本原始积累，但其残暴性也昭示了这一过程的反人道实质。

4. 资本原始积累引发的社会危机

资本主义要确立，就必须实现生产资料在资产阶级手中的集中和劳动

---

① ［英］托马斯·莫尔:《乌托邦》，戴镏龄译，商务印书馆 1982 年版，第 21 页。

② 《马克思恩格斯全集》第 1 卷，人民出版社 1956 年版，第 598 页。

③ 《马克思恩格斯文集》第 10 卷，人民出版社 2009 年版，第 49 页。

者沦为“自由的”雇佣工人这两个先决条件。而资本原始积累正是“只不过是生产者和生产资料分离的历史过程”①。通过这一过程，一方面资本家占有了巨额财富，另一方面广大劳动群众失去了赖以生存的土地和生产资料，二者的对立被极大地激化了。在英国，原始积累主要采取“圈地运动”的形式展开。特别是都铎王朝建立后，国家力量进一步加强，圈地运动以前所未有的规模暴力地进行着。②地主阶级为发展羊毛贸易获取利润，纷纷用暴力手段强占农民的土地，大批农民沦为无地的雇农或无产者。更有甚者，地主将土地圈起来改造为牧羊场，肆意驱赶农民，大肆毁坏农舍。大规模的圈地运动摧毁了英国传统的自耕农经济，加剧了土地兼并，造成大量农民破产，沦为无产者，“为资本主义生产方式奠立基础的变革的序幕”③，迫使他们到城镇寻找出路。由于手工业处于资本主义工场手工业阶段，根本无法容纳如此庞大的就业群体。结果许多人陷入赤贫，沦为乞丐、流浪汉、盗贼和娼妓。更多农民则完全失去生存手段，挣扎在死亡线上。与此同时，地主借助圈地暴富，而手工业主通过加强剥削攫取财富。因此，资本原始积累以血腥的方式推进了贫富分化，加深了阶级矛盾。总的来看，资本原始积累引发的社会危机，集中反映为贫富分化和阶级对立，成为空想社会主义产生的重要背景。正是面对不平等和苦难的现实，空想社会主义者开始探寻改造社会的方案。

（二）资产阶级革命的胜利与历史局限

1. 资产阶级革命的胜利

经过血腥的原始积累，资产阶级聚敛了大量财富，迅速发展壮大起来，与此同时，无产阶级也开始登上历史舞台。统治阶级内部开始分化为占有生产资料的资产阶级和占有政权的封建贵族阶级，二者的对立日益尖

① 《马克思恩格斯文集》第5卷，人民出版社2009年版，第822页。

② 陈曦文：《世界中世纪史研究》，人民出版社2006年版，第1页。

③ 《马克思恩格斯文集》第5卷，人民出版社2009年版，第825页。

锐。到 18 世纪末，资产阶级在经济领域确立优势的同时，也开始在政治上向封建势力发起挑战。英国 17 世纪的资产阶级革命和法国 18 世纪末的资产阶级革命，推翻了封建君主专制统治，建立了资产阶级民主制度，促进了资本主义经济的快速发展。这是人类社会从封建社会向资本主义社会过渡的重大转折，在政治上确立了资产阶级统治，在经济上扫除了封建束缚，极大解放了生产力。资产阶级革命的胜利，标志着资本主义制度在欧洲的确立，资本主义生产关系获得充分发展的政治和法律保障。从这个意义上说，资产阶级革命具有重大的历史进步性，推动人类社会向前发展，客观上为社会主义革命创造了历史条件，但资产阶级革命的胜利并没能彻底消除社会矛盾，反而使无产阶级和资产阶级的对立更加明朗化。无产阶级的贫困与资产阶级的财富同时增长，这就注定了二者终将在未来的某一天发生碰撞。

2. 资产阶级革命未能根本消灭私有制和阶级剥削

资产阶级革命在推翻封建统治、建立资本主义制度方面具有重大历史意义。但从根本上说，这些革命并没有消灭生产资料私有制，也没有从根本上改变剥削阶级统治被剥削阶级的社会本质。在政治革命胜利后，资产阶级取代了封建贵族成为社会的统治阶级，但生产资料私有制的性质并未发生变化。虽然封建的人身依附关系被废除，但劳动者并没有获得真正的解放。他们不得不出卖自己的劳动力，沦为雇佣劳动者，或沦为失业后备军。资本主义生产关系的确立，意味着资本剥削劳动的新型阶级对立关系的形成。资产阶级与无产阶级之间的矛盾日益上升为资本主义社会的主要矛盾。资本主义生产方式必然导致两极分化，“在一极是财富的积累，同时在对立的一极，即在生产资本本身的阶级方面，是贫穷、劳动折磨、无知、粗野、道德堕落和受奴役的积累”①。因此，从社会经济基础的视角来看，资产阶级革命只不过是片面的革命。一种剥削劳动者的形式被

① 《马克思恩格斯全集》第 43 卷，人民出版社 2016 年版，第 693 页。

另一种剥削形式代替了，但是剥削本身仍然存在。资产阶级革命没有也不可能最终消除生产资料私有制，没有也不可能最终消除人剥削人的现象。相反，随着资本主义经济的发展，无产阶级所遭受的剥削和压迫将更趋残酷。

3. 资产阶级的政治诉求具有明显的阶级局限性

资产阶级在反封建斗争中，往往打着“自由、平等、博爱”的旗号，标榜要建立民主共和的政治制度，但细究其言论要旨，不难发现其诉求具有明显的阶级烙印。所谓“自由”，主要是资产阶级的自由，是资本主义生产和交换不受封建特权束缚的自由；所谓“平等”，主要是形式法律面前人人平等，而不是消灭阶级和实现社会公正；所谓“博爱”，也仅仅是一种抽象的道德说教，掩盖了资产阶级的利己主义实质。资产阶级革命的果实最终只能为资产阶级所享有。在英国，1832 年的选举法改革依然把大多数工人阶级排除在选举权之外。而法国大革命后，雅各宾派的倒台和热月政变标志着大资产阶级对广大城乡劳动群众的背叛。在这个意义上，资产阶级革命所确立的民主共和只是一种形式上的民主，无产阶级和广大劳动群众并没有获得实质性的政治权利，议会制民主在很大程度上只是资产阶级统治的政治工具。

4. 资产阶级革命动力的软弱性和妥协性

资产阶级在反封建斗争中，客观上要依靠下层劳动群众的支持。这是因为，广大人民群众是反抗封建专制统治的重要力量。资产阶级要取得革命的胜利，必须联合和利用这一力量。这一点在英国和法国资产阶级革命中表现得尤为突出。但问题的实质在于，无论是英国的独立派还是法国的吉伦特派，他们都把人民群众视为达到自身政治目的的工具。在夺取政权后，资产阶级从根本利益出发，通过种种方式巩固自身的统治地位。一方面，他们竭力限制人民群众参与政治的权利，实行选举权、被选举权的财产限制。另一方面，他们变本加厉地剥削劳动群众，极力压制人民群众的反抗。在这个过程中，无产阶级开始作为独立的政治力量登上历史舞台。

1831 年法国里昂工人起义，就是这一趋势的典型标志。由此可见，资产阶级的革命性是有限度的、不彻底的。他们只有在反封建斗争中才表现出一定的革命性，而在对待人民群众特别是无产阶级时则充满了敌视和压制。这种软弱性和妥协性决定了资产阶级只能充当反封建斗争的先锋，而不可能成为彻底变革的主力军。只有无产阶级才是最彻底的革命阶级，只有无产阶级革命才能最后实现人的解放。

5. *启蒙运动思潮未触及资本主义制度的本质*

在资产阶级革命时期，启蒙运动思潮犹如一面鲜明的思想旗帜，在反对封建专制、倡导科学和理性等方面发挥了巨大的思想解放作用，对资产阶级革命具有重大的思想动员意义。但深入分析不难发现，启蒙哲学所宣扬的个人主义、自由主义等观念，从根本上说仍是资产阶级意识形态的一种表现形式。它的理论基础是私有财产神圣不可侵犯，核心诉求是维护新兴资产阶级的切身利益。因此，启蒙运动固然可以冲击封建神学，批判君主专制，但它不可能也无意触及资本主义私有制的根基。相反，不少启蒙思想家从人性自私自利出发，极力为资本主义辩护。洛克关于政府必须尊重和保护私有财产的学说，就是典型的资产阶级政治理论。休谟把个人私欲视为社会的纽带，更是赤裸裸地为资本主义的利己主义张本。可以说，启蒙运动只是资产阶级上升时期反封建斗争的思想反映，它无法超越资本主义社会的藩篱。因此，尽管启蒙运动在反封建、争自由方面具有重要的历史进步性，但由于其资产阶级意识形态属性，注定不可能从根本上揭示和解决资本主义社会的种种弊端。

综上所述，资产阶级革命虽然推翻了封建专制统治，但由于其阶级局限性，注定不可能从根本上消灭阶级和剥削，不可能真正实现人民群众当家作主，不可能为人类指明通往美好未来社会的道路。只有通过无产阶级革命，在生产资料公有制基础上建立起新型的社会主义社会，才能最终消灭一切剥削和压迫，实现每个人自由而全面的发展。因此，在马克思看来，“代替那存在着阶级和阶级对立的资产阶级旧社会的，将是这样一个联合体，在那里，每个人的自由发展是一切人的自由发展的条件”①。这一科学预见深刻阐明了人类社会发展的一般规律和历史趋势。而在资本主义还未完全确立的空想社会主义时期，“空想的”未来社会图景已经开始萌芽。尽管空想社会主义流派在理论上还不成熟，存在种种缺陷和局限，但他们对现实社会弊端的深刻批判、对未来理想社会的美好向往，客观上表达了无产阶级和广大劳动人民改造世界的强烈愿望。

（三）空想社会主义的思想渊源

1. 人文主义为空想社会主义孕育开辟道路

人文主义思想产生于文艺复兴时期，强调以人为中心，肯定人的价值、尊严和理性。人文主义者批判封建神学将人描绘为罪恶的化身，主张人性善良，具有崇高的精神境界。他们反对封建专制和教会神权对人性的禁锢，倡导个性解放，这对于启迪理性、解放思想产生了积极影响。虽然人文主义并未从根本上动摇封建社会的经济基础，但其所蕴含的平等博爱思想，为启蒙运动乃至空想社会主义思潮的兴起创造了思想条件。进入启蒙时代，人文主义思想进一步升华，如卢梭的天赋人权论就从人性善良的假设出发，抨击现实社会的不平等现象，主张人人生而平等，私有制是万恶之源。这些进步思想虽带有朴素平均主义色彩，但从理论上论证了封建特权和资产阶级统治的不合理性，为空想社会主义直接批判私有制提供了思想武器。人文主义思想的进步性体现在对人的主体性的肯定、个性解放的呼唤以及对封建专制的批判，它虽没有也不可能直接导向社会主义，却在反封建斗争中冲击了僵化保守的意识形态，开辟了进步的思想道路，从而为空想社会主义的孕育准备了重要的思想资源。

2. 理性主义哲学奠定空想社会主义理论基础

理性主义是启蒙运动的重要特征，启蒙思想家将理性视为衡量一切是非善恶的终极尺度。在他们看来，世间的一切问题皆可诉诸理性而得到解

① 《马克思恩格斯文集》第10卷，人民出版社2009年版，第666页。

决，只有经得起理性检验的事物才是合乎道德、正义的。受理性主义哲学影响，空想社会主义者将理性作为论证其理想社会图景的哲学基础。在他们看来，未来社会不仅合乎道德，也应当顺应理性。正是秉持这一立场，空想社会主义者才敢于打破传统观念的束缚，超越现实社会的局限，以应然的理想社会方案来批判实然的不合理现实。因此，从思想渊源和方法论视角看，理性主义哲学为空想社会主义理论的形成奠定了重要的哲学基础。启蒙时期兴起的理性主义哲学思潮，极大影响了空想社会主义的代表人物。他们往往怀着极大的热忱阐发各自的理想社会方案，对未来图景的设计无不闪耀着理性的光辉，呈现出某种合乎历史逻辑的正当性。尽管他们对理性能力有所夸大，对未来社会的设想也难免理想化，但这种运用理性分析和解决现实问题的科学态度，永远值得后人敬佩。正是基于时代呼唤进步、现实需要改良的考量，空想社会主义者才以理性之名对现实社会进行了深刻批判，并以此来设计美好未来，传播进步真理。因此，理性主义哲学思潮虽有局限，但作为空想社会主义得以形成的重要思想渊源，其积极意义不容忽视。

3. 自然法学说为空想社会主义提供话语资源

与理性主义相表里，自然法思想是启蒙运动中另一股进步思潮。自然法学说认为，在人为制定的实在法之外，还存在一种先在的、高于一切成文法的自然规律，这种规律是普遍适用的道德律令，任何与其相抵触的人为制度都是不合理的，都应当加以废除。自然法学说发轫于古希腊，在罗马时期经西塞罗等人阐发，中世纪又与基督教神学相结合，至17、18世纪才逐渐突破神学藩篱，上升为资产阶级反对封建专制的利器。启蒙时期的思想家大都信奉自然法理论，他们运用自然法原则抨击封建特权的非理性，证明资产阶级民主的合法性。与此同时，空想社会主义者也受到自然法思想的影响。他们往往论证私有制有悖自然法原则，而公有制才是天赋人权的应有之义。在他们看来，按劳分配、各尽所能的社会主义社会，才是最合乎自然的理想社会形态。由此可见，作为启蒙运动时期广泛流行的进步思潮，自然法学说为空想社会主义批判私有制、论证未来社会的正当性提供了重要的话语资源和理论依据。

（四）早期无产阶级运动的兴起

1. 早期无产阶级的悲惨处境

从 15 世纪末开始，欧洲无产阶级队伍迅速扩大。大批失去土地和生产资料的农民涌入城市，沦为“自由的”雇佣工人。但是，早期资本主义工业规模有限，根本无法容纳如此众多的就业者。而那些进入工厂的雇佣工人也没有多少好日子过。工人失去了独立的个体生产者地位，被迫接受极其残酷的雇佣劳动形式。资本家肆意延长工作日，有时达到 16 个小时。劳动强度大大加强，工人没有任何社会保障。马克思、恩格斯描绘道：“工人被迫加班工作很多时间：每班工作不是 8 小时，而是 12—16 小时。”① 恩格斯则在《英国工人阶级状况》中指出：“现代工业一兴起，工厂就雇用小孩子；最初由于机器小（以后变大了），在机器上工作的几乎完全是小孩。”② 为追求利润，资本家肆意使用妇女儿童，工人阶级的生存状况每况愈下。同时，机器的广泛采用加剧了无产阶级的困境。机器取代了大量工人，加剧了失业问题。恩格斯引用大量数据说明这一点，“失业人数年复一年地增加，却没有人解答这个问题”③，工人失去了谋生手段，工资水平也被压低。面对无情的机器，一方面一部分工人获得了较高的工资，另一方面更多的工人沦为赤贫，无产阶级内部分化加剧。

2. 早期无产阶级运动的发展

面对资本的残酷压榨，早期工人自发开展了斗争。英国的“卢德运动”标志着工人运动由个别斗争上升为群众性运动。这场运动发生在 1811 年至 1813 年，其直接起因是机器的广泛采用引发大量失业。许多工人将

---

① 《马克思恩格斯全集》第 21 卷，人民出版社 1965 年版，第 432 页。

② 《马克思恩格斯全集》第 2 卷，人民出版社 1957 年版，第 435 页。

③ 《马克思恩格斯文集》第 5 卷，人民出版社 2009 年版，第 35 页。

失业归咎于机器，由此掀起声势浩大的捣毁机器浪潮。卢德分子以摧毁机器为手段表达不满，这种破坏行为根源于对机器本质的认识局限，反映出工人运动自发性和盲目性。尽管如此，卢德运动客观上促进了英国工人阶级的政治觉醒，标志其开始作为一支独立的政治力量登上历史舞台。恩格斯指出，工人们“开始意识到自己是一个阶级，并作为一个阶级行动起来”①，可见，卢德运动客观上促进了工人的阶级觉悟，为此后的斗争奠定了基础。同时，卢德运动也引起了欧文等空想社会主义者的关注。面对工人群众的困境，欧文积极筹划改良实验，试图缓解劳资矛盾，这体现了空想社会主义理论开始关注现实问题。随着卢德运动的失败，工人斗争转向工联组织形式。此后，法国里昂工人、德国西里西亚纺织工人相继举行大罢工。这些斗争尽管最终都遭到镇压，但表明了无产阶级作为一个独立的政治力量登上历史舞台。总的来看，19 世纪 10—40 年代，英法等国工人运动虽还处于自发阶段，带有局部性和分散性，但它昭示了一个基本事实：随着资本主义工业化的发展，无产阶级已经登上历史舞台，成为推动社会进步的主力军。每一次反抗剥削的斗争，都推进了无产阶级的政治独立和觉悟提高。在这个意义上，早期工人运动不仅推动了无产阶级解放事业的发展与空想社会主义的发展，也为后来科学社会主义理论的创立准备了条件。

3. 早期无产阶级运动对空想社会主义的影响

早期工人运动的兴起，极大地推动了空想社会主义思想的丰富和发展。一方面，空想社会主义理论家开始将关注点从书斋转移到工人现实生活和斗争中，试图为解决“社会问题”寻找出路。他们通过调查、实验、宣传等方式，积极参与工人事务，使理论主张更加贴近实际。另一方面，工人运动实践也为空想社会主义理论提供了现实依据。通过总结工人斗争的经验教训，空想社会主义者开始意识到仅靠“爱的道德”不足以消除贫

① 《马克思恩格斯文集》第 2 卷，人民出版社 2009 年版，第 209 页。

困和不平等，进而强调革新社会制度的重要性。在理论视野上，他们开始把批判的目光投向生产领域，初步触及资本主义剥削实质，但尚未找到革命的途径。总的来看，19 世纪上半叶空想社会主义与工人运动相互借力、相互促进，共同推进了人类解放事业的进程。但早期工人运动的局限性也反映在空想社会主义身上，如对工人阶级的发展规律认识不足，对革命暴力持否定态度等。因此，要真正实现工人阶级解放，还必须以科学理论为指导，这就需要马克思主义的诞生。

综上所述，资本主义原始积累是一把“双刃剑”，它一方面极大推动生产力发展，另一方面又引发了空前严重的社会危机。正是面对资本原始积累引发的深重危机，面对工人群众日益觉醒的抗争，空想社会主义开始萌芽。它试图为改造不合理的社会现实提供方案，客观上表达了劳动群众摆脱苦难的美好愿望。因此，只有厘清资本原始积累与工人运动的辩证关系，才能准确认识空想社会主义产生的社会历史根源。应当看到，空想社会主义思想从提出之日起，就与现实社会矛盾和工人斗争实践紧密关联。一方面，资本原始积累引发的社会危机是空想社会主义得以孕育的现实土壤。只有在两极分化、阶级对立尖锐化的背景下，设想未来美好社会的空想才有了现实针对性和迫切性。另一方面，工人阶级反抗剥削压迫的斗争，又是空想社会主义得以丰富和发展的实践基础。如果没有工人群众斗争实践的推动，空想社会主义就难以突破自身局限，实现从书斋到街头的飞跃。

二、空想社会主义的主要内容

（一）建立公有制，不断深化对分配方式的认识

1. 在对资本主义私有制批判的基础上提出公有制

随着资本主义生产方式的确立和发展，资本主义私有制逐渐成为社会的主导经济制度。然而，伴随资本主义私有制而来的是一系列深刻的社会问题，如贫富分化加剧、劳工生存困境等。面对资本主义的种种弊端，空

想社会主义者从无产阶级立场出发，对资本主义私有制进行了系统而深刻的批判，揭示了私有制的本质及其必然导致的社会危害。在此基础上，他们创造性地提出了公有制的主张，积极探索一种全新的生产关系和社会形态，为科学社会主义的诞生奠定了重要的理论基础。

在空想社会主义的早期阶段，此时欧洲的资本主义刚刚萌芽，社会处于封建主义向资本主义过渡的时期，资本主义处于原始积累阶段。因此，空想社会主义的思想家批判的重点是封建制度的落后与腐败，以批判资本主义为辅。他们敏锐地看到了资本主义原始积累过程中“圈地运动”等暴力手段对广大农民的残酷剥夺，深刻揭露了资本主义的残暴本质。早期的空想社会主义阶段，思想家对公有制的认识尚比较朦胧和直观，主要运用文学或宗教神学等语言对公有制社会进行了大致勾勒，在唯物史观方面尚存在局限性，但其人道主义关怀和改造社会的进步意识值得充分肯定。如：莫尔在《乌托邦》一书中揭露了资本主义的弊端，认为私有制是一切祸害的总根源；康帕内拉在《太阳城》一书中描绘了一幅以公有制为基础、没有剥削和压迫、公正平等的未来美好社会图景。

随着资本主义的生产进入到工场手工业阶段，资产阶级和无产阶级的矛盾逐渐凸显。空想社会主义者对资本主义的剥削认识得更为深刻，此时空想社会主义进入中期阶段，他们认清了资本主义虚伪、骗人的一面，希望通过法典、宪政的方式实现公有制。他们认为，资本主义私有制是导致社会不平等的根本原因。在资本主义生产关系下，生产资料被资产阶级私有，无产阶级只能通过出卖劳动力来维持生存。这种以生产资料私有制为基础的经济制度，必然导致资产阶级对无产阶级的剥削，两个阶级之间的贫富差距日益扩大，社会分化加剧。摩莱里在其代表作《自然法典》一书中对私有制进行了严厉的批判，认为“私有制是一切社会罪恶之母”①，公有制才是符合人类的天性，并用立法的形式规定了以实现公有制为基础的

① ［法］摩莱里：《自然法典》，刘元慎、何清新译，商务印书馆1959年版，第154页。

共产主义的原则。这些见解表明，空想社会主义者已开始从制度层面深入剖析私有制的本质，在理论上得出了以公有制取代私有制的结论，但在实现途径上仍然带有空想性。

随着工业革命的完成，资产阶级全面统治欧洲社会，但资产阶级宣扬的人权、平等、自由等价值并未落实，广大无产阶级依然遭受剥削压迫。此时，空想社会主义进入晚期阶段，无产阶级运动日益蓬勃，形成资产阶级与无产阶级两大对立阶级，阶级矛盾尖锐。空想社会主义者将批判的矛头直接对准资本主义私有制，论证私有制与阶级剥削的内在联系。空想社会主义者欧文在《新社会观》中明确指出“私有财产是贫困的唯一根源”①。晚期空想社会主义者通过深入分析资本主义生产关系，更加明确地揭示了私有制的剥削本质，论证了消灭私有制、建立公有制的必然性。不仅如此，他们还进行了社会实验，建立“和谐公社”，试图将空想付诸实践。虽然这些实验最终都以失败告终，但其对私有制的批判却达到了空前的深度和力度，推动了空想社会主义理论的持续发展。

尽管空想社会主义者对资本主义私有制的批判尚缺乏系统性和科学性，对未来公有制社会的设想带有朴素幻想的色彩，但他们对私有制的批判具有划时代的意义，其改造社会、实现公有制的主张蕴含着丰富的理论价值。空想社会主义者通过对私有制的否定，对公有制的设想，在客观上推动了社会发展，为马克思主义的创立准备了必要的思想前提，也为人类摆脱资本主义私有制的桎梏指明了方向。

2. 分配方式：经历了按需分配、平均分配到按劳分配的过渡

随着资本主义生产方式的发展，资产阶级逐步确立了自己的统治地位。然而，资产阶级的发展壮大是建立在对无产阶级残酷剥削的基础之上的。面对资本主义社会贫富分化加剧、无产阶级生活困苦等突出问题，空

---

①［英］罗伯特·欧文:《欧文选集》第2卷，柯象峰等译，商务印书馆1981年版，第13页。

想社会主义者从无产阶级立场出发，根据资本主义发展的不同阶段，从不同角度探讨了在未来社会中实现社会产品分配的理想方式。他们的分配思想呈现出从按需分配到平均分配再到按劳分配的演进过程，逐步摆脱了早期的幼稚性和空想性，日益体现出科学性和现实性，对马克思主义分配理论的创立产生了重要影响。

按需分配是早期空想社会主义者的基本观点。在资本主义原始积累时期，资产阶级与新贵族通过“圈地运动”等暴力手段迫使广大劳动人民离开土地，沦为无产者。他们受到封建主义和资本主义的双重压迫与剥削，生活在极端贫困和困苦之中。面对劳动人民的悲惨处境，空想社会主义思想家提出了按需分配的思想主张，其根本目的在于保障劳动人民最基本的生活需求。如英国空想社会主义者莫尔在其著作《乌托邦》中设想：“任何一户的制品都运到市场的指定建筑物中。各种货物在仓库中是按类存放。每一户的户主来到仓库觅取他自己以及他的家人所需要的物资，领回本户，不付现金，无任何补偿。”① 这种分配模式体现了空想社会主义者对普通劳动者的深切同情，代表了人类的美好愿望，具有浓厚的人道主义色彩。但是，由于这一时期资本主义生产力发展水平很低，物质财富极度匮乏，因而早期空想社会主义者的按需分配思想带有明显的空想性。

平均分配是中期空想社会主义者的基本观点。随着启蒙运动在欧洲大陆的广泛传播，以自由、平等为核心的资产阶级意识形态得到了普遍宣扬。然而，空想社会主义者敏锐地意识到，资产阶级鼓吹的自由平等，实质上是维护资产阶级财产私有制和利益的理论外衣。因此，空想社会主义者对资产阶级虚伪的平等观念进行了深刻抨击，提出在分配领域实现实质性的平等。法国空想社会主义者巴贝夫在《平等论》中指出，在理想的“平等共和国”里，“福利必须让大家普遍享受，必须均等分配”②。

① ［英］托马斯・莫尔：《乌托邦》，戴镏龄译，商务印书馆 1982 年版，第 61 页。

② ［法］巴贝夫：《巴贝夫文选》，梅溪译，商务印书馆 1962 年版，第 89 页。

空想社会主义者的平均分配思想虽然没有考虑到社会成员在劳动能力、需求等方面的差异，存在一定局限性，但其彻底的平等主义立场，鲜明地表达了无产阶级的利益诉求，对资产阶级的平等观念是一次猛烈的冲击。

按劳分配是晚期空想社会主义者的基本观点。随着欧洲各国逐步走上资本主义道路，资产阶级上升为社会的统治阶级。在工业革命的推动下，机器大工业迅速发展，逐步取代了手工工业。机器的广泛应用导致大量手工业工人失业，无产阶级队伍迅速扩大。两大对立阶级之间的矛盾日益激化，无产阶级反抗资本主义剥削的斗争风起云涌。晚期空想社会主义者以更加深刻、具体的方式批判资本主义制度，揭示了资本主义经济运行的内在规律。他们开始系统分析资本主义生产、交换、分配等各个环节，试图探寻社会主义分配制度的合理形式。正是在这一背景下，空想社会主义者提出了按劳分配的思想。如法国空想社会主义者圣西门指出，在未来社会中，国家“每个社会成员按其贡献大小，各自得到最大的富裕和福利”①，圣西门的观点实际上已经隐含了按劳分配原则的合理因素。这些空想社会主义者挖掘了资产阶级古典经济学中劳动价值论的合理内核，初步形成了以劳动为尺度进行分配的理论观点。这标志着空想社会主义分配思想的进一步发展和成熟。

总的来看，空想社会主义者的分配思想虽然存在局限性，分配方式也不尽科学合理，但其所蕴含的平等、公正理念，对人类追求美好社会的进步意义是不容忽视的。他们对资本主义分配制度的批判，对社会主义分配原则的探索，极大地丰富了人类在分配领域的理论视野，也为马克思主义科学的分配理论提供了有益借鉴。马克思主义科学地总结了空想社会主义分配思想的合理内核，将按劳分配确立为社会主义初级阶段的基本分配原则。这一原则既考虑到劳动者的个人利益，又兼顾社会公平正义，是调动

① ［法］圣西门：《圣西门选集》第2卷，董果良译，商务印书馆1982年版，第293页。

劳动者积极性、促进生产力发展的重要制度保证。

（二）着力探索民主的政治制度

空想社会主义创始人莫尔在其著作《乌托邦》中，对封建专制制度进行了深刻批判，提出了人民享有选举、监督和罢免国家官员的权利，应该坚持主权在民的原则。这一思想开启了空想社会主义探索民主政治制度的先河，对后世产生了重大而深远的影响。后来的空想社会主义者在吸收和借鉴莫尔思想的基础上，结合资本主义生产关系全面建立和无产阶级反抗斗争日益高涨的社会现实，进一步丰富和发展了对未来社会民主政治制度的系统理论设计，初步勾勒出未来社会主义国家的制度蓝图。

1. 确立了人民主权的原则

人民主权原则是现代民主政治的基石，它强调一切权力属于人民，人民是国家的主人。空想社会主义者敏锐地洞察到资产阶级标榜的民主自由的虚伪性，指出资产阶级的民主权利只是少数人的特权，广大无产阶级和劳动人民依然处于被剥夺、被奴役的地位。为了彻底改变这一状况，空想社会主义者率先提出要将权力交还人民，在生产资料公有制的基础上，以法律形式确立人民的权力，并通过相应的选举制度、监督制度来巩固和维护人民的权力。如法国空想社会主义者马布利指出，国家的最高权力属于人民，人民代表机关是国家最高立法机关；最高行政机关由人民代表机关选举产生，权力受其制约。① 另一位法国空想社会主义者摩莱里也认为，各级别领导人与人民群众完全平等，只有为社会服务，才能赢得人民的尊重和拥护；一旦违法，则会将其永远开除公民队伍。② 可以看出，空想社会主义者对人民主权原则已有比较清晰和全面的认识。同时，空想社会主义者还主张公民权利平等，人人享有平等的政治权利和平等获得劳动成果的权利。法国空想社会主义者卡贝在描绘未来社会蓝图时指出，社会成员

---

① 萧贵毓、牛先锋：《社会主义通史》第1卷，人民出版社2011年版，第168页。

② 同上书，第155页。

共同劳动，实行财产公有制，每个人具有平等权利和义务，享受同样的福利，承担同样的责任。[①] 在他看来，只有在人民主权原则指导下建立起民主政治制度，才能真正实现人人平等的理想。卡贝的这些思想对 19 世纪三四十年代法国工人运动产生了重要影响。总的来看，空想社会主义者对人民主权原则的阐述，虽然还不够系统和成熟，但其高度强调人民的政治主体地位，肯定民主权利的普遍性，对反对封建专制和资产阶级虚伪民主具有重要意义。

2. 构建法律体系，建立公职人员选拔、监督与任免的民主机制

在对未来理想社会政治制度的构想中，空想社会主义者十分重视法治建设。他们认为，要维护人民主权，保障人民民主权利，就必须用法律的形式对社会生活各个领域进行规范。基于这一认识，空想社会主义者纷纷试图通过法典、法条等形式来规范未来社会的政治生活，为理想社会提供法律保障。如英国空想社会主义者温斯坦莱起草了《自由法》，法国空想社会主义者摩莱里编撰了《自然法典》。这些法典对公民的权利义务、国家机构的产生与运行等作出了系统规定，初步勾勒出未来社会的法治蓝图。虽然其内容在一定程度上脱离现实，不具有可操作性，但作为一次大胆的理论探索，在当时无疑具有划时代的进步意义。

除了构建法律体系，空想社会主义者还设计了一整套公职人员选拔、监督与任免的民主机制。通过分析当时社会的现实状况，空想社会主义者敏锐地认识到，要防止少数人利用手中的权力危害广大人民的利益，对抗腐败和官僚主义，就必须建立健全的民主选举与监督制度，真正让权力在阳光下运行。如温斯坦莱提出公职人员“应该由需要他的、认为他能胜任这项工作的人来推选”[②]。在其《自由法》中，他对公民的选举权和被选举

① 萧贵毓、牛先锋：《社会主义通史》第 1 卷，人民出版社 2011 年版，第 405—406 页。

② ［英］温斯坦莱：《温斯坦莱文选》，任国栋译，商务印书馆 1965 年版，第 132—133 页。

权作了详细规定，力图通过法律形式保障民主选举的实施。这些制度设计虽然还比较简陋，但已经初步体现了现代民主政治的基本原则，在一定程度上有助于人民当家作主，充分行使自己的民主权利。

总的来看，在法治建设和民主制度方面，空想社会主义者进行了卓有成效的理论探索。他们以极大的政治热情和想象力，提出了一系列新颖而独到的思想主张，这些主张虽然在当时还不具备现实的物质基础，但对推动人类社会的进步和发展产生了积极影响。同时，我们也应看到，由于历史条件的限制，空想社会主义在政治制度设计上还存在理想主义倾向，缺乏对革命道路和无产阶级专政等重大问题的科学认识，这些不足之处有待无产阶级革命家在实践中加以克服和完善。

3. 提出向未来社会的过渡的方式

针对如何实现向未来理想社会的过渡，空想社会主义阵营内部出现了不同的主张。总体而言，可以分为两大类型：其一是和平渐进派，其二是革命暴力派。

第一，主流的空想社会主义者提倡以和平、渐进的方式向未来理想社会过渡。以傅立叶、圣西门、欧文为代表的主流空想社会主义者提倡通过宣传教育、典型示范等手段，在不触动现存政治制度的基础上，逐步向未来社会过渡。他们认为，这种方式可以避免流血和社会动荡，符合历史发展的客观规律。这些空想社会主义者坚信，随着空想社会主义思想的广泛传播，随着合作社会实践示范作用的发挥，理想社会就可以在不流血、不动荡的基础上水到渠成。这一思路虽然体现了空想社会主义的理想主义倾向和阶级调和思想，对阶级斗争规律缺乏应有的认识，但在启蒙人民、传播先进思想方面发挥了一定的进步作用。

第二，少部分空想社会主义者主张革命的方式。巴贝夫就主张通过革命的方式来取得政权，建立未来理想社会。更为重要的是，他指出革命的成功并不意味着新政权的建立，革命成功之后还有一个过渡时期，在这一时期，要推行革命专政，教育组织群众，镇压敌人反抗，满足劳动人民的迫切要求，以巩固政权。[①]巴贝夫对革命专政的主体、对象、职能作了进一步交代，这是空想社会主义史上第一次提出过渡时期的政权问题。

总之，在民主政治制度探索方面，欧洲空想社会主义作出了不朽的理论贡献。他们以敏锐的洞察力揭露和批判了资本主义民主的虚伪性，提出在生产资料公有制基础上建立人民当家作主的新型民主政治的设想，为社会主义民主政治建设提供了宝贵的思想资源。

（三）消除三大差别，为促进人的全面发展创造条件

空想社会主义者在设计未来理想社会蓝图时，已经开始关注人的全面发展问题。他们全面审视了人的发展状况，深刻认识到在阶级社会和私有制条件下，人的自由而全面发展难以真正实现，必须着眼生产关系和社会结构的变革。基于这一认识，空想社会主义者提出了一系列消除社会差别、促进人的自由而全面发展的理论设想，极大地丰富和深化了人类对未来社会的想象和追求。这些思想对马克思主义人的全面发展理论的形成产生了重要影响。

1. 主张消除三大差别

在空想社会主义者看来，要实现人的解放和全面发展，必须着眼生产关系和社会结构的变革，消灭城乡差别、工农差别以及脑力劳动与体力劳动的差别，推动社会的和谐发展。这是他们构建未来理想社会的题中应有之义。莫尔在《乌托邦》中设想，在理想社会里，所有从事行政管理的官员都不脱离生产劳动，必须参与体力劳动，以消除脑力劳动与体力劳动的差别和对立。在人民生活方式上，虽然划分了城市和农村，但城乡之间已不存在本质的对立。人们生活在城市，劳动在农村，城乡差别在生活形态和生产方式上实现了统一。傅立叶指出，未来社会中的成员既要从事农业劳动，又要从事工业劳动，从而达到工农差别的消除和城市与农村差别的

① 萧贵毓、牛先锋：《社会主义通史》第1卷，人民出版社2011年版，第186—187页。

消失。[1] 英国空想社会主义代表人物欧文在《新社会观》中也有相似的论述。正如马克思所指出的，傅立叶和欧文“都要求消灭城市和乡村之间的对立，作为消灭整个旧的分工的第一个基本条件”[2]。尽管由于历史条件的限制，空想社会主义者提出的消除三大差别的设想，在 19 世纪的现实生活中还很难付诸实践，某种意义上带有空想和乌托邦色彩。但必须看到，他们以生产关系和社会结构变革为突破口，力图消除三大社会差别，从而破除旧的社会分工对人的束缚，实现人的解放和全面发展的理论旨趣，已经初步揭示了消除三大差别与促进人的全面发展之间的内在联系，树立了通过改造社会而实现人的自由而全面发展的崭新理念。这些理论对马克思主义人的全面发展学说的创立具有重要的启示意义。

2. 主张大力发展教育，促进人的全面发展

在探索实现人的全面发展的路径时，欧洲空想社会主义者高度重视教育的独特作用。在他们看来，教育是人的社会化的基本途径，是提升人的综合素质、促进人的全面发展的关键环节和必由之路。只有大力发展教育事业，普及科学文化知识，才能为人的全面发展提供必要的智力基础和思想保证。这一点在欧文和傅立叶的思想中得到了鲜明体现。欧文和傅立叶都主张为了提升人们的综合素质，必须要大力发展教育事业。要在社会成员出生后就加强教育，培养其天赋，培养劳动技能，在劳动中促进人们学习、掌握各项科学文化知识。社会成员既“从事生产劳动，又从事艺术和科学”[3]。只有这样，人才能够不断地得到全面发展，社会才会富有生机与活力。空想社会主义者的教育思想虽然还不够系统和成熟，但他们从人的全面发展的高度出发，提出了在社会生活中注重发展教育的主张，强调教育对提升人的综合素质、促进人的全面发展的重要作用，其中蕴含着十分

---

① 萧贵毓、牛先锋：《社会主义通史》第 1 卷，人民出版社 2011 年版，第 284 页。

② 《马克思恩格斯选集》第 3 卷，人民出版社 2012 年版，第 680 页。

③ ［法］傅立叶：《傅立叶选集》第 2 卷，赵俊欣等译，商务印书馆 1981 年版，第 174 页。

可贵的合理因素。欧文和傅立叶的教育思想预示着未来教育的基本原则，这些思想对马克思主义教育理论的形成产生了积极影响。

总之，空想社会主义者关于消除三大差别、大力发展教育从而促进人的全面发展的思想，从私有制和阶级社会的社会结构及其对人的异化出发，揭示了在阶级社会条件下人的全面发展的困难和障碍，提出了一系列解放和发展人的社会设想。这些思想对马克思主义人的全面发展理论的形成具有重要的启发意义。它昭示人类，只有在生产资料公有制的基础上，在消除私有制及其所造成的阶级差别、城乡差别的过程中，大力发展教育事业提升全体社会成员的综合素质，才能最终实现每个人自由而全面的发展。

三、空想社会主义的历史贡献与局限性

（一）历史贡献

空想社会主义作为马克思主义诞生前的社会主义思潮，在人类思想史上具有重要的历史地位和现实意义。尽管其理论体系存在着不成熟、带有空想和乌托邦色彩等局限性，但其对资本主义社会的深刻批判以及对未来理想社会的美好向往和积极探索，客观上推动了人类社会的进步，为科学社会主义的产生和发展提供了重要的思想准备和理论资源。

第一，揭示并批判了资本主义制度的弊端。空想社会主义者以高度的人道主义关怀和敏锐的批判精神，较早地认识到了资本主义生产方式中蕴藏的不可调和的阶级矛盾。他们深入社会底层、工人群众进行调查，揭示了在资本主义生产关系下，资产阶级凭借对生产资料的占有，对无产阶级进行残酷的经济剥削和政治压迫的现实。他们鞭辟入里地指出，在金钱利益的驱使下，资产阶级表现出令人发指的贪婪本性，他们对剩余价值的无度追逐，必然加剧两大对立阶级之间的不平等和贫富分化，最终导致资本主义社会危机频仍，工人群众生活在水深火热之中。在深刻剖析资本主义弊端的基础上，空想社会主义者进一步指出，作为资本主义社会基础的私

有制度是导致这一切问题的根本原因。在私有制条件下，建立起来的上层建筑形式，如政治制度、法律体系、道德观念等，无不打上了资产阶级的烙印，成为维护其阶级统治和既得利益的工具。因此，这些看似光鲜亮丽的制度本质上都是虚假的，根本无法实现真正的自由、平等、博爱。尽管空想社会主义者对资本主义社会的批判还缺乏科学的政治经济学理论支撑，没有完全揭示资本主义基本矛盾的实质，但他们对资产阶级剥削实质的揭露、对资本主义制度弊端的抨击，客观上深化了人们对资本主义社会的认识，动摇了资本主义的统治基础，为工人阶级觉醒和无产阶级革命理论的酝酿创造了重要条件。可以说，没有空想社会主义对资本主义的批判，就不可能有后来科学社会主义的产生。

第二，对未来理想社会进行了美好憧憬和设计。空想社会主义者不仅对现实社会进行了深刻的批判，而且以高远的理想主义情怀对未来社会图景进行了具体而生动的设想。他们提出要消灭私有制和剥削压迫，建立一个公有制的、自由平等的理想社会。在政治设计上，他们设想未来社会实行民主选举、民主管理和民主监督，人民群众普遍参与社会事务的治理，真正成为国家的主人。在经济设计上，空想社会主义者主张消灭私有制，实行生产资料公有制。他们设想在公有制基础上，组织社会成员开展大生产，按照按劳分配的原则进行产品分配。在他们看来，只有消灭私有制、建立公有制，才能从根本上消除两极分化，实现共同富裕。在社会结构和人的发展方面，空想社会主义者提出了消除城乡差别、工农差别、脑力劳动与体力劳动差别的主张，设想通过教育的普及、个人才能的充分发挥，实现人的全面发展。尽管这些设想在当时的条件下还不具备现实可能性，带有明显的空想和乌托邦色彩，但其所蕴含的彻底消灭私有制、实现人的解放和自由全面发展的社会主义理想，对马克思主义的产生和发展产生了重要影响。

（二）局限性

尽管欧洲空想社会主义在批判资本主义、设计未来社会蓝图等方面作出了重要贡献，但由于时代和阶级局限性，其理论体系仍然存在着不可克服的先天不足。

第一，缺乏理论上的科学性，没有深入把握社会发展的客观规律。欧洲空想社会主义在哲学和社会历史观方面普遍带有唯心主义、形而上学等色彩，这使得他们在理论方法论上具有严重缺陷。一方面，他们在描绘未来理想社会时，往往沉湎于细节的设计和悉心安排，力图对社会生活的方方面面作出具体规定。这种过于详尽的描述方式本身就暴露了其理论的不成熟和不科学。这一具体描绘的方法的缺陷使它注定要成为一种“不成熟的理论”。另一方面，空想社会主义者的很多理论观点和设想都是建立在主观想象的基础之上，带有浓厚的唯心主义色彩，脱离了社会发展的客观实际。他们没有运用唯物辩证法，难以科学把握社会发展的内在规律和基本矛盾。在论述问题时，他们往往流于对社会现象的表面描述，缺乏深入剖析矛盾实质的理论眼光。很多批判也是从道德层面出发，缺乏经济基础的分析，因而不能触及资本主义制度的本质。正是由于缺乏历史唯物主义和辩证唯物主义的科学方法论指导，空想社会主义难以彻底揭示资本主义社会的运动规律，更无法预见未来社会发展的必然趋势。

第二，缺乏实践上的可证实性，没有找到通往未来理想社会的道路。欧洲空想社会主义者虽然满怀理想主义热情，期望改造社会、实现平等，但由于脱离广大人民群众，没能找到推翻资本主义、建设理想社会的物质力量支撑和现实路径。一方面，空想社会主义者没有找到消灭资本主义所依靠的阶级力量。空想社会主义者没有认识到无产阶级在推翻资本主义、建设社会主义中的历史使命。空想社会主义者大多将工人阶级视为需要同情和帮助的弱势群体，而不是推动社会进步、建设美好社会的根本力量。他们对无产阶级的革命作用缺乏应有的认识和重视，指望通过慈善家或“开明君主”来改变无产者的命运，实现理想社会。这种思想在客观上低估了人民群众的力量，陷入英雄创造历史的唯心主义泥潭。另一方面，空想社会主义者试图通过改良等手段改变社会现状，不具备现实性。很多空想社会主义者试图通过改良、教育等手段渐进地改变社会，这在当时的历史条件下是不现实的。许多空想社会主义者没有深刻认识到阶级斗争在社会发展中的作用，主张通过合作社区、教育实验等“和平过渡”的方式来消除私有制和阶级对立。他们往往对暴力革命心存恐惧，认为那会给社会带来更多灾难。但在阶级社会条件下，剥削阶级不可能心甘情愿地放弃自己的特权和统治地位。单纯指望统治阶级的“善意”，幻想调和阶级矛盾、实现“社会和谐”，这本身就是一种不切实际的空想。

第三，空想社会主义者阶级立场的局限制约了他们的思想成果。空想社会主义者大多出身资产阶级或其他中间阶层，其思想难免打上阶级烙印。他们对工人阶级的苦难处境表示同情，主张改善工人生活状况，但把无产阶级看作需要援助的弱者，而不是推翻资本主义制度的革命力量。许多空想社会主义者寄希望于开明君主或慈善资本家，幻想通过阶级调和、社会改良渐进地过渡到理想社会。这种改良思路掩盖了阶级对立的实质，没有触及资本主义私有制这一根本矛盾。因此，从根本上说，空想社会主义不是也不可能成为无产阶级的彻底革命理论。在实践路径上，空想社会主义往往通过改良实验、教育宣传等和平方式实现社会变革。但他们没能将理论主张与无产阶级运动结合起来，改良实验最终胎死腹中。可见，空想社会主义在阶级立场上的局限，是其理论和实践未能彻底突破的重要原因。

（三）空想社会主义是科学社会主义的思想源泉

尽管欧洲空想社会主义受时代和阶级局限，在理论上缺乏科学性，在实践上难以找到切实可行的革命道路，但其思想体系中仍然蕴含着丰富的合理因素和进步内核。这些思想因素对马克思主义的创立和发展产生了十分重要的影响，成为科学社会主义理论形成和发展的重要思想来源。马克思、恩格斯在批判地继承空想社会主义优秀思想遗产的基础上，运用辩证唯物主义和历史唯物主义，创造性地建立起科学社会主义理论大厦，实现了社会主义从空想到科学的伟大飞跃。

第一，空想社会主义对资本主义的深刻批判，极大地推动了工人阶级的觉醒，客观上为科学社会主义的产生准备了社会基础。之所以说空想社会主义在社会主义发展史上具有开创性意义，其最重要的原因之一就在于其对资本主义社会弊端的系统揭露和彻底批判。空想社会主义的代表人物以锐利的目光和强烈的正义感，较早地认识到资本主义生产方式中所蕴藏的不可调和的阶级矛盾。他们通过对社会现实的考察，揭示了资本主义经济关系的剥削实质，抨击了资产阶级的虚伪面目。空想社会主义者不仅运用大量翔实的事实材料，生动形象地再现了工人阶级在资本主义大工业中所遭受的惨无人道的剥削和压迫，而且对资本主义政治制度、法律体系、伦理道德等方面存在的种种弊端进行了全面深入的批判。他们指出，在资本主义制度下，政治民主不过是维护资产阶级统治的幌子，资产阶级鼓吹的自由、平等、博爱等口号都是骗人的东西。在揭示这些矛盾现象背后，空想社会主义者进一步洞察到，资本主义社会的种种弊端都源于私有制这一经济基础，因而对私有制提出了尖锐批评。尽管这种批判还没有上升到运用唯物辩证法武器的高度，带有明显的空想和理想主义色彩，但其在启发工人阶级觉悟、促进劳动群众认清资本主义本质方面发挥了不可替代的重要作用。在空想社会主义理论批判的影响下，欧洲工人运动迅猛发展，无产阶级日益认识到自身的阶级地位和革命使命，表达了对资本主义制度的强烈不满和改造社会的美好愿望。无产阶级的阶级意识和斗争精神空前高涨，掀起了反对资产阶级统治的怒潮。正是在这样的时代背景下，马克思主义应运而生，科学社会主义理论最终成熟。可以说，如果没有欧洲空想社会主义者对资本主义社会的尖锐批判和大胆揭露，就很难有工人阶级革命性的迅速增长，也就难以为科学社会主义的诞生准备良好的社会土壤和群众基础。

第二，空想社会主义的重要思想内核，为马克思主义的创立提供了丰富的理论资源和思想养料。马克思、恩格斯在创立科学社会主义的过程中，高度重视对空想社会主义思想遗产的借鉴和吸收。他们从空想社会主义者的理论体系中发掘出具有唯物主义萌芽和辩证法因素的合理内核，将其与德国古典哲学、英国政治经济学等成果相结合，运用唯物史观和剩余价值学说，最终建立起科学社会主义理论大厦。在历史观方面，空想社会主义已经初步认识到人类社会是一个从低级到高级不断发展的历史过程。这种朴素的历史进步观成为马克思主义唯物史观形成的重要思想来源。另外，有的空想社会主义者还看到了经济发展是推动社会进步的根本动力，政治制度等上层建筑要适应经济基础的变化。这些观点虽然还带有机械唯物主义局限，但已经包含了历史唯物主义的微弱萌芽。在政治经济学领域，英国空想社会主义代表人物欧文等人较早地提出了"雇佣劳动""剩余劳动"等科学概念，初步揭示了工人阶级在资本主义生产中遭受剥削的经济实质。这无疑为马克思创立剩余价值学说、揭示资本主义基本矛盾贡献了灼见。此外，空想社会主义者关于未来社会的美好畅想，也极大丰富了科学社会主义的理想图景。尽管这些设想大多还停留在空想和乌托邦层面，但其对私有制的否定、对公有制的设计、对人的全面发展的追求等，已经包含了科学社会主义的理论雏形。特别是他们寄希望通过消灭私有制来建立一个自由平等的理想社会，表达了劳动人民改造社会的美好愿望。马克思主义正是吸收了空想社会主义的积极因素，摒弃其不科学的一面，提出了消灭私有制、实现共产主义的科学纲领。

总之，空想社会主义虽然不是也不可能成为彻底的无产阶级革命理论，但它最宝贵的思想结晶已经成为马克思主义理论体系不可分割的组成部分。马克思、恩格斯正是立足时代要求，批判地继承了空想社会主义的优秀思想遗产，将其与工人运动相结合，创立了科学社会主义学说。可以说，空想社会主义思想是马克思主义理论的重要渊源，从空想社会主义到马克思主义也是社会主义从幼稚到成熟、从空想到科学发展的必然逻辑。

第二章　马克思、恩格斯对科学社会主义的探索

马克思、恩格斯是科学社会主义理论的创始人，他们经过艰苦的理论创新和革命实践把社会主义从空想发展成科学。马克思、恩格斯认真研究了资本主义的发展情况，他们以生产力高度发达的西欧资本主义国家为基础，探索了发达国家通往共产主义的道路，不断地推动着科学社会主义基本原理的发展。在马克思、恩格斯的理论中，随着资本主义的灭亡，人类逐步超越经济的社会形态走向共产主义，从而抵达真正的人类历史开端。

一、社会主义从空想到科学的发展

19 世纪 40 年代，随着工业革命的迅猛发展，欧洲资本主义经济进入空前繁荣期。然而，资本主义固有矛盾也随之激化，经济危机周期性爆发，社会两极分化加剧，无产阶级赤贫化日益严重，阶级对立空前尖锐。面对贫富悬殊、工人苦难深重的悲惨现实，如何揭示资本主义的本质，如何寻求人类解放之路，成为这一时期最重大、最紧迫的时代课题。在此背景下，空想社会主义的种种方案虽然饱含对理想社会的美好憧憬，但由于没有把握历史发展规律，终究未能回答“社会向何处去”的时代之问。直到马克思、恩格斯创立唯物史观和剩余价值学说，深刻揭示资本主义的内在矛盾和无产阶级的伟大使命，才找到了解开时代难题的钥匙。科学社会主义应运而生，人类社会发展也从此开启崭新篇章。

（一）19 世纪 40 年代资本主义的矛盾与危机

1. 经济危机与两极分化

19 世纪 40 年代，欧洲资本主义经济发展进入一个新阶段。随着工业革命的进一步发展，资本主义生产得到空前发展，社会生产力水平大幅提升，但资本主义生产无政府状态和固有矛盾也日益凸显。马克思指出，“资本主义生产的目的是发财致富，是价值的增殖，是价值的增大，因而是保存原有价值并创造剩余价值”①，然而资本主义生产的无政府状态决定了这一增殖过程是盲目的、没有计划的，必然导致生产过剩危机的周期性爆发。1825 年，英国爆发了资本主义世界上第一次生产过剩危机，标志着经济危机开始成为资本主义的“病理常态”。危机的存在表明，资本主义生产关系已经“变成了束缚生产的桎梏”②，资本主义制度走向矛盾集中爆发期。19 世纪 40 年代，欧洲经济危机更加频繁。1845—1847 年间，欧洲爆发了严重的经济危机，英国、法国、德国等国受灾尤其严重。危机期间大量企业倒闭，生产下降，商品积压，货币贬值。与此同时，无产阶级贫困化更加严重，失业人口激增，工资水平骤减。恩格斯在《英国工人阶级状况》一书中，以翔实的资料和生动的笔触，揭示了英国工人阶级的悲惨处境，资本主义制度将工人阶级“置于不能生存的境地”③。可见，资本主义经济危机与无产阶级贫困化如影随形，生动揭示了资本主义基本矛盾运动的客观规律。

经济危机的爆发往往伴随着社会财富分配的进一步两极分化。一方面，危机使资本主义竞争更加残酷，垄断组织开始产生。在竞争的淘汰中，大资本吞并中小资本，资本日益集中。垄断资本主义的雏形开始显现，资产阶级内部矛盾上升。另一方面，无产阶级的贫困化使两极分化更

① 《马克思恩格斯文集》第 8 卷，人民出版社 2009 年版，第 404 页。
② 《马克思恩格斯文集》第 2 卷，人民出版社 2009 年版，第 36 页。
③ 《马克思恩格斯文集》第 1 卷，人民出版社 2009 年版，第 409 页。

趋激烈。危机期间，工人的工资水平锐减，工人队伍迅速扩大，贫困工人大量增加。恩格斯在《共产党宣言》中指出资本主义社会“日益分裂为两大敌对的阵营，分裂为两大相互直接对立的阶级：资产阶级和无产阶级”①，可见，经济危机使资本主义社会的阶级对立进一步激化。它打破了资本主义繁荣的假象，暴露了资本积聚和无产阶级贫困化同步并进的残酷现实。经济危机愈演愈烈，两极分化日益严重，这标志着新的社会革命在所难免。

经济危机还引发了广泛而深刻的社会危机。40 年代的经济危机，常常伴随着政治动荡、社会混乱、意识形态分化等一系列问题。在经济崩溃的打击下，资产阶级统治的合法性危机日益加深，反动政权如德国普鲁士处于风雨飘摇中。反之，无产阶级的革命热情却在困境中迸发。1844 年西里西亚纺织工人举行武装起义，标志着德国工人运动发展到新的阶段。1847 年，在共产主义者同盟第二次代表大会上，马克思、恩格斯提出了“全世界无产者联合起来”②的伟大口号，昭示一个新的革命时代即将来临。总的来看，19 世纪 40 年代资本主义经济危机的周期性爆发，使资本主义社会的基本矛盾更加突出，阶级对立日益尖锐化。在此背景下，揭示资本主义的本质，指明无产阶级的历史使命，成为时代赋予的光荣任务。

2. 阶级矛盾激化

随着工业革命的进一步发展，资本主义经济关系在全球迅速扩张。雇佣劳动日益普遍，两大对立阶级的矛盾日趋激化。在英国，宪章运动的兴起标志着工人阶级开始以独立的政治力量登上历史舞台。这次运动虽以失败告终，但在欧洲引起广泛反响，极大地推动了工人运动的发展。在法国，1831 年里昂工人起义首次把政治口号同经济要求结合起来。尽管起义遭到残酷镇压，却表明工人阶级的觉悟已大大提高。在德国，1844 年西里

① 《马克思恩格斯文集》第 2 卷，人民出版社 2009 年版，第 32 页。

② 《马克思恩格斯全集》第 43 卷，人民出版社 1982 年版，第 485 页。

西亚纺织工人武装起义是德国工人阶级的第一次斗争。起义虽最终失败，但昭示德国工人阶级已从自在阶级上升为自为阶级。正是在工人运动的促进下，马克思、恩格斯日益关注无产阶级的革命作用。恩格斯赞扬西里西亚起义是“一切革命时机中最有利的一个”①。可见，工人阶级自觉对资产阶级的反抗，成为19世纪40年代欧洲大陆革命形势高涨的重要标志。

资产阶级内部矛盾也趋于尖锐。工业资产阶级同金融贵族争夺统治权，自由资产阶级同保守派围绕政治权利展开斗争。在法国，七月王朝代表金融贵族利益，排斥和打击工业资产阶级，后者要求扩大选举权，实行自由主义改革，矛盾日益激化。最终在1848年二月革命中，以路易·勃朗为代表的工业资产阶级上台执政。在德国，自由资产阶级要求成立民族议会，但遭到普鲁士等邦君主的坚决反对。三月革命期间，自由资产阶级在工人阶级的配合下取得阶段性胜利，但随后却背叛革命，转而同反动势力妥协。可见，19世纪40年代欧洲的政治变革，无不打上资产阶级内部矛盾尖锐化的烙印。工业资产阶级为争夺统治权而斗争，客观上为无产阶级锻炼了革命力量。当工业资产阶级登上统治地位，其软弱性和妥协性暴露无遗。这表明，资产阶级没有能力也不可能进行彻底的社会变革。

资产阶级同地主阶级的矛盾也趋于白热化。法国封建地主的顽固反动，是1848年二月革命爆发的重要原因之一。七月王朝政府的对内剥削和对外扩张，激化了各阶级的不满情绪。二月革命的胜利虽在一定程度上打击了封建势力，但没有从根本上消灭封建大土地所有制。在德国，普鲁士地主阶级把持邦议会和官僚机构，成为革命的主要对象。三月革命期间，以南德为中心的小资产阶级和农民群众，对封建专制进行了坚决斗争。但由于缺乏明确的纲领和有力的领导，革命最终被普鲁士军队镇压，德意志统一事业未能实现。可以看出，在19世纪40年代的欧洲，资产阶级民主革命已成为历史潮流。然而，由于资产阶级的软弱妥协，革命只能

① 《马克思恩格斯全集》第10卷，人民出版社1998年版，第19页。

取得有限成果。这预示着未来革命的领导权必将从资产阶级手中转移到无产阶级手中。

无产阶级同资产阶级的基本矛盾日益成为时代的主要矛盾。大工业迅猛发展促进了无产阶级的壮大，工人阶级开始从自发走向自觉。1831 年的里昂起义、1844 年的西里西亚起义，都深刻反映了这一历史趋势。资本剥削的加剧必然导致两大阶级的对立，而经济危机和政治动荡又进一步激化了这种对立。无产阶级要获得解放，最终必须通过阶级斗争推翻资产阶级统治，在革命中创造自己的历史。而这，正是马克思主义诞生的深刻社会背景。从某种意义上说，马克思主义的产生，正是要从理论上回应 19 世纪 40 年代欧洲阶级矛盾激化这一时代主题。马克思主义揭示了无产阶级的历史使命，为其斗争指明了方向，必将在革命实践中焕发出强大的生命力。

（二）无产阶级力量的发展壮大

19 世纪 40 年代，欧洲无产阶级队伍不断壮大，阶级力量进一步发展。德国西里西亚纺织工人起义、英国宪章运动和法国工人运动的兴起，标志着欧洲工人阶级开始以独立的政治力量登上历史舞台。1848 年席卷欧洲的资产阶级民主革命，进一步唤醒了工人阶级的政治觉悟。马克思、恩格斯积极参与革命，在《共产党宣言》中号召无产者团结起来，喊出“全世界无产者联合起来”① 的伟大口号。从 1864 年成立第一国际起，马克思主义日益广泛地在国际工人运动中传播，对工人运动的发展方向产生重大影响。巴黎公社的英勇斗争是无产阶级夺取政权的首次尝试，虽最终失败，但昭示了“工人阶级的解放应当是工人阶级自己的事情”②。

在实践中，马克思主义同工人运动的结合日益紧密，科学社会主义在工人群众中广泛传播，为以后的无产阶级革命奠定了群众基础。1848 年，马克思领导创建的共产主义者同盟，实现了从空想社会主义向科学

① 《马克思恩格斯全集》第 43 卷，人民出版社 1982 年版，第 485 页。

② 《马克思恩格斯文集》第 3 卷，人民出版社 2009 年版，第 484 页。

社会主义的转变。同盟以《共产党宣言》为纲领，积极指导德国三月革命的斗争。恩格斯总结这次革命的经验教训时强调，“共产党人始终代表整个运动的利益”①“共产党人是各国工人政党中最坚决的、始终起推动作用的部分”②。在英国，马克思积极参与宪章运动。他一方面批评宪章派领袖的思想局限，另一方面又积极捍卫宪章运动，号召德国工人予以声援。可见，马克思主义诞生之初就同工人运动有着天然联系。它不是脱离实践的空谈，而是在革命斗争中产生并检验真理。工人运动越发展，越需要科学社会主义的指导。反之，马克思主义也只有在工人运动中才能彰显自身的力量。正如列宁所说：“没有革命的理论，就不会有革命的运动。”③

由此可见，欧洲工人运动的发展不仅为马克思主义的创立和传播准备了现实土壤，而且为唯物史观等重大理论的形成提供了实践支撑。没有工人阶级的革命实践，就不会有科学社会主义的诞生与发展。没有工人运动的迫切需要，马克思主义也就失去了存在的现实意义。诚然，19 世纪 40 年代的工人运动在广度和深度上还很有限，尚缺乏成熟的革命理论，但它已经为未来革命积蓄了力量，表明无产阶级必将在斗争中完成自身的解放。正是工人运动把马克思主义变成了改造世界的物质力量。因此，科学社会主义的产生既是理论逻辑的必然，又是历史逻辑的必然。在理论逻辑上，它是对空想社会主义局限性的超越，是对资本主义批判的深化；在历史逻辑上，它则是工人运动发展的必然要求，是时代精神的集中反映。

（三）资产阶级意识形态的局限性

19 世纪，资本主义生产方式在西方国家日益发展并走向成熟，资产阶级成为社会的统治阶级，其意识形态在精神文明领域占据主导地位。这些思想理论成果虽然推动了人类精神文明的进步，但仍不可避免地带

①② 《马克思恩格斯文集》第 4 卷，人民出版社 2009 年版，第 324 页。

③ 《列宁全集》第 2 卷，人民出版社 2013 年版，第 445 页。

有资产阶级立场和局限性的烙印。它们或者止步于抽象的人性解放，或者仅仅揭示资本主义经济运行的表层规律，或者用唯心主义的思辨方法探寻人类社会发展的奥秘。总的来看，这些理论尚不能真正揭示资本主义社会的本质和规律，更谈不上探明人类社会发展的一般规律和未来趋势。

作为资本主义上升时期的重大思想解放运动，法国启蒙运动在反对封建专制、争取政治自由方面彰显出空前的进步性。启蒙思想家们以理性和人道主义的锐利思想武器，猛烈抨击君主专制和封建特权，极大动摇了旧制度的意识形态统治。他们关于个人解放的种种诉求尽管掩盖在空洞的人道主义旗帜下，但实质上体现了资产阶级的政治要求。从对封建专制的揭露批判，到设计资产阶级理想政体的改革方案，启蒙学说为法国资产阶级的政治解放进程创造了重要的思想条件。正如恩格斯所指出的由启蒙运动引发的英法资产阶级革命是“欧洲的革命”①，意味着“新社会制度的胜利，资产阶级所有制对封建所有制的胜利”②，反映了“当时整个世界的要求”③。在这个意义上说，启蒙运动昭示了人类反封建的思想先声，是资本主义时代觉醒的人性精神的集中体现。法国启蒙运动体现了新兴资产阶级争取政治解放的进步要求，但由于不可避免地受制于资产阶级自身的狭隘性和片面性，启蒙思想在认识人类社会发展规律、揭示资本主义本质矛盾等方面仍存在种种理论局限，在客观上束缚了无产阶级的思想解放，阻碍了工人运动的健康发展。这突出体现在以下几个方面：一是启蒙学说将抽象人性凌驾于阶级对立之上，以“自由、平等、博爱”的空洞口号掩盖了资本主义的阶级本质，笼统地把人的解放说成是全人类的共同理想。这在客观上模糊了资产阶级和无产阶级的利益对立，抹杀了阶级矛盾的客观性。在启蒙运动影响下，无产阶级往往将反抗剥削的要求局限于改善工资待遇等方面，而看不到推翻资本主义

①②③ 《马克思恩格斯文集》第2卷，人民出版社2009年版，第74页。

制度才是根本出路。二是启蒙运动将人的异化归咎于理性的泛滥，无视生产资料私有制的决定性作用，在意识形态上为资本主义统治辩护。启蒙学者尽管看到了资本主义带来的种种社会弊端，但却将矛头指向科学发展和文明进步，而对异化的社会根源避而不谈。典型如卢梭面对财富分化和人的堕落，主张“回归自然状态”①，将现实矛盾非历史化、抽象化，客观上麻痹了无产阶级反抗剥削压迫的斗志。在此影响下，无产阶级要么消极逃避现实，要么把希望寄托于开明君主，看不到资本主义才是问题的根源。三是启蒙学说将人性解放寄托于抽象道德说教，助长了改良主义倾向。尽管启蒙思想家们勾勒了诸多理想社会蓝图，但这些构想大都脱离阶级斗争实践，流于空洞乌托邦。他们往往主张通过启发理性、改良道德等渐进途径实现理想，而反对用革命暴力推翻统治阶级。这种将社会变革寄托于统治阶级“觉悟”的做法，实质上是对资产阶级的幻想。它必然会在工人群众中制造改良主义幻想，延缓革命斗争的步伐。综上所述，由于不可避免地受制于资产阶级立场，法国启蒙运动的人道主义诉求尽管一度推进了人的政治解放，但其理论内核又在根本上束缚了无产阶级的思想解放。无论是笼统宣扬人性论，还是将社会弊端归咎理性，再或止步于空想社会主义，启蒙思想无不阻碍了工人革命意识的健康发展。对工人运动而言，要真正战胜启蒙人道主义和空想社会主义的束缚，实现政治解放向人的解放的飞跃，就必须以科学社会主义学说教育无产阶级，为无产阶级提供“批判的武器”②，才能开辟人类彻底解放的崭新纪元。

英国古典政治经济学通过系统阐发资本主义经济运行的基本规律，论证了资本主义生产方式的合理性，为资产阶级争取政权、巩固统治提供了

① ［法］卢梭：《论人类不平等的起源和基础》，李常山译，商务印书馆 1962 年版，第 188 页。

② 《马克思恩格斯文集》第 1 卷，人民出版社 2009 年版，第 11 页。

强有力的意识形态武器。英国古典政治经济学通过开创劳动价值学说，对资本主义经济运行的表层逻辑作了科学阐发，这对新兴资产阶级极为重要。一方面，劳动价值论深刻揭示了商品经济的基本规律，论证了商品交换以价值为基础、价格围绕价值运动的客观必然性，这有利于资产阶级把握市场经济规律，实现资本最大限度的增殖。另一方面，劳动价值论以理论形式肯定了资本主义生产关系的合理性，为资本剥削剩余价值披上合法外衣，客观上粉饰了资本主义制度，鼓吹了资产阶级对生产资料占有的正当性。英国古典政治经济学家以科学的理论形式论证了资本主义私有制的合理性，不遗余力地宣扬资本主义生产方式的优越性，极大批判了封建经济，为资产阶级反封建斗争奠定了理论基础。英国古典政治经济学虽然揭示了资本主义运行的某些表层规律，但由于受资产阶级狭隘性和有限性的制约，仍不可避免地存在着理论缺陷。正因为理论上的局限性和阶级立场的偏颇，英国古典政治经济学客观上阻碍了无产阶级的觉醒，延缓了无产阶级革命理论的创立。这主要体现在以下几方面：一是英国古典政治经济学将资本主义生产关系自然化、永恒化，鼓吹资本主义的合理性，麻痹了无产阶级的斗争意识。斯密、李嘉图等人大肆宣扬资本主义文明，认为只要自由放任、自由竞争，资本主义就能永恒化。这种论调抹杀了资本主义的剥削本质，掩盖了劳资矛盾，在理论上为资产阶级统治辩护。他们以“利己心”①为基础提出并发展了经济人假说，将人异化为利己的资本主义符号，无视工人的劳动异化和人格异化。这种理论诱导工人相信资本主义才是人性的自然要求，资本剥削是顺应经济规律的合理之举，导致阶级斗争的泛化和目标的迷失。二是英国古典政治经济学混淆利润和工资的本质区别，鼓吹工人与资本家利益的一致性，抹杀了无产阶级的革命锋芒。斯密等人将工资说成是“劳动生产物构成劳动的自然报酬或自然

---

①［英］亚当·斯密：《国民财富的性质和原因的研究》，郭大力、王亚南译，商务印书馆 1972 年版，第 13 页。

工资”①，以掩盖工人所创造的价值与获得的工资之间的差额，即剩余价值。与此同时，他们将利润说成是资本家“节制”②的报酬，与工资一起构成商品价值，暗示资本家与工人同样创造价值，两者利益一致。这种论调无疑会模糊工人对剥削本质的认识，导致无产阶级斗争意识和革命意识的错位。正是在这种理论的影响下，英国工人运动初期普遍认为只要争取更多工资、缩短工时就可以改善处境，而没有提出推翻资本主义制度的革命目标。三是英国古典政治经济学在理论上回避剩余价值，将人口规律等归咎于自然，为资本主义剥削开脱。李嘉图虽然论证了利润率下降规律，但却将其归因于“谷物价格的上涨”③等自然因素。这种论调无疑将资本主义剥削的恶果推给劳动者与自然力，误导无产阶级对贫困化根源的认识，在客观上麻痹了无产阶级的革命斗志，制造了改良主义倾向。综上所述，英国古典政治经济学无疑推进了人类对资本主义的科学认识，但其理论体系内在的阶级局限和唯心主义倾向，又在客观上阻碍了无产阶级的觉醒。他们混淆无产阶级和资本家的对立，抹杀资本主义剥削实质，在理论上为资产阶级统治辩护。这种理论必然会制造无产阶级的阶级异化，误导无产阶级斗争方向。只有运用科学社会主义学说，系统阐明资本主义基本矛盾，才能唤醒工人觉悟，引领无产阶级走向彻底解放。

德国古典哲学产生和发展于资本主义生产方式在德国逐渐确立和发展的历史背景下，是伴随着德国资产阶级兴起而发展起来的一种思想形态。因而，德国古典哲学理论在政治上昭示着资本主义发展的客观要求，对资产阶级政权的确立发挥了重要的促进作用。德国古典哲学大张旗鼓地宣扬

---

① ［英］亚当·斯密：《国民财富的性质和原因的研究》，郭大力、王亚南译，商务印书馆1972年版，第58页。

② ［英］西尼尔：《政治经济学大纲》，蔡受百译，商务印书馆2009年版，第128页。

③ ［英］大卫·李嘉图：《政治经济学及赋税原理》，丰俊功译，光明日报出版社2009年版，第92页。

人性解放，以自由、平等、民主等口号唤醒民众，批判封建专制和宗教神权，揭示个人权利的神圣不可侵犯。这些理论对德国资产阶级实现政治觉醒起到了重要推动作用。康德将人视为“目的王国”的立法者，认为每一个人都享有与生俱来的自由平等权利。这种人道主义理念成为资产阶级反对封建特权、争取民主权利的思想利器。费希特和谢林进一步强调“自我”的能动性和主体性，将自由视为人之所以为人的根本规定和最高目的。他们的主体性哲学极大鼓舞了德国资产阶级的自信心和斗志，为其投身反封建斗争注入了力量。即便是吹捧普鲁士专制的黑格尔，其以“自由意识”贯穿始终的历史哲学也对德国资产阶级具有深远影响。他将人类历史描绘为“自由精神”不断发展的过程，宣称国家是客观精神的最高体现，“国家是伦理理念的现实”“国家是在地上的精神”①，是“神自身在地上的行进”②，客观上为资本主义披上了进步的外衣。德国古典哲学作为资本主义时代的杰出代表，虽然在哲学领域取得了巨大理论成果，极大推动了人类思想文明进步，但由于不可避免地受制于资产阶级的阶级局限性和时代局限性，其哲学体系内蕴藏着尖锐而深刻的理论缺陷。这些局限性使得德国古典哲学在认识和把握人类社会发展规律问题上止步不前，无法真正揭示资本主义的本质矛盾，更阻碍了无产阶级的觉醒和发展。这主要体现在以下几个方面：一是德国古典哲学的唯心主义实质，掩盖了物质生产力对社会存在和发展的决定性作用，无法揭示社会发展的客观规律。他们用“绝对精神”“绝对理念”等超验概念来解释世界，割裂了物质运动的客观性，抹杀了人民群众创造历史的主体地位。这种唯心史观无疑会麻痹无产阶级的斗争意志，导致历史虚无主义。二是德国古典哲学的思辨方法使哲学脱离现实，让理论游离于实践之外。他们将现实问题转化为抽象的哲学范畴，用逻辑概念的演绎代替了社会矛盾的分析，无法真正把握现

① ［德］黑格尔：《法哲学原理》，范扬、张企泰译，商务印书馆 1979 年版，第 253 页。

② 同上书，第 259 页。

实生活的本质和规律，更谈不上指导无产阶级的革命实践。三是德国古典哲学的道德理想主义模糊了阶级斗争的锋芒。康德、费希特笼统地讲“道德律令”“绝对命令”，却看不到不同阶级的道德观的阶级属性。黑格尔虽然看到人伦关系的阶级性，但又把国家描绘为超越阶级利益之上的“理性”存在。他们的伦理思想客观上起到了调和阶级矛盾、维护资产阶级统治的反动作用。这些理论缺陷严重束缚了无产阶级的思想解放。德国工人运动领袖拉萨尔就深受费希特哲学的影响，对无产阶级抱持怀疑态度。德国工人运动初期普遍盛行拉萨尔主义、蒲鲁东主义等小资产阶级思潮，根子就在于德国古典哲学的影响。总之，德国古典哲学作为资产阶级时代的杰出思想结晶，虽然批判了 17 世纪的“旧形而上学”，但仍摆脱不了思辨和调和的哲学体系，既无力把握资本主义的本质矛盾，更无法揭示人类社会发展的一般规律。可以说，德国古典哲学是旧世界的绝唱，其注定要被新的时代思潮所超越。马克思、恩格斯正是立足时代和实践的高度，对德国古典哲学进行了全面“清算”，实现了社会主义从空想到科学的伟大飞跃。

总而言之，社会主义从空想到科学的发展既是人类认识史上的一场深刻变革，也是 19 世纪人类精神文明发展的必然结果。科学社会主义理论继承了法国启蒙运动的人性解放思想，古典政治经济学的劳动价值理论，德国古典哲学的辩证思想，同时实现了对资产阶级意识形态的彻底超越。科学社会主义理论改变了人们对世界的基本看法，为人类彻底解放、自由全面发展提供了行动指南。

（四）马克思、恩格斯对 19 世纪资本主义病症的科学“诊断”

在总结空想社会主义历史经验、批判唯心史观、剖析资本主义基本矛盾的基础上，马克思、恩格斯通过《德意志意识形态》《共产党宣言》《资本论》等著作，系统创立了科学社会主义理论，为 19 世纪资本主义造成的顽疾开出了一剂良方。

马克思和恩格斯以实践和生产的观点为基础，坚持社会存在决定社会意识的一元论原则，创立了唯物史观。这一科学理论认为，物质生产方式决定社会生活的总过程，是推动社会发展的最终决定力量。生产力与生产关系、经济基础与上层建筑之间的矛盾运动，构成了社会发展的基本规律。资本主义社会是人类历史发展的一个特定阶段，它的生产方式必然要被更高级的社会所代替。因此，资本主义社会基本矛盾的运动决定了资本主义必然灭亡、社会主义必然胜利的历史趋势。可见，唯物史观是马克思主义对19世纪资本主义病症作出科学判断的理论基石。

马克思和恩格斯创立的剩余价值学说，揭示了资本主义生产关系的本质，论证了经济危机和无产阶级贫困化等资本主义顽疾的必然性。这一学说对古典经济学的劳动价值论进行革命性改造，揭示资本主义生产过程的“特殊秘密”，构建起批判资产阶级经济学的科学理论大厦。剩余价值学说运用劳动二重性、必要劳动与剩余劳动等范畴，阐明了资本主义剥削的实质，论证了经济危机、无产阶级贫困化的必然性，由此彻底批判了资产阶级经济学的种种谬误。在《资本论》中，马克思系统阐述了资本积累的一般规律，深刻揭示了资本主义基本矛盾运动的客观逻辑。资本有机构成的提高意味着可变资本相对减少，必然导致相对人口过剩和无产阶级“贫困化”。同时，资本积累扩大了生产社会化程度，而生产资料私人占有的矛盾也随之激化。这就注定资本主义必将为社会主义所代替。由此可见，剩余价值理论是马克思主义锋利的批判武器，它揭开了资本主义剥削的神秘面纱，一举击中了资产阶级的要害。

在揭示资本主义运动规律的同时，马克思、恩格斯也阐明了无产阶级的革命使命。《共产党宣言》指出：“资产阶级的灭亡和无产阶级的胜利是同样不可避免的。”① 这一论断的理论依据在于，无产阶级作为资本主义社会的特殊商品——劳动力的唯一所有者，是剩余价值的创造者，因而遭受资产阶级的剥削和奴役；但无产阶级同时又是新的生产力的代表，是最革

---

① 《马克思恩格斯文集》第2卷，人民出版社2009年版，第43页。

命、最先进的阶级。只有无产阶级才能最后消灭一切剥削阶级，实现人类解放的大业。可见，阐明无产阶级的伟大使命是马克思主义革命学说的题中应有之义。从这个意义上说，《共产党宣言》不仅是一个纲领，更是号召，是动员无产阶级投身革命的檄文。

综上所述，马克思主义在19世纪中叶应运而生，其直接动因是对资本主义顽疾的揭露和批判。这种理论“诊断”以唯物史观为指导，运用剩余价值学说，深刻阐明了资本主义运动的一般规律，预见其必然灭亡的命运；同时又论证了无产阶级的伟大使命，号召工人阶级通过革命实现自身解放和人类解放。正如马克思所言：“批判的武器当然不能代替武器的批判，物质力量只能用物质力量来摧毁。”①马克思主义理论对资本主义的剖析和批判，其最终目的在于改造世界，推翻资本主义制度。在实践中，科学社会主义必将指引无产阶级取得革命胜利，在革命中不断丰富发展自己。总之，19世纪资本主义社会病入膏肓，亟须革命“药方”。马克思主义应运而生，站在时代前列，以其科学性和革命性回应了时代呼唤，由此开辟了人类社会发展的新纪元。这种在革命批判中孕育，在阐释世界中改造世界的理论品格，是马克思主义强大生命力的集中体现。

二、马克思、恩格斯关于“社会主义”和“共产主义”二词的使用情况

在马克思、恩格斯创立科学社会主义的历程中，社会主义和共产主义二词的意义是有一定变化的。通过梳理马克思、恩格斯对社会主义和共产主义二词在使用上的变化，有利于深刻理解马克思、恩格斯的社会主义观。

（一）在等同于“共产主义”的意义上使用“社会主义”

马克思首先是在1842年写作的《共产主义和奥格斯堡〈总汇报〉》

① 《马克思恩格斯文集》第1卷，人民出版社2009年版，第11页。

一文中提到“共产主义”的。马克思写这篇文章是为了反驳在奥格斯堡出版的《总汇报》对社会主义、共产主义的攻击，他认为《总汇报》的记者“认为君主政体应当设法用自己的方式去掌握社会主义和共产主义思想”①。可见，在这里，马克思是把社会主义和共产主义当作同义词的。

1844 年到 1845 年，恩格斯为英国《新道德世界》报纸撰写的几篇文章中，也是在等同的意义上使用了这一组概念。在第一篇文章里，他将自己和马克思都视为社会主义者，介绍了社会主义在德国的迅速发展。在第二篇文章中，恩格斯在之前用“社会主义”一词的地方，基本改成了“共产主义”。比如第一篇文章中指出“事实上社会主义今天在德国所占的地位已经比它在英国所占的地位优越十倍”②，在第二篇文章中已经改为“共产主义”了，在文章一开始就指出“自从上次给你去信后，共产主义的事业仍然在迅速进展”③。在同时期写作的《英国工人阶级状况》一文中，恩格斯对各国革命事业的现状进行了分析，指出“德国的社会主义和共产主义比任何其他国家的社会主义和共产主义都更多地是从理论前提出发的”④。在马克思、恩格斯合写的《神圣家族》中，对社会主义和共产主义也是放在一起进行使用，如认为“法国和英国的社会主义和共产主义则在实践领域体现了这种和人道主义相吻合的唯物主义”⑤等。

（二）在高于“共产主义”的意义上使用“社会主义”

1843 年，在《马克思致阿尔诺德·卢格》的书信中指出：“卡贝、德萨米和魏特林等人所讲授的那种实际存在的共产主义……本身只不过是受自己的对立面即私有制度影响的人道主义原则的特殊表现……这种共产

---

① 《马克思恩格斯全集》第 1 卷，人民出版社 1995 年版，第 292 页。
② 《马克思恩格斯全集》第 2 卷，人民出版社 1957 年版，第 590 页。
③ 同上书，第 593 页。
④ 《马克思恩格斯文集》第 1 卷，人民出版社 2009 年版，第 386 页。
⑤ 同上书，第 327 页。

主义本身只不过是社会主义原则的一种特殊的片面地实现。”[①] 在这里，马克思所说的“共产主义”是社会主义的一种特殊情形，是无法达到社会主义的全部原则的。所以马克思此时所说的“共产主义”是低于社会主义的。

《1844 年经济学哲学手稿》中，也可以看到这种使用方法。在这部著作中，马克思有好几处讲到，他所设想的未来的社会制度叫作“社会主义”，而“共产主义”只是实现“社会主义”的一种运动和必然的环节。他将共产主义划分为五个阶段：“私有财产关系的普遍化和完成”[②] 的第一阶段；对私有财产否定的第二阶段，产生政治的共产主义和经济的共产主义两种形式；对私有财产否定之否定阶段，这是第三阶段，是对人的自我异化和私有财产的积极扬弃。共产主义的前三个阶段都与私有财产的扬弃联系在一起，从私产到共产，经过了三个环节，肯定、否定、否定之否定。第四阶段和第五阶段，将在超越了共产之后，充分显现出自己的特征。第四个阶段是人的全面发展阶段，第五个阶段是人的完全独立，即人的自由发展阶段。马克思提出：“共产主义是最近将来的必然的形态和有效的原则，但是，这样的共产主义并不是人类发展的目标，并不是人类社会的形态。”[③] 由此可见，马克思认为共产主义并不是人类社会的最高形态，只有以“社会”为核心的社会主义才算得上，马克思在第三个环节讲的是社会的人，所以马克思用的概念是社会主义，即社会主义在《手稿》中是在共产主义之后的社会形态。共产主义中的“共产”表明这种形态还很低级，不管肯定、否定，还是否定之否定，只要涉及“产”，就表明人是经济人，人是片面发展的人。只有在更进一步的情况下，即不考虑“产”、不考虑经济了，人的异化才会被扬弃；这之后人就是社会的人，就

① 《马克思恩格斯文集》第 10 卷，人民出版社 2009 年版，第 7—8 页。

② 《马克思恩格斯文集》第 1 卷，人民出版社 2009 年版，第 183 页。

③ 同上书，第 197 页。

是社会主义的存在状态。所以，共产主义就是“共产”的主义，社会主义就是“社会”的主义。所以在这，共产主义之后就是社会主义。

（三）“共产主义”是“社会主义”的更高阶段

在《共产主义原理》的第二十四个问题中，恩格斯明确区分了共产主义者和社会主义者。他将社会主义者视为共产主义者的同路人，共产主义者要推行第十八个问题中的全部措施，而社会主义者只实现其中的部分措施。从这个意义上而言，共产主义比社会主义更为高级。在《共产党宣言》中，马克思、恩格斯分别用了“共产主义者”和“共产主义社会”指称自己和未来社会。在这里，马克思、恩格斯之所以使用共产主义，而不是使用社会主义，不是对社会主义概念的否定，只是将这两个概念区分开来。这一点恩格斯在 1888 年《共产党宣言》英文版宣言中也作了交代，当时的社会主义者是指空想社会主义体系的信徒和形形色色的社会庸医，“社会主义是资产阶级的运动，而共产主义则是工人阶级的运动”①。也就是说，马克思、恩格斯最终选择“共产主义”这个名称是为了区别于其他社会主义流派的学说，从而凸显自己学说的无产阶级属性以及彻底的革命性。而查看马克思、恩格斯在《共产党宣言》之后的文本，由于这个原因已经很少使用社会主义这一概念了。

（四）“社会主义”和“共产主义”都是代指未来社会

马克思在《1848 年至 1850 年的法兰西阶级斗争》一文中批判了各种社会主义流派，将自己称为社会主义者，提出社会主义是替代资本主义社会的未来社会。在 1850 年 6 月《致“新德意志报”编辑的声明》中，马克思在回答对前文观点的指责时，以“这种社会主义（即共产主义）”②进行了回应。在这里，这两个概念具有同一含义，都是相通的，是指代未来社会。因而将社会主义和共产主义作为同义语，实际上是因为当时各种

① 《马克思恩格斯文集》第 2 卷，人民出版社 2009 年版，第 14 页。

② 《马克思恩格斯全集》第 7 卷，人民出版社 1959 年版，第 378 页。

各样的社会主义思潮在普通民众之间的影响是十分大的，这种使用方法能够尽可能地达到争取群众的目的。

（五）马克思、恩格斯对“社会主义”和“共产主义”概念的进一步发展

马克思在《哥达纲领批判》中第一次将未来社会划分为不同的阶段，指出“共产主义社会第一阶段”和“共产主义社会高级阶段”是共产主义的两个阶段，并阐明了两个阶段的基本特征和分配原则。虽然马克思在这里划分了两个不同的阶段，但是没有明确地使用“社会主义”和“共产主义”这两个词来表示第一阶段与高级阶段的区分。恩格斯晚年进一步发展了这一组概念的内涵。1880 年，恩格斯在写作《社会主义从空想到科学的发展》时，“科学社会主义”开始广为流传。恩格斯指出，“‘社会主义社会’不是一种一成不变的东西，而应当和任何其他社会制度一样，把它看成是经常变化和改革的社会”①，他强调要以发展的眼光看待社会主义社会的发展，多次说明了生产资料公有制是未来社会和现存社会的根本区别，对共产主义第一阶段实行“各尽所能，按劳分配”原则作了新的阐述。恩格斯论述了共产主义和社会民主主义的区别，主要体现在 1894 年出版的《〈人民国家报〉国际问题论文集（1871—1875）》的序言中，即“当时在各个国家里那些自称是社会民主主义者的人根本不把全部生产资料转归社会所有这一口号写在自己旗帜上”②。这也表明了他对马克思关于共产主义内涵的坚持。

三、未来社会的阶段划分及基本特征

马克思、恩格斯对未来社会特征的归纳是随着对社会发展程度的认识而不断完善的，他们始终坚持以发展的观点对待未来社会。因而要坚持实

---

① 《马克思恩格斯选集》第 4 卷，人民出版社 2012 年版，第 601 页。

② 同上书，第 304 页。

践的观点，注意共产主义实际运动中的变化，不断发展共产主义的理论与实践，坚持社会主义社会“是经常变化和改革的社会”①。

（一）过渡时期及其特征

恩格斯在《共产主义信条法案》中就有了关于“过渡时期”这一概念的初步设想，他指出“以财产公有制来代替资本主义制度，不是立刻就实现的，要‘逐步前进’”②；恩格斯在《共产主义原理》中对这一问题进一步阐述，强调消灭私有制是渐进的过程。马克思在《哥达纲领批判》中明确提出了“在资本主义社会和共产主义社会之间，有一个从前者变为后者的革命转变时期”③。恩格斯晚年在为马克思的《雇佣劳动和资本》一书写的导言中再次明确了未来社会的特征及过渡时期存在的必要性。过渡时期的存在有其历史必然性：共产主义社会并不是在无产阶级推翻资产阶级统治后就能够立即进入，还要不断克服资本主义社会的残余与弊端，必须要进入这样一个特定的时期，以对整个社会进行改造。首先要建立的是无产阶级革命专政，把生产资料逐渐集中到国家手中，逐步实现生产资料的社会占有，消除生产的无政府状态，生产力得到发展，为进入共产主义社会奠定物质基础。

1. 政治层面：建立无产阶级革命专政

恩格斯在《共产主义信条法案》中回答“用什么方法才能实现从目前状况到财产公有的过渡呢?”④时指出“实行财产公有的第一个基本条件是通过民主的国家制度达到无产阶级的政治解放”⑤。因此无产阶级的政治解放是过渡时期所要解决的第一任务。而要实现无产阶级解放，则要坚持无产阶级革命专政。

无产阶级革命专政的必然性与维护对象。在《哥达纲领批判》中，马

① 《马克思恩格斯文集》第10卷，人民出版社2009年版，第588页。

② 《马克思恩格斯全集》第42卷，人民出版社1979年版，第378页。

③ 《马克思恩格斯文集》第2卷，人民出版社2009年版，第445页。

④⑤ 《马克思恩格斯全集》第42卷，人民出版社1979年版，第379页。

克思指出与革命转变时期“相适应的也有一个政治上的过渡时期，这个时期的国家只能是无产阶级的革命专政”[①]。这也就是明确了在过渡时期要以无产阶级革命专政代替资产阶级专政。无产阶级革命专政是无产阶级推翻资产阶级统治到实现共产主义的政治过渡，是无产阶级实现其历史使命的政治手段。同时，马克思指出了过渡时期国家政权维护的利益对象。他指出，对共产主义社会中国家制度的变化“只能科学地回答”[②]，要将现存社会作为现存国家的基础，国家的职能是要保障人民主权，解决好人民的问题，为每个人的发展提供良好的环境。马克思认为《哥达纲领》的局限性在于“纯粹是资产阶级的人民党、和平和自由同盟的回声”[③]，维护的依然是资产阶级的利益。因此，过渡时期的无产阶级政权要坚持无产阶级革命专政，维护人民主权，为人的解放提供条件。

无产阶级革命专政的任务。马克思、恩格斯在《共产党宣言》中指出，“无产阶级将利用自己的政治统治，一步一步地夺取资产阶级的全部资本，把一切生产工具集中在国家即组织成为统治阶级的无产阶级手里，并且尽可能快地增加生产力的总量”[④]。在《1848 年至 1850 年的法兰西阶级斗争》中，马克思明确了过渡时期的无产阶级革命专政的目标。无产阶级革命专政“是达到消灭一切阶级差别，达到消灭这些差别所由产生的一切生产关系，达到消灭和这些生产关系相适应的一切社会关系，达到改变由这些社会关系产生出来的一切观念的必然的过渡阶段”[⑤]，即无产阶级革命专政要从政治方面推动资本主义社会向共产主义社会过渡，用政治手段消除造成对人的压迫的条件。

关于无产阶级革命专政的国家形式。恩格斯在为《法兰西内战》所撰写的导言中高度评价了巴黎公社这一无产阶级革命专政的国家形式的历史

①③ 《马克思恩格斯文集》第 2 卷，人民出版社 2009 年版，第 445 页。

② 同上书，第 444—445 页。

④ 同上书，第 52 页。

⑤ 同上书，第 166 页。

意义，指出巴黎公社就是无产阶级革命专政的典范。同时，在《1891年社会民主党纲领草案批判》中，恩格斯提出“我们的党和工人阶级只有在民主共和国这种形式下，才能取得统治。民主共和国甚至是无产阶级专政的特殊形式”①，明确了民主共和国是适应于无产阶级进行统治的政治形式，可以担负起实现共产主义的使命。但同时，马克思、恩格斯并没有放弃和平过渡的可能性，他们始终坚持将暴力革命与和平过渡相结合，根据斗争形势不断调整过渡方式。

关于无产阶级革命专政的存在时期。马克思在《纪念国际成立七周年》一文中，通过对巴黎公社经验的总结指出，无产阶级要实现生产资料的社会化占有，“必须先建立无产阶级专政”②，肯定了无产阶级的革命作用。在《法兰西内战》中，马克思指出了无产阶级专政存在的长期性。而这个长期性主要是取决于资产阶级存在的经济基础什么时候被消灭，即马克思在《巴枯宁〈国家制度和无政府状态〉》中所言的“工人对反抗他们的旧世界的各个阶层实行的阶级统治只能持续到阶级存在的经济基础被消灭的时候为止”③。这就是说，当把生产资料私有制变成社会所有后，工人阶级的经济压迫已经不存在时，无产阶级革命专政的历史使命就已完成，可以退出历史舞台。

2. 经济层面：多种所有制和多种分配方式并存，推行合作经济，建立共产主义的物质基础

在所有制和分配方式方面，过渡时期是多种所有制和多种分配方式并存。恩格斯在《共产主义原理》中谈及废除私有制问题时指出，废除私有制也应该有一个过渡时期。马克思认为在过渡时期“或者是它所包含的私有制因素战胜集体因素，或者是后者战胜前者……一切都取决于它

① 《马克思恩格斯文集》第4卷，人民出版社2009年版，第415页。

② 《马克思恩格斯文集》第3卷，人民出版社2009年版，第619页。

③ 同上书，第408页。

所处的历史环境”①，联系资本主义社会和共产主义第一阶段的特征，过渡时期的所有制和分配方式是由私有制向公有制过渡、从按资分配向按劳分配的过渡，因此是多种所有制和多种分配方式并存，因此还存在着商品和阶级。过渡时期存在的多种所有制决定了有多种分配方式并存。“无产阶级要做的事就是改变这种有组织的劳动和这些集中的劳动资料目前所具有的资本主义性质，把它们从阶级统治和阶级剥削的手段变为自由的联合劳动的形式和社会的生产资料。”②马克思也多次强调了，在过渡时期，无产阶级要逐渐消灭资产阶级生产资料的私人占有，逐步实现生产资料的社会占有，不断消除资产阶级的经济剥削，进而克服人的异化现象。

在社会经济运行方面，马克思、恩格斯提出了在过渡时期通过合作经济，逐步实现生产资料的社会化占有。“在向完全的共产主义经济过渡时，我们必须大规模地采用合作生产作为中间环节。”③马克思、恩格斯设想在过渡时期对国家的工业生产和农业生产采取合作社的方式经营，并指出存在大土地所有制的情况下，无产阶级“一旦掌握政权，就一定要付诸实施：把大地产转交给（先是租给）在国家领导下独立经营的合作社，这样，国家仍然是土地的所有者”④。这就明确了这些合作社仍然归国家领导，坚持着社会主义的方向，可以奠定公有制的经济基础。恩格斯晚年明确提出了通过农业合作社向社会主义过渡的思想，并针对大农、中农和小农提出不同的过渡措施。

马克思在《法兰西内战》中指出，无产阶级夺取政权后，要在社会中发挥“自由的联合的劳动的社会经济规律的自发作用”⑤。这就明确了在过

① 《马克思恩格斯文集》第 3 卷，人民出版社 2009 年版，第 574 页。
② 同上书，第 202 页。
③④ 《马克思恩格斯选集》第 4 卷，人民出版社 2012 年版，第 581 页。
⑤ 《马克思恩格斯文集》第 3 卷，人民出版社 2009 年版，第 199 页。

渡时期无产阶级的经济方面的目标是要夺取资产阶级资本，扩大公有制的作用，有计划地进行社会生产，发挥社会经济运行规律，大力发展生产力水平。同时，马克思也指出了“大规模的有组织的劳动，生产资料的集中，这是无产阶级追求的希望，也是无产阶级运动的物质基础”①，在过渡时期，无产阶级要争取计划性地组织社会生产，避免生产的自发性和无政府状态，不断提高生产力水平，为进入共产主义社会奠定物质基础。

（二）共产主义社会的阶段性及其特征

在过渡时期结束后，就进入了共产主义社会。马克思、恩格斯通过对资本主义社会的分析，预测了共产主义社会形态可分为两个不同的发展阶段：共产主义社会第一阶段和共产主义社会高级阶段。

1. 共产主义社会第一阶段及其特征

马克思在《哥达纲领批判》中指出共产主义社会“是刚刚从资本主义社会中产生出来的，因此它在各方面，在经济、道德和精神方面都还带着它脱胎出来的那个旧社会的痕迹”②。一方面，说明了共产主义社会的建成不是一蹴而就的，具有继承性和超越性，“脱胎于”资本主义社会，并经历了与其的反复斗争。另一方面，指的是共产主义第一阶段并不是完善的，仍然带有资产阶级社会的痕迹，还具有较大的发展空间。

（1）经济方面：生产力水平得到提高，生产资料归国家所有，有计划地组织社会生产，进行按劳分配

在社会生产力水平方面，共产主义社会第一阶段的社会生产力水平大幅提高，但是未达到发达状态。共产主义第一阶段是在资本主义社会基础上发展而来的，因此，与资本主义生产力相比，共产主义第一阶段生产力更高，只有在高度发达的生产力中，人的解放才有可能。但是共产主义第一阶段区分于高级阶段的一个重要标志就是，在第一阶段中，生产力水平

① 《马克思恩格斯文集》第3卷，人民出版社2009年版，第201页。

② 同上书，第434页。

没有高级阶段高，第一阶段生产力水平还不够发达。主要表现在：社会物质财富还不够丰富；劳动尚未成为人的第一需要，脑力劳动和体力劳动依旧对立。

在社会经济的所有制方面，共产主义社会第一阶段消除了私有制，生产资料归国家所有、为劳动者所享有。马克思、恩格斯在《共产党宣言》中指出："共产主义的特征并不是要废除一般的所有制，而是要废除资产阶级的所有制。"①通过无产阶级的政治统治，资产阶级的资本逐渐被无产阶级所夺取，资本主义私有制瓦解，无产阶级掌握了生产资料并实现公有制。而整个社会对一切生产资料的占有，"只有在实现它的实际条件已经具备的时候，才能成为可能，才能成为历史的必然性"②。

在社会经济的运行机制方面，该阶段将有计划地组织社会生产。生产资料变为国家所有决定了社会生产者将有计划地组织生产，恩格斯在《反杜林论》中指出"一旦社会占有了生产资料，商品生产就将被消除，而产品对生产者的统治也将随之消除。社会生产内部的无政府状态将为有计划的自觉的组织所代替"③，产品对无产阶级的剥削也将结束，生产资料受到无产阶级的管理。正如马克思在《给工人议会的信》中指出，在发达的生产力基础之上，工人阶级解放的另一条件在于"应当把这些生产财富的力量从垄断组织的无耻的枷锁下解放出来，使它们受生产者的集体监督"④。

在社会经济的分配机制方面，共产主义社会第一阶段坚持按劳分配。马克思在《哥达纲领批判》中指出在这一阶段，劳动者"除了自己的劳动，谁都不能提供其他任何东西，另一方面，除了个人的消费资料，没有任何东西可以转为个人的财产"，即劳动资料与劳动者同一，劳动者个人在共产主义社会中向社会提供自己的劳动，社会总产品在扣除个人消费资

---

① 《马克思恩格斯文集》第 2 卷，人民出版社 2009 年版，第 45 页。

② 《马克思恩格斯选集》第 3 卷，人民出版社 2012 年版，第 562 页。

③ 同上书，第 671 页。

④ 《马克思恩格斯全集》第 10 卷，人民出版社 1962 年版，第 134 页。

料后按劳分配到个人。“每一个生产者，在作了各项扣除以后，从社会领回的，正好是他给予社会的。他给予社会的，就是他个人的劳动量。……以一种形式给予社会的劳动量，又以另一种形式领回来。”① 由于是劳动者占有生产资料，不同劳动者的工作能力是生产力不发达阶段按劳分配的主要依据，这与资产阶级社会的按资分配相比，无疑是一个巨大的进步。但同时，第一阶段的分配方式仍然受到资产阶级社会的影响。在共产主义第一阶段，按劳分配仍然具有一定的历史局限性，表现在：仍然遵循的是商品经济的等价交换原则；由于劳动者具体处境的不同造成的贫富差距。这主要是因为资本主义社会的经济结构、权力结构、文化因素仍然会对共产主义社会第一阶段的财富分配带来一定影响。

（2）政治方面：国家职能发生转变

不管国家的“形式如何纷繁……它们都建立在现代资产阶级社会的基础上”②，资产阶级社会决定了国家的属性和特征，随着资产阶级社会的消亡，私有制的瓦解，所谓的“现代国家”也将会消亡。而在推行公有制的共产主义第一阶段，国家的职能会发生转变，镇压敌对阶级的职能消失。尽管社会生产力得到了一定的发展，但是生产资料为国家所有，而且这一阶段在分配过程中仍然受到资产阶级的一些因素的影响，因此需要国家的职能“对人的统治将由对物的管理和对生产过程的领导所代替”③，国家需要承担组织与管理生产、进行按劳分配和防止外来侵略的职能。此外，在共产主义第一阶段，恩格斯提出要防止国家异化，提防国家政权“从社会的公仆变成了社会的主人”④，也就是说，在这一阶段，要防止国家凌驾于社会之上，国家要始终秉持“服务”本性，大力发展生产力，提升人民生活水平。

---

① 《马克思恩格斯文集》第 3 卷，人民出版社 2009 年版，第 434 页。

② 同上书，第 444 页。

③ 同上书，第 562 页。

④ 同上书，第 110 页。

马克思、恩格斯以人的全面解放为尺度来衡量共产主义第一阶段，他们认为共产主义第一阶段还不够完善，生产力水平还不够高；旧式分工、脑力劳动和体力劳动的对立仍然存在。因此在共产主义第一阶段仍然要增加生产力总量，推动共产主义进一步发展，从而实现人的解放。

2. 共产主义社会高级阶段及其特征

在共产主义高级阶段，生产力高度发达，阶级消灭、国家消亡，劳动成为人的第一需要，且每个人可以得到最自由而全面的发展，旧社会的痕迹已经完全被消灭了。

（1）经济方面：生产力水平高度发达，生产资料全面社会化占有，按社会成员需要组织社会生产，进行按需分配

在社会生产力水平方面，共产主义社会高级阶段生产力高度发达，物质财富丰富。是否具有高度发达的生产力是区分共产主义第一阶段和高级阶段的重要标志。恩格斯在《共产主义信条法案》中以财产公有为例明确指出了公有制要以极高的社会生产力为前提，财产公有"建立在因发展工业、农业、贸易和殖民而产生的大量的生产力和生活资料的基础之上，建立在因使用机器、化学方法和其他辅助手段而使生产力和生活资料无限增长的可能性的基础之上"①。在这一阶段，社会物质财富丰富，"集体财富的一切源泉都充分涌流"②。高度发达的生产力为建立自由人联合体奠定了经济基础，"建立共产主义实质上具有经济的性质，这就是为这种联合创造各种物质条件，把现存的条件变成联合的条件"③。

在社会经济的所有制方面，在共产主义社会高级阶段，一切生产资料归社会所有，生产资料人人享有。高度丰富的物质财富为社会占有全部生产资料提供了物质基础和基本条件。马克思在《论土地国有化》一

① 《马克思恩格斯全集》第 42 卷，人民出版社 1979 年版，第 373 页。
② 《马克思恩格斯文集》第 2 卷，人民出版社 2009 年版，第 436 页。
③ 《马克思恩格斯文集》第 1 卷，人民出版社 2009 年版，第 574 页。

文中，以土地国有化为样本论证了所有制变革对共产主义联合体的意义，指出“生产资料的全国性的集中将成为由自由平等的生产者的各联合体所构成的社会的全国性的基础，这些生产者将按照共同的合理的计划进行社会劳动”①，明确了在共产主义高级阶段，全部生产资料归社会占有。

在社会经济的运行机制方面，在共产主义高级阶段，社会生产不再是盲目自发的，而是根据全体人民的需要而组织，商品生产将被消除。“由社会全体成员组成的共同联合体来共同地和有计划地利用生产力；把生产发展到能够满足所有人的需要的规模”②。生产力和社会资料社会化占有后，发展生产不再是为了少数人的利益，而是为了满足所有人的需要。“通过有计划地利用和进一步发展一切社会成员的现有的巨大生产力，在人人都必须劳动的条件下，人人也都将同等地、愈益丰富地得到生活资料、享受资料、发展和表现一切体力和智力所需的资料”③，也就是说，计划经济与按需分配是能够结合起来的，使社会生产“由整个社会按照确定的计划和所有人的需要来领导”④。此外，个人的劳动则可以作为社会总劳动的组成部分，社会有计划地调节和分配决定了产品不需要向商品进行转化，商品生产也就被消除。

在社会经济的分配机制方面，共产主义社会高级阶段坚持按需分配的原则。“消费资料的任何一种分配，都不过是生产条件本身分配的结果；而生产条件的分配，则表现生产方式本身的性质。”⑤在共产主义社会高级阶段，生产力高度发达，这一点决定了在分配方式上可以实现按需分配，将人的需要作为分配尺度，实现从“各尽所能、按劳分配”到“各尽所

---

① 《马克思恩格斯文集》第 3 卷，人民出版社 2009 年版，第 233 页。

② 《马克思恩格斯文集》第 1 卷，人民出版社 2009 年版，第 689 页。

③ 同上书，第 709—710 页。

④ 同上书，第 683 页。

⑤ 《马克思恩格斯文集》第 3 卷，人民出版社 2009 年版，第 436 页。

能、按需分配”的转化。

（2）政治方面：阶级与国家的消亡

马克思、恩格斯始终认为共产主义的目标之一是要消灭阶级、消灭国家。“共产主义否认阶级存在的必要性；它要消灭任何阶级，消除任何阶级的差别。”①他们一直坚持国家的消亡是共产主义革命的最终结果。而这个最终结果在共产主义高级阶段中得到实现。“根据共产主义原则组织起来的社会一方面不容许阶级继续存在，另一方面这个社会的建立本身为消灭阶级差别提供了手段”②，共产主义社会高级阶段的生产力和生产关系的发展为消灭阶级、消灭国家提供了可能。“土地国有化将彻底改变劳动和资本的关系，并最终消灭工业和农业中的资本主义生产方式。只有到那时，阶级差别和各种特权才会随着它们赖以存在的经济基础一同消失。”③国家和阶级的消亡与经济的发展密不可分，只有在共产主义高级阶段中，商品生产被消除，劳资关系得到彻底改变，“消灭了一切阶级差别和阶级对立，也消灭了作为国家的国家”④，社会各阶级包括无产阶级都会被消灭，国家自然也就会消亡，即“国家不是‘被废除’的，它是自行消亡的”⑤。

（3）劳动的性质发生改变，每个人得到自由而全面地发展，自由人联合体形成

在共产主义社会高级阶段，劳动的性质发生改变。“劳动已经不仅仅是谋生的手段，而且本身成了生活的第一需要”⑥，脑力劳动和体力劳动的对立消失，劳动不再对人产生异化，劳动只是丰富、提高工人生活的手段。人们通过劳动可以实现对人的本质的全面占有，“劳动上的差别不会

---

① 《马克思恩格斯全集》第4卷，人民出版社1958年版，第535页。

② 《马克思恩格斯文集》第1卷，人民出版社2009年版，第689页。

③ 《马克思恩格斯文集》第3卷，人民出版社2009年版，第233页。

④⑤ 《马克思恩格斯文集》第9卷，人民出版社2009年版，第297页。

⑥ 《马克思恩格斯文集》第3卷，人民出版社2009年版，第435页。

引起在占有和消费方面的任何不平等，任何特权”①。共产主义社会的实现主要是为了人的全面发展，人人都能够各尽所能，这就超越了资产阶级为了剥削索取的狭隘眼界。

在人的发展方面，每个人可以做到自由而全面地发展。“根据共产主义原则组织起来的社会，将使自己的成员能够全面发挥他们的得到全面发展的才能。”②只有在共产主义高级阶段，才能建构起自由人的联合体，人的自由发展才成为可能。在共产主义社会中，人的自由发展不依赖于其他人或组织，是真正的独立的人的自由发展。“通过社会化生产，不仅可能保证一切社会成员有富足的和一天比一天充裕的物质生活，而且还可能保证他们的体力和智力获得充分的自由的发展和运用。”③在共产主义高级阶段，人的自由全面发展是建立在生产资料公有制和高度发达的生产力基础之上的，这两者缺一不可。在共产主义社会高级阶段，人的发展是自由而全面的，“并不是为了获得剩余劳动而缩减必要劳动时间，而是直接把社会必要劳动缩减到最低限度”④，此时的生产以全部人的富裕为目的，人人享有更多的自由时间。人们利用这些自由时间发展各种能力，从而实现全面发展。马克思、恩格斯在《德意志意识形态》中揭示了共产主义社会中人的可能存在状态，即“共产主义社会里，任何人都没有特殊的活动范围，而是都可以在任何部门内发展”⑤。

在共产主义社会高级阶段，个人发展与社会发展是相统一的。共产主义社会中社会总产品的一部分作为公有的生产资料，而另一部分作为生活资料由社会成员消费。在共产主义高级阶段中，个人和社会之间消灭对立状态，达到统一。共产主义者的目的是“使社会的每一个成员都能完全自

---

①《马克思恩格斯全集》第 3 卷，人民出版社 1960 年版，第 638 页。
②《马克思恩格斯文集》第 1 卷，人民出版社 2009 年版，第 689 页。
③《马克思恩格斯文集》第 9 卷，人民出版社 2009 年版，第 299 页。
④《马克思恩格斯文集》第 8 卷，人民出版社 2009 年版，第 197 页。
⑤《马克思恩格斯文集》第 1 卷，人民出版社 2009 年版，第 537 页。

由地发展和发挥他的全部才能和力量，并且不会因此而危及这个社会的基本条件”①，个人的发展与社会的发展是一致的。在共产主义社会高级阶段中，一切人有足够的时间参与公共事务，任何人都不用为了其他人牺牲自己的利益。而这“只有通过大工业所达到的生产力的极大提高”②才能够达到。正是在共产主义的高度发达的生产力水平之上，旧式分工已经消失，人的异化得以消除。劳动不再是对人的压迫，而成为人的第一需要。资本主义社会留下的痕迹已经消除，每个人之间没有利益冲突，个人与社会达到统一，进而个体通过联合形成自由人联合体。

（三）“人类社会”的阶段性及其特征

马克思在《1844年经济学哲学手稿》中指出，“共产主义是最近将来的必然的形态和有效的原则，但是，这样的共产主义并不是人类发展的目标，并不是人类社会的形态”③，这也就是说社会发展的目标并不仅仅是共产主义社会，还包括其后的人类社会；人类社会是建立在共产主义社会基础上的，要想进入人类社会必须要实现共产主义。在市民社会时期，社会是“经济的社会形态”，社会生活被划分为物质生活、社会生活、政治生活和精神生活，并在物质生活生产方式的基础上形成各种意识形态与上层建筑。只有进入人类社会这一“人的社会形态”，物质生活、社会生活、政治生活和精神生活的对立才会消除，人才能够进入自由全面发展状态。

人类社会是建立在共产主义高级阶段的基础之上，其与广义的“市民社会”形态不同，人类社会之中经济对社会发展不再起决定作用，社会的经济、政治、社会、文化会全面发展，物质生产和非物质生产、社会关系和人的再生产都全面展开，处于过剩经济时代；人不再仅仅是经

① 《马克思恩格斯全集》第42卷，人民出版社1979年版，第373页。
② 《马克思恩格斯文集》第9卷，人民出版社2009年版，第189页。
③ 《马克思恩格斯文集》第1卷，人民出版社2009年版，第197页。

济人，人的经济、政治、社会、文化维度都得到了全面发展，人是经济人、政治人、社会人、文化人的有机统一，进而促进人的自由、个性的形成。在人类社会，人们的“财富观”发生转变，从经济至上的财富观转为人的本质彰显的财富观，人的尊严、自由、个性与爱的需要、社会关系得到凸显，人的全面发展的价值得以弘扬。在这一阶段，人的价值不能仅仅用货币和资本来衡量，而是要用个性的发展程度来衡量，赚钱、生存不再是人们生活的目的，人们生活的目的是全面自由发展、个性充分彰显。

在人类社会中，人和自然的二元对立被打破，人与自然的关系不再表现为索取的关系，而是共生的关系，人在改变自然界的过程中实现了自我改变，社会物质财富极度丰富，商品对人的统治被消除，“人们第一次成为自然界的自觉的和真正的主人，因为他们已经成为自身的社会结合的主人了”①，整个社会都获得了解放，人与自然界、与社会不再是对立状态，真正实现了与自然界、社会的同一。人不再为外界所压迫束缚，完成了从“从必然王国进入自由王国的飞跃”②，人们可以自觉地创造自己的历史，人类社会在迅速地向前推进。

马克思把共产主义之前的社会称作“人类社会的史前时期”③，人类社会的实现，并不是意味着人类历史的终结，只是人类社会史前史的结束，同时又是真正的人类历史的开端。“市民社会的终结和人类社会的生成并不是基督教末世论意义上的终结和生成，并不是凤凰完全化为灰烬后，才从地上的一堆灰烬中出现新的凤凰，而是化为灰烬的同时，灰烬又展现为新的凤凰。”④

---

① 《马克思恩格斯文集》第 3 卷，人民出版社 2009 年版，第 564 页。

② 同上书，第 565 页。

③ 《马克思恩格斯文集》第 2 卷，人民出版社 2009 年版，第 592 页。

④ 马拥军：《文化与经济的关系：西方马克思主义政治经济学批判的启示》，《西南大学学报》（社会科学版）2014 年第 2 期。

四、科学社会主义的思想建构特色

马克思、恩格斯探索社会主义历程中体现的价值目标和方法论，是马克思、恩格斯社会主义观的核心和灵魂，是其与同时代的形形色色的社会主义思潮进行区分的重要标志。

（一）价值目标

1. 工人阶级由“自在”向“自为”的转变

马克思、恩格斯指出：“一定时代的革命思想的存在是以革命阶级的存在为前提的”①，也就是说，革命思想一方面产生发展于革命阶级的斗争实践，同时指导着革命阶级的斗争，另一方面，革命阶级是实现革命思想的物质力量。科学社会主义与工人运动密不可分，这是由科学社会主义和工人运动的特点决定的：科学社会主义只有与工人运动结合在一起，才能不断得到发展，才能实现改变世界的目标；工人运动的蓬勃发展离不开科学社会主义这一科学理论的指导。

16 到 18 世纪工人阶级的先锋闵采尔、巴贝夫领导的工人阶级独立运动虽然失败了，但是促进了工人阶级的觉醒，给国际工人运动留下了一定的影响。18 世纪中叶到 19 世纪上半叶，欧美发达国家纷纷完成工业革命。工业革命促进了生产技术的发展也带来了生产关系的变革，工人阶级不断发展壮大。在机器生产大幅应用和“圈地运动”后，无产者“除了受雇于资本家就没有别的出路”②，无产者和生产资料分离，从而形成无产阶级。伴随着资本主义矛盾的加剧，周期性经济危机频发，资产阶级与无产阶级的冲突增多。

工人阶级的斗争经历了从自发到自觉的过程。在资产阶级的剥削和压迫下，工人阶级的生存状况是极为恶劣的，他们的工作环境差、工作强度

① 《马克思恩格斯文集》第 1 卷，人民出版社 2009 年版，第 551 页。

② 《马克思恩格斯文集》第 3 卷，人民出版社 2009 年版，第 551 页。

高、工资收入低。起初，工人阶级并没有认识到资本主义剥削的实质，而将斗争的矛头指向机器，采取了焚烧厂房、毁坏机器等原始斗争形式。资产阶级对工人阶级的这一系列行为进行了残酷的镇压。工人阶级从资产阶级的暴行中逐渐认识到自己真正的敌人，将斗争矛头指向了资产阶级。随着工人阶级斗争经验的丰富，工人不再采取焚烧厂房、毁坏机器这些原始斗争形式，而是采用工会斗争、罢工等手段，这对促进工人阶级觉醒、维护工人阶级利益具有重要作用。19 世纪三四十年代，资产阶级压迫程度的加深让欧洲工人运动发展到新阶段，工人阶级力量日益壮大，他们将斗争矛头指向了资产阶级的统治，其中影响最大的就是法国里昂工人起义、英国宪章运动和德国西里西亚纺织工人起义这“三大工人运动”。这一系列的工人运动，拉开了欧洲无产阶级革命的序幕，同时也需要科学的理论来指导工人运动的开展，这为科学社会主义的产生与发展奠定了阶级基础。只有工人阶级拉开了反对资产阶级斗争的序幕时，科学社会主义才能产生。

无产阶级是随着资本主义不断发展而力量不断壮大的阶级，资本主义的发展促进了社会化大生产的形成，社会化大生产所具有的高度组织化、分工性、协作性的特点也铸造了无产阶级组织性与纪律性强的品格。工人们共同面对的资产阶级压迫和自身的困境让他们很容易组织在一起，形成合力。马克思、恩格斯指出“只有无产阶级是真正革命的阶级”①，这是对无产阶级组织性、纪律性的特质与团结协调精神的高度褒扬，正是这些优良品质塑造了无产阶级的革命性。在资本主义制度下，无产阶级不占有任何生产资料，还经常遭受资产阶级的剥削。由于无产阶级一无所有，与较低的政治经济地位同时存在的是无产阶级革命的坚决性。因此，马克思、恩格斯立场鲜明地指出资本主义在创造出先进生产力的同时，也培养了自己的掘墓人——无产阶级。无产阶级不仅能够推翻资本主义的统治，也能

① 《马克思恩格斯文集》第 2 卷，人民出版社 2009 年版，第 41 页。

够创造和管理一个新社会。

无产阶级的成长与发展过程并不是一帆风顺的，在一系列的工人运动中也暴露出自己的缺点，即缺乏科学理论的指导。工人运动的经验教训表明，只要没有从根本上剖析资本主义生产方式的矛盾，就无法找到推翻资本主义统治、建设社会主义的正确道路。没有科学理论指导的无产阶级，其作用的发挥必然会受到限制，就不能获得斗争的胜利。工人阶级受到空想社会主义、“真正的社会主义”、改良主义等思潮的影响，工人运动必然会遭受失败。时代和实践需要科学理论。马克思、恩格斯立足于社会实践，在继承前人理论精华的基础上，提出了唯物史观和剩余价值学说，实现了社会主义从空想到科学的发展。他们不仅创立了科学社会主义，并且还以自己的实际行动组织、领导无产阶级革命，为革命道路的选择、斗争策略、国家政权组织形式等方面提供了重要指导。科学社会主义的任务和目标就是促进无产阶级联合起来，推翻资产阶级的统治，最终实现共产主义，这为无产阶级的解放事业提供了指南。

2. 不断追求人的解放

马克思、恩格斯对科学社会主义的认识体现了过程性与目标性的统一，两者统一于对人的解放的不断追求中。马克思在《〈黑格尔法哲学批判〉导言》中指出了宗教的根源是不合理的国家和社会制度，宗教的本质是人的自我意识和自我感觉的外化、异化，将宗教的本质和人的本质联系起来。在此基础上，马克思进一步指出要将宗教批判和政治批判结合起来。马克思对黑格尔的法哲学思想进行了批判，认为市民社会并非国家精神的产物，并不是国家决定市民社会，而是市民社会决定国家。在对德国革命进行分析的基础上，马克思阐述了无产阶级的地位和历史作用，认为无产阶级是人类解放的主体，是人类解放的物质力量和途径，人是马克思解放学说的主题和中心。马克思进而在《论犹太人问题》中论述了政治解放和人类解放的关系问题。马克思认为，犹太人提出的政治解放问题虽然包含着宗教解放的成分，但实质是政治解放问题。此时，宗教批判的任务已经完成，要转向对“政治解放”的批判。马克思仅将政治解放作为人类解放的一个环节，只是资产阶级的解放。而要实现全人类的解放，则要打破资产阶级国家机器，对社会进行革命改造，进而形成面向无产阶级的解放。

在明确了政治解放和人的解放关系问题后，马克思揭示了“人的解放”的必然要求——从异化的人到人本性复归的共产主义条件。马克思在《1844年经济学哲学手稿》中从客观的经济事实出发，剖析了市民社会的内部结构，揭示了其经济运行规律。马克思探讨了劳动异化对人的本质的压迫，具体表现在：工人与劳动产品的异化、工人和劳动过程的异化、人与人的类本质的异化、人与人的异化，明确了异化劳动是私有制的根源。他将共产主义看作是私有财产的扬弃，而只有无产阶级推翻资本主义制度，消灭私有制，才能用自由劳动代替异化劳动，实现全人类的解放，才能达到“人以一种全面的方式，就是说，作为一个完整的人，占有自己的全面的本质”①。尽管这一时期马克思的思想仍具有人本主义色彩，但是从现实生活中对异化及私有制的分析，解决了异化劳动与经济解放的关系，具有重要意义。在马克思、恩格斯合著的《神圣家族》中，他们对青年黑格尔派把关于工人受到剥削等现实问题归结到观念问题、认为社会发展是自我意识的发展的结果进行了批判。他们通过对无产阶级生活条件和社会地位的考察，明确了无产阶级能够承担解放自己和解放人类的历史重任。

马克思、恩格斯进而阐述了历史唯物主义的形成。在《关于费尔巴哈的提纲》中，马克思指出人的本质“是一切社会关系的总和”②。费尔巴哈将人的本质界定为类本质，而马克思强调要从不断变化发展的社会关系中去揭示人的本质。“全部社会生活在本质上是实践的”③，马克思从实践出发、从现实的人出发提出了一条超越市民社会的人的解放的路径。进而，

---

① 《马克思恩格斯文集》第1卷，人民出版社2009年版，第189页。

②③ 同上书，第501页。

马克思、恩格斯在《德意志意识形态》中指出，“只有在现实的世界中并使用现实的手段才能实现真正的解放”①，在这里，“现实的手段”指的是以生产力发展为推动力的经济解放，一方面突出了实践的作用；另一方面也强调了只有满足人的基本生活需要，才能为实现人的解放奠定条件，抓住了物质力量在人类解放中的作用。他们进一步指出，“对实践的唯物主义者即共产主义者来说，全部问题都在于使现存世界革命化，实际地反对并改变现存的事物”②，也就是说要使异化成为革命反对的对象，即通过个人的联合进行革命从而消灭剥削。同时，马克思、恩格斯指出“建立共产主义实质上具有经济的性质”③，揭示了所有制的本质，将其与私有制相等同，指出人的解放要消灭所有制。

马克思、恩格斯在《共产党宣言》中进一步明确了无产阶级历史使命和工人革命的作用，共产党人要推翻已有的社会制度，以暴力革命的方式打碎资产阶级国家机器，建立无产阶级政权。同时，论述了人类解放的核心思想就是实现人的自由全面发展，明确了人类解放的目标。在《资本论》中，马克思将人的解放置于社会发展的历史中，对人的解放提供了科学的政治经济学论证。马克思从现实的人的社会关系入手，解剖资本主义生产方式。从社会历史形态的演变与资本主义的矛盾中得出结论：人类社会将从对物的依赖性关系和人与人之间的全面异化关系中走出，走向共产主义社会，实现人的全面自由发展。

3. 逐渐完成“自由人联合体”的建构

马克思、恩格斯对社会主义的认识体现了共同体思想的发展与演进过程，人的不断解放与“自由人联合体”的逐渐形成是同一的。马克思、恩格斯对共同体的探讨不仅仅在于从经济视角的考察，而是立足于历史发展过程中对人的存在状态和共同体的形态的考察，在实现共产主义的征程中

①② 《马克思恩格斯文集》第1卷，人民出版社2009年版，第527页。

③ 同上书，第574页。

完成了“自由人联合体”这一“真正的共同体”的建构。

在《1844年经济学哲学手稿》中，马克思提出共产主义“是对私有财产即人的自我异化的积极的扬弃”[①]，这就是要力图消灭私有财产，摆脱私有制的局限性。共产主义和“自由人联合体”具有相同的底蕴，共产主义是真正解决了人与自然之间、人与人之间、个体与共同体之间的矛盾，实现共产主义就是进入了“自由人联合体”的社会形态。

在《德意志意识形态》中，马克思、恩格斯运用了历史唯物主义原理揭示了国家这一“虚幻的共同体”的阶级实质，揭露了“虚幻的共同体”与“真正的共同体”的区别。以批判资本主义社会虚假共同体为基础，再度审视了市民社会和国家的关系，提出了一个消除分工、消除异化、把人从物质关系中解放出来的“真正的共同体”。通过各个人的联合来实现自身发展，并把共同体与个人的自由结合起来考察，指出“在真正的共同体的条件下，各个人在自己的联合中并通过这种联合获得自己的自由”[②]。在世界历史层面，马克思强调了无产阶级的解放是各国联合的结果，“自由人联合体”的实现与各国无产阶级合作密不可分。在《共产主义原理》中，恩格斯指出共产主义革命是世界性和国际性的，各国无产阶级将会紧密联合起来，影响各国的发展进展。

在《共产党宣言》中，马克思、恩格斯通过对当时流行的社会主义思潮的批判，论述了“自由人联合体”的内涵。这一联合体是建立在通过革命消灭旧的生产关系、消灭阶级对立、消灭阶级本身的基础之上的，要能够促进每个人的自由全面发展。人的解放与人的自由全面发展是同步的。“代替那存在着阶级和阶级对立的资产阶级旧社会的，将是这样一个联合体，在那里，每个人的自由发展是一切人的自由发展的条件”[③]，马克思、

① 《马克思恩格斯文集》第1卷，人民出版社2009年版，第185页。

② 同上书，第571页。

③ 《马克思恩格斯文集》第2卷，人民出版社2009年版，第53页。

恩格斯指出只有推翻资产阶级、废除私有制，在“自由人联合体”这样的“真正的共同体”中，人才能获得自由全面发展。无产阶级通过革命实现“自由人联合体”与自己的个性和自由的实现是完全一致的。同时，马克思、恩格斯指出“共产党人强调和坚持整个无产阶级共同的不分民族的利益”①，体现了马克思、恩格斯“自由人联合体”的国际主义色彩。

在《1857—1858年经济学手稿》中，马克思对共同体的发展规律进行了历史性考察，通过研究资本主义以前的各种生产形式，肯定了“自然形成的共同体”的积极作用，但也论证了其被“虚幻的共同体”取代的必然性。进而在对“虚幻的共同体”的批判过程中，揭示了资本与劳动的对立关系，说明了“虚幻的共同体”灭亡是一个必然的过程。并在此基础上，阐述了共产主义与共同体的一致关系，展开了对“真正的共同体”的构建。马克思指出，在“自由人联合体”中“个人全面发展和他们共同的、社会的生产能力成为从属于他们的社会财富这一基础上的自由个性”②，明确了每个人的自由发展与一切人自由发展的关系。

在《资本论》中，马克思通过阐述商品的生产、流通、分配过程，剖析了资本主义生产方式的内在矛盾，揭示了“虚幻的共同体”中资本运行和剥削的秘密，在资本逻辑支配人的条件下无产者一定是不自由的，更谈不上获得解放。进而，马克思探索了“自由人联合体”的形成条件和现实基础，即扬弃资本主义生产方式，建立在公有制基础之上、用社会所占有的生产资料进行物质资料生产，并且实现许多人的劳动力向一个社会劳动力的转化。同时，马克思指出“自由人联合体”是“一个更高级的、以每一个个人的全面而自由的发展为基本原则的社会形式”③，明确了“自由人联合体”的原则。此外，马克思指出，“自由王国只是在必需和外在目的

① 《马克思恩格斯文集》第2卷，人民出版社2009年版，第44页。

② 《马克思恩格斯文集》第8卷，人民出版社2009年版，第52页。

③ 《马克思恩格斯文集》第5卷，人民出版社2009年版，第683页。

规定要做的劳动终止的地方才开始”①，即在“自由人联合体”中，劳动不仅仅是维持生存的手段，更是实现了对人的本质的真正的占有，人成为真正的主人。因此，从马克思的论述中可以看出，“自由人联合体”只有在共产主义高级阶段才能实现。

恩格斯在《卡尔·马克思》一文中指出，“自由人联合体”中的“社会生产力……只等待联合起来的无产阶级去掌握它，以便建立这样一种制度，使社会的每一成员不仅有可能参加社会财富的生产，而且有可能参加社会财富的分配和管理，并通过有计划地经营全部生产，使社会生产力及其成果不断增长，足以保证每个人的一切合理的需要在越来越大的程度上得到满足”②。这明确了“自由人联合体”中无产阶级的地位，即无产阶级不仅仅要掌握社会生产力，还要参与到社会财富的分配中，联合体成员的合理需求将不断得到满足。

马克思、恩格斯晚年将共同体的研究范围从西欧资本主义国家扩展到东方，展开了对“真正的共同体”的东方思考。他们研究了俄国的农村公社形式，在《给维·伊·查苏利奇的复信》《共产党宣言》俄文版序言中，均体现了他们对俄国命运的关注。马克思、恩格斯提出俄国具有跨越卡夫丁峡谷的良好条件，同时“假如俄国革命将成为西方无产阶级革命的信号而双方互相补充的话，那么现今的俄国土地公有制便能成为共产主义发展的起点”③，马克思、恩格斯“自由人联合体”的思想得到了进一步丰富和完善。

（二）方法论

1. 将社会主义置于现实的基础之上

科学社会主义与空想社会主义相比最大的区别在于其现实性。恩格斯

---

① 《马克思恩格斯文集》第7卷，人民出版社2009年版，第928页。

② 《马克思恩格斯文集》第3卷，人民出版社2009年版，第460页。

③ 《马克思恩格斯文集》第2卷，人民出版社2009年版，第8页。

在《社会主义从空想到科学的发展》一文中，从法国大革命和相应的时代精神的变革入手，对法国启蒙思潮和空想社会主义思潮进行了批判，揭露了空想社会主义的产生根源及本质，将科学社会主义理论置于现实的基础之上，使一切存在于神的王国的美好转化为现实的幸福的可能性。这不仅明确了科学社会主义的基本前提，也是衡量社会主义是否重走空想之路的标志，为客观把握社会主义的命运提供了可能。

马克思、恩格斯指出，共产主义是从社会历史事实中出发，并指出他们对未来社会特征的勾勒“是从历史事实和发展过程中得出的确切结论”①，如果不结合这些历史事实，则没有任何价值和意义。同时，他们强调了社会变迁的原因“应当到生产方式和交换方式的变更中去寻找”②。也就是明确了生产和交换是一切社会制度的基础，即“每一历史时代主要的经济生产方式和交换方式以及必然由此产生的社会结构，是该时代政治的和精神的历史所赖以确立的基础，并且只有从这一基础出发，这一历史才能得到说明”③。

社会主义社会是经常变化的社会，一切都要以发展、变化着的实践为前提。恩格斯明确反对凭空设想，他指出社会制度“越是制定得详尽周密，就越是要陷入纯粹的幻想”④。马克思、恩格斯指出，对现实的描述只是“对人类历史发展的考察中抽象出来的最一般的结果的概括。这些抽象本身离开了现实的历史就没有任何价值”⑤。他们反对从教条出发，把共产主义社会看成不断发展、变化的社会。《共产党宣言》1872 年德文版序言中指出，随着二月革命、巴黎公社等实际经验的丰富，《共产党宣言》中的某些原理可以随着历史条件的变化作些修改。

---

① 《马克思恩格斯文集》第 10 卷，人民出版社 2009 年版，第 548 页。

② 《马克思恩格斯文集》第 3 卷，人民出版社 2009 年版，第 547 页。

③ 《马克思恩格斯文集》第 2 卷，人民出版社 2009 年版，第 14 页。

④ 《马克思恩格斯文集》第 3 卷，人民出版社 2009 年版，第 529 页。

⑤ 《马克思恩格斯选集》第 1 卷，人民出版社 2012 年版，第 153 页。

2. 不断赋予社会主义“科学性”内核

马克思和恩格斯于1844年8月在巴黎见面后，便开始了系统清理黑格尔唯心主义和费尔巴哈人本主义的联合行动①，不断推动自身的阶级观点与哲学观点的转变。

在《神圣家族》中，马克思、恩格斯解决了思维和存在的关系问题，明确了物质生产的决定性作用和人民群众在历史中的作用，不断克服唯心史观的缺陷。马克思在《关于费尔巴哈的提纲》中第一次对费尔巴哈及以前的一切旧唯物主义进行了彻底的批判，阐发了新唯物主义实践观，奠定了历史唯物主义的理论基础。在《德意志意识形态》中，历史唯物主义的基本原理被进一步展开。马克思、恩格斯阐明了人类社会发展历史规律，明确了发达的生产力和世界历史对于共产主义的作用，论证了共产主义的特征及必然性。

马克思在《1844年经济学哲学手稿》中对资本主义制度进行了批判考察，完成了对共产主义的经济学论证，为其共产主义学说的提出提供了政治经济学来源。在《伦敦笔记》中，马克思对工人阶级的状况、农业问题作了研究，强调了工会斗争能够在很大程度上缓解工人阶级的贫困状态。在《1857—1858年经济学手稿》中，马克思的劳动价值论和剩余价值论得以创立，促进了人们理解把握资本主义生产方式及其历史趋势，促进了唯物史观和经济思想的统一。

唯物辩证法不仅仅适用于自然界，还适用于人类社会，是关于整个历史的科学思维方法。“唯物主义历史观及其在现代的无产阶级和资产阶级之间的阶级斗争上的特别应用，只有借助于辩证法才有可能。”② 恩格斯强调了辩证法对于现实的自然界和现实的人类历史的普遍意义。借助于辩证

---

① 蒲国良：《社会主义思想从乌托邦到科学的飞跃（1516—1848）》，北京师范大学出版社2018年版，第550页。

② 《马克思恩格斯文集》第3卷，人民出版社2009年版，第495—496页。

法才能明确资本主义生产方式对工人阶级的剥削本质，揭示出阶级斗争的根源和内在性质。唯物辩证法为科学社会主义的形成奠定了正确的哲学基础和思维方式，彰显了科学社会主义的理论自信。

唯物史观对“以往的全部历史”作了新的研究，即利用唯物辩证法作总体性研究。恩格斯认为原始状态社会以来的全部历史都是阶级斗争的历史，而这种以阶级相互对立的形式出现的社会经济结构有其现实基础。这对于社会主义理论的发展具有重要意义。社会主义被看作“无产阶级和资产阶级之间斗争的必然产物”①，其任务是“研究必然产生这两个阶级及其相互斗争的那种历史的经济的过程；并在由此造成的经济状况中找出解决冲突的手段”②。唯物史观创立后，社会主义“一方面应当说明资本主义生产方式的历史联系和它在一定历史时期存在的必然性，从而说明它灭亡的必然性；另一方面应当揭露这种生产方式的一直还隐蔽着的内在性质”③，从而马克思、恩格斯创立了剩余价值学说。唯物史观要求研究社会发展的原因时应立足于生产方式和交换方式，从时代的经济中去寻找。因而从物质生活出发揭露了资本家剥削工人的秘密，阐明了无产阶级和资产阶级对立的经济根源，揭示了资本主义的局限性。

马克思、恩格斯运用唯物史观和剩余价值学说，从生产方式和交换方式这一基点出发，系统分析了资本主义社会的产生、发展过程，说明了无产阶级革命是不可避免的。资本主义基本矛盾造成的周期性经济危机要求“生产方式起来反对交换方式”④，变生产力的资本属性为社会属性，推动经济的社会形态变革，使社会主义第一次得到科学的说明。

3. 在对资本主义的批判中研究社会主义

马克思、恩格斯肯定了资产阶级、资产阶级生产方式的积极作用，指出资产阶级摧毁了封建制度，建立了资产阶级的社会制度，为资本主义生

---

①②③ 《马克思恩格斯文集》第3卷，人民出版社2009年版，第545页。

④ 同上书，第557页。

产方式的发展提供了条件。资本主义生产方式带来了生产力的大幅提高，巩固了资本主义制度的经济基础。但是随着生产力的不断发展，生产力逐渐超越出资本主义生产方式对它的种种限制，生产力与生产方式的矛盾凸显，被马克思、恩格斯称为“社会瘟疫”的资本主义经济危机频发。自从1825年第一次经济危机爆发以来，差不多每隔十年就要爆发一次，促使有识之士去探讨经济危机的根源并寻找解决方式。

资本主义生产方式促进了生产的社会化，但是私有制依旧存在，因而引起社会化生产和生产资料私人占有之间的矛盾。在经济上表现为“个别工厂中生产的组织性和整个社会中生产的无政府状态之间的对立”①，个体生产者日益独立，社会生产的无政府状态已经凸显。在政治上表现为资产阶级和无产阶级的矛盾。资产阶级生产方式不仅创造了资产阶级，还创造了远超过资产阶级的无产阶级。资本主义生产方式一方面使生产资料和社会财富集中于少数资本家手中，一方面日益使更多的农民和手工业者沦为无产者，且贫困化程度日益加深。资本与贫困的双重积累，形成“无产阶级和资产阶级的对立”②。

经济危机的实质是“生产方式起来反对交换方式”③。资本主义生产方式已经再也不能够适应迅速发展的生产力了，生产力已经强大到资产阶级生产关系所不能驾驭的程度；同时，生产力也不断要求摆脱它作为资本的属性，“承认它作为社会生产力的那种性质”④。尽管资产阶级试图不断采用股份公司、托拉斯等手段，但是都不能消除生产力的资本属性。资本主义生产力与生产方式这一冲突的解决只能通过变生产力的资本属性为社会属性，即“由社会公开地和直接地占有已经发展到除了适于社会管理之外不适于任何其他管理的生产力”⑤，进而完成经济变革，资本主义的生产方

① 《马克思恩格斯文集》第3卷，人民出版社2009年版，第554页。

② 同上书，第551页。

③④ 同上书，第557页。

⑤ 同上书，第560页。

式让位于“以现代生产资料的本性为基础的产品占有方式”①，由社会占有生产力。

4. 在对各种社会主义思潮的批判中深化对科学社会主义的认识

马克思、恩格斯在创立科学社会主义之初，就在批判空想社会主义中吸收其合理因素，否定和抛弃其不合理成分。空想社会主义是伴随着资本主义的发展而发展起来的，吹响了反对资本主义的号角，其中圣西门、傅立叶、欧文最具有代表性。空想社会主义者提出要将资产阶级制度抛到垃圾堆里去，想要立即解放全人类，要建立理性和永恒正义的王国。恩格斯肯定了空想社会主义者的理论贡献，认为他们的思想是“处处突破幻想的外壳而显露出来的天才的思想萌芽和天才的思想”②。尽管空想社会主义者提出了一系列具有进步意义的观点，但是由于他们的理论形式是对 18 世纪法国启蒙学者的延续，方法论不是以唯物主义为基础，即不是从现实的生活出发，而是从理性原则出发来批判现实世界，具有一定的局限性。他们看不到作为“思维着的知性”的理性原则本身只是人类发展的特定阶段的产物。他们期待个别的天才人物出现并认识到真理，忽视了人民群众的作用；发明了一套新的更完善的社会制度，但是由于先天缺陷，注定是纯粹的幻想。三大空想社会主义者的思想局限更重要的是受到当时客观条件限制，他们的观点是与当时“不成熟的资本主义生产状况、不成熟的阶级状况相适应的。解决社会问题的办法还隐藏在不发达的经济关系中，所以只有从头脑中产生出来”③。这种缺陷是历史造成的，当时的经济发展状况和阶级斗争状况还没有发育成熟。在空想社会主义发展过程中，社会主义逐渐变成“是绝对真理、理性和正义的表现”④，脱离社会现实，在实践中

---

① 《马克思恩格斯文集》第 3 卷，人民出版社 2009 年版，第 561 页。

② 同上书，第 529 页。

③ 同上书，第 528 页。

④ 同上书，第 536 页。

演变成“一种折中的不伦不类的社会主义”[①]。此时，空想社会主义已经失去其进步性的理论品质，为科学社会主义的出场提供了理论前提。

1844年起，“真正的社会主义”观点在德国小资产阶级之间盛行，主张以爱和抽象的人性代替政治活动和争取民主的斗争，这种思潮不利于当时的无产阶级运动，马克思和恩格斯在《德意志意识形态》《反克利盖的通告》《诗歌和散文中的德国社会主义》等著作中进行了批判，指出了这种思潮体现的小资产阶级伦理道德的阶级局限性，是德国社会主义运动的腐蚀剂，明确了共产主义者的宗旨。同时，马克思、恩格斯还批判了魏特林空想共产主义思潮，强调无产阶级应该先参与资产阶级革命，进而实现工人群众的最后解放。马克思划清了科学社会主义与当时流行的社会主义流派的界限，针对卡尔·海因岑攻击共产主义是从原则出发得出的结论，恩格斯在《共产主义者和卡尔·海因岑》一文中反驳道：“共产主义不是教义，而是运动。它不是从原则出发，而是从事实出发。”[②]随后马克思在《1848年至1850年的法兰西阶级斗争》中提出“社会主义就是宣布不断革命，就是无产阶级的阶级专政，这种专政是达到消灭一切阶级差别”[③]的观点。在《哲学的贫困》《法兰西阶级斗争》《论蒲鲁东（给约·巴·施韦泽的信）》等文献中，马克思批判了蒲鲁东的改良主义，指出了工人阶级在阶级斗争中的作用和使命，论述了无产阶级革命理论。在第一国际后期，马克思和恩格斯在《总委员会关于继承权的报告》《关于工人阶级的政治行动》《巴枯宁〈国家制度和无政府状态〉一书摘要》等文献中批判了巴枯宁等无政府主义者主张无产阶级放弃革命、放弃无产阶级专政的错误思想，阐述了科学社会主义关于无产阶级专政和工农联盟等问题。在第二国际时期，马克思在《哥达纲领批判》中批判了拉萨尔主义观点，第一

① 《马克思恩格斯文集》第3卷，人民出版社2009年版，第537页。
② 《马克思恩格斯文集》第1卷，人民出版社2009年版，第672页。
③ 《马克思恩格斯文集》第2卷，人民出版社2009年版，第166页。

次对共产主义进行了阶段划分，并论述了不同阶段的分配原则与特点，同时，也强调了国家的阶级性质，发展了无产阶级革命、无产阶级专政理论。在《反杜林论》中，恩格斯批判了杜林的小资产阶级性，全面论证了科学社会主义的合理性与合法性。恩格斯晚年不断同机会主义思潮展开斗争，明确了无产阶级应该根据条件变化来决定斗争方式，捍卫和发展了科学社会主义基本原理。

马克思、恩格斯通过对当时各种流行的社会主义思潮进行批判，不断丰富、发展、完善自己的观点，使科学社会主义理论日渐成熟。

第三章 十月革命的胜利与社会主义的实践

列宁所处的时代和马克思、恩格斯相比有较大变化，他对社会主义的认识也有着不同的侧重点。马克思、恩格斯探索了发达国家通往共产主义的道路，列宁则是将科学社会主义与俄国实践相结合，探索了落后生产力的国家通往社会主义的道路。从理论逻辑来看，列宁论述了俄国进行社会主义革命的必然性；在揭露了帝国主义发展不平衡规律的前提下，形成了社会主义可能在一个国家获得胜利甚至建成的科学论断；在国家政权建立以后，他科学论述了过渡理论和无产阶级专政的国家学说，拓宽了社会主义的历史方位。自此，他通过俄国的实践让科学社会主义从理论走向现实，也让社会主义制度成为世界历史的另一种选择。

一、时代变化与俄国无产阶级革命道路的探索

19 世纪末 20 世纪初，随着资本主义由自由竞争阶段进入垄断阶段，资本主义基本矛盾进一步激化，金融资本开始主导经济和政治生活，垄断资本利用国家机器推行殖民扩张。资本主义发展的不平衡加剧了帝国主义国家间的矛盾，经济政治危机迭起，战争阴云密布。帝国主义和被压迫民族的矛盾进一步上升，亚非拉广大殖民地半殖民地人民纷纷觉醒，民族解放运动蓬勃兴起。人类社会发展进程到了一个重大历史关头，“社会主义向何处去”“如何推翻帝国主义统治”成为这一时期最紧迫的历史之问。面对帝国主义侵略扩张的悲惨景象，列宁在与第二国际的斗争中坚持和发

展了马克思主义，开创性地提出了帝国主义理论和无产阶级革命学说，指明了“社会主义向何处去”这一时代难题的方向，科学回答并实践了“如何推翻帝国主义统治”这一时代难题，世界无产阶级革命运动也由此翻开崭新篇章。

（一）19世纪末20世纪初资本主义发展的新变化

1. 自由竞争资本主义向垄断资本主义过渡

19世纪末20世纪初，资本主义发展由自由竞争阶段进入垄断阶段。在生产集中和资本集中双重作用下，一批大企业在各个国家崛起，通过兼并、联合，逐步控制整个国民经济。卡特尔、辛迪加、托拉斯等垄断组织相继在工业、银行等领域形成。德国、美国等国的垄断程度尤其突出。从总体上看，在19世纪90年代，垄断资本主义在西方主要国家初步形成并迅速发展，这标志着在19世纪与20世纪之交，“从自由竞争中生长起来的垄断，是从资本主义社会经济结构向更高级的结构的过渡”①。与此同时，金融资本也开始形成，列宁指出，“银行和工业日益融合或者说长合在一起”②。金融资本是与工业资本融合起来的银行资本，它标志着资本主义已进入“寄生的或腐朽的资本主义”③阶段。在垄断资本的推动下，资本输出成为资本主义国家的重要特征，殖民争夺愈演愈烈，世界最终被瓜分完毕。垄断与殖民掠夺相结合，推动资本主义发展到帝国主义阶段，资本主义基本矛盾更加尖锐化。可见，19世纪末20世纪初资本主义发生的新变化，必然要求革命理论作出新概括、新判断。

2. 资本主义国家政治经济发展不平衡

进入20世纪，资本主义各国政治经济的发展极不平衡。一方面，一批新兴资本主义国家后来居上，德国、美国生产力水平大幅提高，在工

---

①《列宁全集》第27卷，人民出版社2017年版，第434页。

② 同上书，第362页。

③《列宁全集》第28卷，人民出版社2017年版，第70页。

业、金融领域开始挑战英国的霸主地位。资本主义世界出现了英、德、美三足鼎立的局面。另一方面，广大殖民地半殖民地人民在帝国主义压迫下苦难深重，纷纷觉醒，民族革命运动蓬勃兴起。在东方，中国、印度、土耳其等国掀起反帝反封建的斗争高潮。资本主义发展的不平衡，一方面加剧了帝国主义国家间的矛盾，为争夺市场和势力范围，战争不可避免。另一方面，帝国主义和被压迫民族的矛盾上升为主要矛盾，殖民地半殖民地成为革命的风暴中心。列宁敏锐地洞察到“经济和政治发展的不平衡是资本主义的绝对规律”①，指出革命首先在帝国主义体系的薄弱环节取得胜利，进而探索“社会主义可能首先在少数甚至在单独一个资本主义国家内获得胜利”②的社会主义革命道路。资本主义的发展规律及其新变化，构成了从马克思主义到列宁主义发展的现实背景。如何从新的历史条件出发，丰富和发展马克思主义的革命理论，成为摆在无产阶级革命家面前的时代课题。

（二）俄国社会矛盾激化与革命形势高涨

19 世纪末 20 世纪初，沙俄的社会危机全面加剧，革命形势迅速高涨。首先，资本主义工业化的快速推进，引发了工人运动的空前高涨。19 世纪 90 年代以后，俄国工人运动进入新阶段。许多城市爆发大规模罢工，如 1895 年雅罗斯拉夫尔纺织工厂罢工、彼得堡托伦顿工厂罢工和 1896 年彼得堡纺织工人大罢工，“劳动解放社”“工人阶级解放斗争协会”相继成立。1905 年日俄战争失利，使本已岌岌可危的沙皇统治雪上加霜。流血星期日事件成为工人运动新的转折点，各地群众性罢工此起彼伏，革命烽火席卷全国。然而，由于俄国工人阶级的成熟程度不够，加之资产阶级的背叛，这场革命最终以失败告终。但 1905 年革命展示了俄国革命的两大动力——无产阶级和农民。它不仅表明沙皇统治已处于死亡线上，更在实践中检验了布尔什维克的革命策略。列宁指出，“俄国的事态证实布尔什维

①② 《列宁全集》第 26 卷，人民出版社 2017 年版，第 367 页。

克在战争问题上的立场是正确的”[①]。革命失败后，沙皇态度愈加反动，工人、农民、士兵的不满情绪持续发酵，这为日后革命酝酿了条件。

其次，农民问题进一步恶化，成为革命的重要导火索。沙俄是一个农业大国，农民占全国人口的绝大多数。但大部分土地集中在沙皇、地主、教会等少数人手中，广大农民只能租种份地，交纳高额地租，承担沉重劳役，生活极端贫困。沙皇的土地政策非但没有缓解农民的苦难，反而加剧了土地兼并。1861年改革后，农民获得的“自由”是有名无实的。他们依然没有摆脱对地主的人身依附，而且为赎买份地负债累累。随着资本主义发展，农民两极分化加剧。富农通过高利贷盘剥贫雇农，广大农民处境更加悲惨。1902年春，乌克兰等地区爆发大规模农民起义。1905年革命期间，农民捣毁地主庄园，没收土地，同工人并肩战斗。尽管起义失败，但它充分表明，没有解决土地问题就不可能彻底推翻沙皇统治。正如列宁所指出的，布尔什维克党“现在和将来都要为夺取政权、为建立共和国、为没收土地而英勇忘我地斗争”[②]，这就要求“争取农民”[③]并“尽量发挥农民的革命力量”[④]。

再次，民族矛盾尖锐化，成为影响沙俄社会稳定的重要因素。沙俄通过高压手段维持其大俄罗斯主义统治。一方面，沙皇镇压少数民族民主运动，否认其平等权利，压制民族语言文化。另一方面，沙皇在少数民族聚居区推行移民政策，煽动民族对立与宗教仇杀。民族矛盾的尖锐化，引发波兰、高加索、中亚等地区民族解放运动的兴起。列宁深刻指出，帝国主义就意味着对民族的压迫，沙俄就是一座压迫少数民族的“监狱”。因此，只有同反对民族压迫的斗争结合起来，才能彻底推翻帝国主义和沙皇专制。

最后，第一次世界大战的爆发，使本已千疮百孔的沙俄雪上加霜。沙

① 《列宁全集》第26卷，人民出版社2017年版，第586页。

②③④ 《列宁全集》第27卷，人民出版社2017年版，第98页。

皇仓促决定参战，既反映其垂死挣扎，也加速自身走向崩溃。战争给俄国经济造成毁灭性打击。一方面，战争导致工业原料、燃料严重短缺，许多工厂倒闭，工人失业，通货膨胀加剧。另一方面，农业破产，粮食减产，物价飞涨，民不聊生。战争还造成大量人员伤亡，广大劳动人民陷入深重灾难。前线连年败退，沙皇的腐朽无能暴露无遗。列宁指出，“军事上的失败加速了沙皇制度的崩溃”①。战争激化了社会各阶级的矛盾，成为革命形势高涨的重要推手。1917 年 3 月，彼得格勒爆发大规模工人罢工和士兵起义，沙皇被迫退位，代之以立宪君主制。资产阶级临时政府随之建立，标志资产阶级民主革命取得胜利。但这场革命只不过推翻了沙皇的黑暗统治，并没有从根本上改变俄国的社会面貌。临时政府既不愿也无力解决土地、民族等根本问题。而这恰恰为日后十月社会主义革命准备了条件。

总之，第一次世界大战期间，沙俄社会矛盾空前激化，工人运动、农民斗争、民族解放运动风起云涌，革命形势迅猛发展。与此同时，战争又加速沙皇专制统治走向崩溃，动摇了资产阶级统治的根基。多重社会危机交织，对革命理论提出了新的时代要求。列宁敏锐洞察时局，创造性回答了在帝国主义条件下如何实现无产阶级革命等一系列重大理论和实践问题。可以说，在沙俄时期的革命实践既孕育了列宁主义，又检验了它的真理性。列宁主义诞生于帝国主义和无产阶级革命时代，是对马克思主义的丰富和发展，是帝国主义时代无产阶级革命的科学指南。它的产生，是时代发展和无产阶级革命实践的必然要求。没有沙俄社会危机的持续加深、革命高潮的迭起，就不会有列宁主义从理论到实践的伟大飞跃。因此，沙俄深重的社会危机与革命形势的持续发展，构成了列宁主义产生的现实基础和实践土壤。列宁领导的布尔什维克党将马克思主义基本原理同俄国革命具体实践相结合，指引俄国人民推翻沙皇和资产阶级统治，建立了世界

---

①《列宁全集》第 47 卷，人民出版社 2017 年版，第 170 页。

上第一个社会主义国家。

二、列宁关于“社会主义”和“共产主义”二词的使用情况

“社会主义”和“共产主义”这组较为相近的概念，在特定的语境往往会有特定的含义，历来都是社会主义学说必须深入研究的重要内容。列宁在使用这两个概念的时候，会根据具体情况决定是否对二者进行区分或者突出某一层面的含义，由于涉及世界上第一个社会主义国家的革命和建设的重大实践问题，列宁的论述是更加偏向实践性且内涵丰富的。在列宁那里，社会主义可以指代理想的社会制度、现实的革命实践和无产阶级的理论学说，体现了其以俄国实践为依据的强烈的现实关照感。

通过系统梳理列宁文本中“社会主义”和“共产主义”概念的使用情况可以发现，这两个概念在不同时期有着不同的侧重点，而且往往会交错使用，具有较强的重合性。列宁对于这两个概念的认识和阐释过程，体现了其对马克思主义基本原理的科学运用，以及对领导一个经济文化相对落后的国家走社会主义道路时所遇到的重重难题的思考。因此，深入分析列宁关于“社会主义”和“共产主义”概念的论述，对于今天在中国特色社会主义道路上继续前行具有重要的理论指导意义。

（一）苏维埃政权建立以前的“社会主义”和“共产主义”的内涵

在苏维埃政权建立之前，列宁在使用“社会主义”这一概念时更加侧重于其作为消灭剥削、实现无产阶级解放的革命斗争的性质，与“共产主义革命”的含义是比较接近的，可以理解为无产阶级进行革命斗争所必须坚持的理论体系。早在 1894 年列宁就已经明确指出了在生产资料公有制基础上消灭剥削的重要性，而社会主义运动的实质就在于推进这一革命斗争。他认为，只有社会主义思想在工人阶级中广泛传播并形成坚强有力的组织，俄国工人阶级才能最终推翻沙皇封建专制制度，并且进而引领全世界无产阶级走向彻底推翻资本主义的“共产主义革命”。在这里，社会主义作为无产阶级进行革命斗争的运动的性质，和共产主义革命在本质上是

没有区别的，都强调要在消灭剥削和压迫的道路上进行不懈斗争，但显然列宁是把“共产主义”看作比“社会主义”更高的发展阶段。同时，列宁还深刻意识到在推进这一伟大革命运动的过程中，无产阶级必须发挥主导作用。因此，从思想理论的层面上来说，社会主义实质上就是体现和维护无产阶级根本利益的革命斗争的科学理论体系。

虽然在这一时期列宁更加注重揭示“社会主义”和“共产主义”所具有的政治斗争的革命性质，但是他对这两个概念的阐释并不仅仅局限于这一方面。在1903年发表的《告贫苦农民》等著作中，列宁把社会主义视为一种比资本主义更为先进的社会制度，认为其最本质的特征就是要消除贫富差距、实行共同劳动、共同分配劳动成果并让先进技术成果惠及全体人民。在列宁看来，要最终建成这样的社会主义社会制度，必须在经济基础上取消货币和资本的统治，进而在全社会范围内消灭私有制和商品经济关系。列宁在阐述这些观点的同时，也经常用共产主义来指代人类未来理想社会的形态，但这往往是和对无产阶级专政国家性质的论述结合在一起进行的。1917年二月革命以后，资产阶级临时政府对革命群众进行了残酷镇压，这使列宁进一步认识到了把资产阶级民主革命继续推向社会主义革命的必要性。他在《四月提纲》等著作中提出，只有无产阶级领导的社会主义革命取得彻底胜利并建立崭新的无产阶级民主专政的国家政权，才能为联合全世界无产者最终实现全人类解放创造根本条件。在论述这一思想的过程中，列宁还反复强调指出，俄国革命只是整个世界无产阶级革命的最初阶段，只有在各国工人阶级的共同努力下才能最终保证世界范围内社会主义革命的全面胜利。由此可见，列宁关于把俄国一国革命推进为世界社会主义革命的思想，实际上是与马克思、恩格斯的科学社会主义理论高度一致的。

（二）十月革命后对“社会主义”和“共产主义”内涵的充实

随着俄国革命的不断深入和苏维埃政权的建立，列宁对“社会主义”和“共产主义”概念的内涵作了进一步充实，同时还开始有意识地对二者的内在联系和区别进行了深入分析。早在1915年发表的《论欧洲联邦口号》一文中，列宁就已经明确提出了未来社会发展的“两个阶段”学说，即在共产主义最终彻底胜利以前，必然要经历一个漫长的社会主义阶段。他认为，在社会主义发展阶段，虽然已经在根本上消灭了生产资料私有制，但在分配领域还不可避免地存在按劳分配的现象。而按劳分配的实质仍然是一种资产阶级法权，是不平等的。只有到共产主义高级阶段，才能最终实现按需分配，彻底消灭这种带有旧社会烙印的分配制度。正如列宁所指出的：“人类从资本主义只能直接过渡到社会主义，即过渡到生产资料公有和按每个人的劳动量分配产品。我们党看得更远些：社会主义必然会逐渐成长为共产主义，而在共产主义的旗帜上写的是：‘各尽所能，按需分配’。”①

列宁还在《国家与革命》中系统阐发了马克思在《哥达纲领批判》中提出的学说。他对“社会主义”和“共产主义”的内涵作了进一步深化。他明确指出，作为从资本主义社会孕育出来的社会主义社会形态，“在各方面，在经济、道德和精神方面都还带着它脱胎出来的那个旧社会的痕迹”②，因此，在共产主义发展的初级阶段即社会主义阶段，“在共产主义下，在一定的时期内，不仅会保留资产阶级权利，甚至还会保留资产阶级国家，——但没有资产阶级”③，在阐述这一思想的基础上，列宁进一步论证了在资本主义向共产主义过渡的特殊历史时期，阶级斗争将更加尖锐复杂，无产阶级专政的国家政权具有十分重要的作用，它将是一个“已被打败但还未被消灭的资本主义和已经诞生但还非常幼弱的共产主义彼此斗争的时期”④。由此可见，列宁实际上把由无产阶级领导的向社会主义过渡的时期，看作是推翻资产阶级统治和建立无产阶级政权的关键时期，强调在

① 《列宁选集》第3卷，人民出版社1995年版，第64页。
② 《列宁专题文集·论社会主义》，人民出版社2009年版，第32页。
③ 同上书，第39页。
④ 同上书，第154页。

这一时期必须实行全新的无产阶级民主制度和无产阶级专政。在《国家与革命》一书发表以后，列宁又多次强调，共产主义是一个比社会主义更加完善的发展阶段，只有经过社会主义初级阶段的长期发展才能最终过渡到共产主义。

在领导苏俄社会主义革命和建设的伟大实践中，列宁还从不同角度进一步丰富了“社会主义”和“共产主义”概念的时代内涵。针对经济文化相对落后的苏俄如何推进社会主义建设的现实问题，列宁创造性地提出了一系列重要思想。在如何正确处理社会主义国家同西方资本主义国家关系的问题上，他强调指出社会主义国家要善于吸收和利用资本主义世界的一切文明成果，大胆学习和引进国外的先进科学技术，这对于迅速提高社会生产力水平具有十分重要的意义。列宁还突出强调，先进技术因素在推动共产主义事业发展过程中具有关键作用。在阐述这一思想时，他往往把“共产主义”和“社会主义”视为内涵基本一致的概念，都是用来指代建立在高度发达生产力基础之上的未来理想社会。列宁曾多次指出，“如果不把俄国转到比先前更高的另一种技术基础上，就根本谈不上恢复国民经济，谈不上共产主义”①，或者更清楚地，他还以一种朴素而形象的比喻指出，“共产主义就是苏维埃政权加全国电气化”②。但是，列宁同时又敏锐地认识到，在经济文化落后的小农国家要想直接过渡到共产主义是不现实的，在新经济政策时期的一系列论述中他明确指出，苏俄要最终过渡到共产主义，必须“经过国家资本主义和社会主义这些过渡阶段”③，这就要求根据本国国情推行切实可行的经济政策。正是基于这一科学认识，列宁领导制定并实施了“新经济政策”，开启了苏俄在经济领域对资本主义因素加以利用的探索，充分体现了其在运用马克思主义指导革命建设实践中从

① 《列宁全集》第 40 卷，人民出版社 2017 年版，第 30 页。

② 同上书，第 159 页。

③ 《列宁全集》第 42 卷，人民出版社 1987 年版，第 176 页。

实际出发、实事求是的理论品格。总之，正是在领导十月革命和苏俄社会主义建设的伟大实践中，列宁运用马克思主义立场、观点和方法，结合时代条件和苏俄的具体国情，对“社会主义”和“共产主义”的科学内涵作了极大丰富和发展，使其更加符合20世纪世界革命运动的实际需要，这无疑大大推进了马克思主义科学社会主义理论的发展。

三、对社会主义建设道路的探索

（一）从“战时共产主义政策”转向“新经济政策”

针对经济文化相对落后的国家如何向社会主义过渡这一根本问题，列宁在苏维埃政权建立后的实践探索中呈现出一定的变化趋势。通过分析列宁在不同历史时期采取的具体举措可以看出，他在推进社会主义建设的过程中始终坚持运用马克思主义基本原理分析苏俄的具体国情，根据革命斗争和建设实践的需要不断调整完善相关政策。这种理论联系实际的实践品格，不仅极大丰富和发展了马克思主义的科学社会主义理论，而且为苏联社会主义现代化建设事业提供了宝贵的理论指导和实践经验。

1.“直接过渡”策略——战时共产主义政策

1918年春天到1920年年底，苏俄面临严峻的内战环境，国民经济遭到极大破坏。列宁和布尔什维克党实行了一系列“战时共产主义”的经济政策，力图把全国经济生活纳入战时的轨道，从而在较短时间内实现向社会主义的“直接过渡”。这些政策措施具有鲜明的“共产主义”特征，集中体现了列宁在特定历史条件下对于加速过渡到社会主义社会的主观愿望，其主要内容可概括如下。

第一，强调生产和管理的高度统一。面对十月革命后工业生产和经济管理领域的严重混乱局面，列宁深刻认识到，必须在全国范围内对经济活动实行高度统一的计划管理，才能在最短时间内完成国民经济恢复的艰巨任务，实现国内资源的最优配置，推动社会生产力的快速提高。为此，列宁一方面主张在中央层面设立最高国民经济委员会等经济管理部门，加强对全国经济工作的统一领导；另一方面要求在企业层面特别是在国有化大企业中实行“一长制”，通过共产党员和无产阶级专家对生产实行统一管理，以克服工人群众自发的无政府主义倾向。这些主张体现了列宁在特殊历史条件下对生产管理体制的新认识，是其管理思想发展的重要转折点。

第二，主张消灭商品货币关系，实行生产资料和生活资料的计划分配。列宁十分警惕资本主义商品经济和货币关系对人们思想意识的消极影响，认为商品拜物教会严重束缚人的自由全面发展。因此，在社会主义革命取得胜利后，就要着手在全社会范围内逐步消灭商品和货币，代之以直接的产品交换。这一设想虽然在理论上与马克思、恩格斯关于共产主义社会的基本原理是一致的，但在当时苏俄面临内战和经济危机的特殊历史条件下，其现实针对性显然更加突出。一方面，国民经济的崩溃使国家财政收入锐减，废除货币流通、实行统购统销成为缓解危机的重要举措；另一方面，自发的市场交易助长了投机倒买倒卖行为，客观上加剧了国内物资短缺的状况。在这种情况下，对商品流通实行国家垄断就成为保障人民群众基本生活、巩固革命政权的必然选择。列宁在《论饥荒》一文中指出“合理地分配粮食和燃料……由工人在全国范围内对此实行最严格的计算和监督”，视作“社会主义的真正的、主要的前阶”①，这些论述充分体现了列宁根据苏俄革命实践需要，对社会主义基本原理的创造性发展。

第三，强调军事斗争命令和行政方法对于经济建设的重要作用。国内战争的实践证明了军事命令和行政方法是提高国家劳动生产率的有效手段，并且是简单直接的。让列宁对于这一做法充满信心的重要政策就是余粮收集制，显然国家对于粮食的统一管控相比于投机倒把和囤积居奇的“自由贸易”而言是更有效率的。列宁指出收集这些粮食需要使用社会主义的方法，即没有利用市场环节而直接通过固定价格完成了对于农民粮食的收集。列宁将其视为一条正确的道路，并且高度称赞了行政方法对于大

① 《列宁全集》第34卷，人民出版社1985年版，第339页。

规模经济建设的指导作用。随着国内战争的不断胜利，列宁更是将军事斗争的经验应用到经济建设的过程中来，指出如果利用军事斗争的经验来发展经济，将是更加彻底伟大的胜利。

总之，列宁在国内战争时期认为无产阶级夺取政权以后，俄国“不必先经过一个旧经济适应社会主义经济的时期就直接过渡到社会主义”①。但值得注意的是，当时的俄国布尔什维克党事实上也实行了一些与“战时共产主义”政策原则不同的做法，比如提高劳动的物质奖励、在土地的问题上作出一定的让步、允许租让关系的存在等。这印证了列宁在后期的评价中指出的“战时共产主义”是与国内战争的环境相适应的，“它不是而且也不能是一项适应无产阶级经济任务的政策。它是一种临时的办法”②。

2.“间接过渡”策略——新经济政策

“新经济政策”是相对于“战时共产主义”而言的，因此后者具有扬弃前者的意蕴，指的是 1921 年春到列宁逝世这一时期。值得注意的一点是后者并非对前者的全盘否定，俄国始终没有放弃过渡到社会主义的目标，只是转变“直接过渡”方式为“间接过渡”方式。因为列宁意识到，在俄国的生产力还没有发展到较高水平的时候，在发达资本主义国家对苏联进行干涉的国际背景下，实现快速地、直接地向社会主义过渡是不可能的，只能是一个无法实现的主观愿望。所以“试图马上直接实现即实际建立工业和农业之间的这种新的联系时未能用‘强攻’方法完成这项任务，现在就不得不采取一些缓慢的、渐进的、审慎的‘围攻’行动来完成这项任务”③。

列宁根据俄国经济社会的现实，顺应国内战争结束以后相对和平的新形势对经济工作提出了新要求，“新经济政策”在这种历史背景下应运而

① 《列宁全集》第 42 卷，人民出版社 1987 年版，第 221 页。

② 《列宁选集》第 4 卷，人民出版社 1995 年版，第 502 页。

③ 《列宁专题文集·论社会主义》，人民出版社 2009 年版，第 293—294 页。

生。“战时共产主义”政策巩固了新生的苏维埃政权，但是服务于战争的经济政策不可避免地产生了一些问题。轻工业的落后导致日用品严重缺乏，人民生活十分困苦，甚至引发了严重的政治后果。基于此，必须调整已有的经济政策以适应发展的新需要。因此，“新经济政策”的中心思想，就是在无产阶级国家的统一规划下，利用一定程度上的商品货币关系，发展不同成分的经济以建立社会主义的基础，间接过渡到社会主义。在这种指导思想下，农业、工业和商业都进行了相应的政策调整，如粮食税、自由贸易、租让制和国家资本主义，充分调动了人民的积极性，并且获得了显著的成效。

但是“新经济政策”并不意味着重新回到资本主义，而是掌握政权的无产阶级实现向社会主义过渡的新策略，并不改变“向社会主义过渡”道路本身和阶级斗争的方向。对于“新经济政策”可能引发的资本主义因素，列宁并没有视而不见，而是指出“小资产阶级和资本主义就会在一定的（即使只是地方性的）贸易自由基础上复活，这是毫无疑问的”①。危险本身并不可怕，最可怕的是无视和不承认危险。列宁指出要以实际经验为对照，不断纠正自身的错误，反思并继续学习，到那时“新经济政策的俄国将变成社会主义的俄国”②。列宁并未改变自己的科学社会主义观，只是改变了俄国社会主义建设的具体内容和形式，这就是在无产阶级专政的前提下积极利用资本主义的文明成果，以达到改变俄国经济文化落后现状的目的。在列宁看来，新经济政策仅仅是建设社会主义过程中的一个阶段需要实行的政策。

（二）列宁科学社会主义观的内容

1. 对落后国家社会主义发展道路的探索

（1）从“共同胜利论”到对于东方社会问题的思考

在考察列宁对于俄国的社会主义革命的方式探索之前，有必要对马克

① 《列宁选集》第4卷，人民出版社1995年版，第503页。

② 同上书，第677页。

思、恩格斯对于社会主义运动的论述进行考察。马克思、恩格斯考察的对象是西欧发达资本主义国家，他们认为两大阶级的对立随着世界市场的形成已经成为国际性的现象，所以共产主义革命将在多个文明国家同时取得胜利，这就是早年的多国“共同胜利”的思想。但当晚年的马克思、恩格斯将目光转向东方社会的时候，他们也清醒地认识到了时代的变化，并提出了一些新的观点。他们首先考察的对象就是俄国，1861 年俄国废除了农奴制，资本主义获得了迅速的发展，这在俄国的民粹派和自由派之间引起了争论。马克思 1881 年在给查苏利奇的回信中写道，俄国“可以不通过资本主义制度的卡夫丁峡谷，而吸取资本主义制度所取得的一切肯定成果……如果它在现在的形式下事先被引导到正常状态，那它就能直接变成现代社会所趋向的那种经济体系的出发点，不必自杀就能获得新的生命”①。在 1882 年《共产党宣言》的俄文版的序言中指出：“假如俄国革命将成为西方无产阶级革命的信号而双方相互补充的话，那么现今的俄国土地公有制便能成为共产主义发展的起点。”② 也就是在西欧无产阶级帮助下，俄国就可以不经过资本主义阶段过渡到社会主义。恩格斯晚年也指出俄国作为一个落后国家，进行社会主义革命和实现社会主义需要“先决条件”，就是俄国爆发大规模的资产阶级民主革命，同时也推动西欧资本主义国家爆发无产阶级社会主义革命，这样西方国家就会先于俄国建成社会主义。而西方社会会反过来帮助俄国，所以俄国会在几乎相同的时间建成社会主义。这事实上为列宁进一步寻找科学社会主义理论和不发达国家的契合性提供了有益的思路，论证了落后的国家走向社会主义道路的可能性。

（2）“一国胜利论”与资本主义发展不平衡规律理论

科学社会主义的理论必须根据实践不断完善与进步，才能够为无产阶

① 《马克思恩格斯全集》第 19 卷，人民出版社 1963 年版，第 451 页。

② 《马克思恩格斯选集》第 1 卷，人民出版社 1972 年版，第 231 页。

级的革命胜利奠定基础。列宁作为最坚定的马克思主义者，他最初也像马克思、恩格斯一样认为社会主义革命会在多国同时取得胜利。但是随着第二次工业革命的开展，资本主义的发展出现了新的特点，列宁充分意识到世界形势的变化与俄国工人阶级在其中的重要作用，进而对帝国主义进行了深入研究，阐发了资本主义经济和政治发展不平衡的绝对规律。列宁说明了在资本主义发展不平衡的背景下，社会主义是不能在所有国家同时胜利的，因而可能首先在少数甚至在单独的国家内获得胜利。

如果说马克思、恩格斯论证了落后的国家走向社会主义道路的可能性的话，列宁则说明了不发达的国家是有可能先于西欧发达资本主义国家走向社会主义道路的。对资本主义发展不平衡规律的研究从理论上说明了社会主义在一国或者多国的胜利的可能性。由于私有制的存在，社会生产是为了追求更多的利润。在竞争的外部条件下，各国的政治经济是不可能平衡地向前发展的。在垄断资本主义以前，资本主义还处于上升阶段，各资本主义国家还能够较为平稳地向前发展，而且世界上还存在着大量未被资本主义侵占的领土；但是到了垄断资本主义阶段，政治经济发展不平衡的态势空前加剧了，首先表现在资本集中在少数企业的手中形成垄断的态势，其次新兴的工业部门如重工业部门的发展是明显优于轻工业的，如此造成的后果就是资本主义国家之间发展的不平衡，年轻资本主义国家的发展速度是明显高于老牌资本主义国家的。这一规律的直接后果是资本主义国家之间的战争，主要表现为后发的资本主义国家必然想要开拓新的市场，但是世界上已经没有市场可以占领，所以只能通过战争的方式来进行“势力范围”的争夺。在帝国主义体系矛盾尖锐的背景下，经济政治的不平衡决定了各国无产阶级革命的时机是不同的。在一些经济相对不发达的国家，与阶级矛盾伴随而生的是无产阶级的高组织化和高觉悟程度。在这一“薄弱环节”上，只要在共产党的正确领导下形成牢固的工农联盟，就很有可能会带来社会主义的胜利。列宁的这一学说是对于马克思主义学说的重大发展，也成为列宁与各种资产阶级和修正主义流派进行斗争的理论武器，把无产阶级战略思想提升到了一个新的高度。

但是社会主义在某些国家的胜利，并不意味着无产阶级的最后胜利，而是无产阶级世界革命的开始。列宁始终对于“全世界无产者联合起来”充满了向往，期盼着世界革命的到来，他始终没有放弃世界革命的思想。十月革命胜利初期，列宁一直希望社会主义革命向西方扩展，指出：“俄国人开始了，德国人、法国人、英国人将去完成，社会主义定将胜利。”① 可以说发动世界革命并取得成功，是列宁终生追求的理想。作为一个无产阶级革命家，列宁始终认为已经建成的社会主义国家实际上是世界革命的根据地，最终目的则是争取全世界范围的共产主义革命胜利。

（3）俄国社会主义革命的特殊性与未来走向

列宁清醒地认识到，俄国的生产力是远远达不到马克思和恩格斯设想的水平的，但是也不能够因此来否认俄国社会主义革命，他并不认可把俄国的经济文化落后作为拒绝革命的借口的做法。在第一次世界大战这样的特殊的历史背景下，在二月革命胜利以后，仍需要把民主革命向前推进为社会主义革命，只有这样才能够保证共产主义的前进方向，不至于让俄国再次卷入列强的纷争之中。所以在帝国主义的背景下，等待社会主义从发达国家传入俄国是一种完全不切实际的空想。无产阶级必须将政权掌握在自己的手中，因而俄国的十月革命是在当时的时代背景下的必然的历史选择。

列宁认为所谓俄国的政治和经济力量不相称、无产阶级不应该进行革命的观点事实上是值得商榷的，因为“‘相称’是永远不会有的……只有经过多次的尝试——其中每次单独的尝试都会是片面的，都会有某种不相称的毛病——才能从一切国家无产者的革命合作中建立起完整的社会主义”②。列宁还讨论了其他东方落后国家的发展道路，他认为这些国家由于自身情况的特殊性可能会比俄国面临更加特殊的情况，而他们所面临的问

① 《列宁全集》第 33 卷，人民出版社 1985 年版，第 279 页。

② 《列宁选集》第 3 卷，人民出版社 1995 年版，第 531 页。

题是不可能从书本中寻找答案的，也不能够完全照搬俄国的经验，只能“从具体的现实生活中的各种现象出发”①。由此可见，列宁不仅仅思考的是俄国自身的革命的问题，更重要的是他想要通过俄国的实践，为世界历史的走向开辟一种新的模式。

十月革命之后，列宁领导俄国人民为捍卫和巩固新生的苏维埃政权进行了艰苦卓绝的战争，取得了最终的胜利，也从侧面说明了列宁社会主义认识的科学性。需要注意的是，列宁的“一国胜利论”并不完全等于斯大林的“一国建成社会主义理论”，“革命”和“建成”在程度上明显是有所不同的。列宁逝世以后，苏联恢复国民经济的任务完成，俄国的革命何去何从成为俄国的工人阶级政党所要面临的首要问题。按照列宁和布尔什维克党原来的构想，在俄国爆发十月革命以后，西方各国将爆发无产阶级社会主义革命并且与俄国形成相互呼应的态势。但事实上则是西方各国并没有爆发无产阶级革命，俄国作为一个社会主义国家的现实处境是处于资本主义国家的包围之中。如果此时苏联的党和人民依旧坚持原来的设想，那么只能够陷入无限的等待，并且有可能丧失革命的成果。反之如果进行不懈的奋斗则有可能取得建成社会主义的伟大成就，这时候斯大林的“一国建成社会主义”理论应运而生，并且也取得了相应的成就。但是，马克思始终把俄国的直接过渡看作是策略性的内容，列宁晚年也发现政治的跨越如果没有经济和文化的弥补是会出现问题的。在俄国这种通过革命建立的社会主义国家之中，由于政治的因素占了很大的比重，所以必须进行政党建设，否则就会形成官僚集团。反观苏联最终的命运，这也是值得我们反思的一个重要问题。

2. 社会主义建设要高度重视生产力的发展

（1）社会主义必须比资本主义创造更高的劳动生产率

在列宁看来，共产主义社会是建立在高度发达的生产力基础之上的。

① 《列宁选集》第 4 卷，人民出版社 1995 年版，第 275 页。

这是因为，社会主义制度在本质上更加适应社会化大生产的客观要求，能够最大限度地解放和发展生产力。在无产阶级夺取政权以后，生产资料归全社会所有，社会生产和分配将在统一计划指导下进行，商品货币关系和市场经济的自发性将逐步让位于有计划按比例的发展，社会生产力必将获得空前巨大的发展。因此，列宁一再强调指出，在推翻资产阶级统治、建立无产阶级政权之后，必须立即把工作重心转移到社会主义经济建设上来，千方百计为社会主义发展奠定坚实的物质技术基础。他尖锐指出，如果社会主义不能建立比资本主义更加先进的生产方式、创造更高的劳动生产率，那它就有可能流于空想和说教，最终将在同资本主义的竞争中败下阵来。

这种对于生产力的强调与马克思主义是高度吻合的，但是由于较为落后的俄国首先取得了社会主义革命的胜利，因而为了达到马克思、恩格斯设想的建设社会主义的条件，放在无产阶级面前的一个重要的任务就是提高社会的劳动生产率，这也是能够战胜资本主义最终取得社会主义的胜利的根本保障。而提高社会的劳动生产率必须通过组织更大规模的生产，因而列宁将严格计算监督产品的生产分配和提高劳动生产率作为建设社会主义两个重要的物质条件。列宁指出，要创造更高的劳动生产率，首先要保证大工业的物质基础即重工业的发展，此外还要提高群众文化水平和劳动者综合素质并改善劳动组织，才能够真正提高劳动生产率。在列宁领导下制定和实施的“战时共产主义政策”和“新经济政策”，从根本上说都是为了尽快恢复国民经济，为最终实现向社会主义过渡、跨入共产主义社会创造雄厚的物质基础。可以说，列宁关于社会主义必须创造比资本主义更高劳动生产率的思想，既是对马克思、恩格斯科学社会主义基本原理的继承和发展，又紧密结合了苏俄社会主义建设的具体国情，对于一穷二白的苏俄迅速扭转经济落后面貌、巩固社会主义革命胜利成果具有十分重要的现实意义。

（2）社会主义可以利用资本主义先进技术

在论述发展社会主义生产力的途径和方法时，列宁高度重视发挥资本主义先进生产力因素的积极作用。他一再强调指出，社会主义国家在一定条件下可以而且应当积极利用资本主义的先进科学技术成果，学习资本主义的先进管理经验，以推动社会生产力的迅速发展。列宁创造性地提出了在社会主义革命胜利后利用国家资本主义发展经济的思想。他指出，无产阶级专政条件下的国家资本主义，同资本主义国家的国家资本主义有着本质区别。它置于无产阶级专政国家的严格管理和监督之下，即“在苏维埃的政权条件下，工人阶级有意识准许而又加以限制的一种资本主义”①。因此，社会主义国家完全可以而且应当利用这种国家资本主义发展经济，把它作为社会主义改造农业和手工业的一种过渡形式和必由之路。

在新经济政策之前，列宁同“左派共产主义者”论战的时候，就指出国家资本主义在苏维埃国家发展中的重要作用。因为国家资本主义是高于小农经济的发展阶段，是以前的社会主义者没有遇到过的新事物，因而马克思主义的创始人并没有留下现成的答案，俄国必须自己来寻找出路。在新经济政策实行以后，列宁认为可以将国家资本主义作为小生产和社会主义的中间环节，因而苏联关于国家资本主义的全部实践都是为了把过渡时期不可避免的资本主义引到服务于社会主义的道路上去，通过租让制、合作社、代购代销、租借和公私合营的方式培植社会主义。但是这并不意味着放弃了阶级斗争，列宁指出要利用工农联盟对资本主义加以限制，以保证其服务于共产主义的性质。列宁的实践丰富了马克思主义的国家理论，助力了社会经济的恢复。但是在列宁逝世以后，由于党内的“左”倾问题和帝国主义的破坏，国家资本主义逐步趋于萎缩。

列宁认为也要学习资本主义最新的文明成果，认为“社会主义实现得如何，取决于我们苏维埃政权和苏维埃管理机构同资本主义最新的进步的

① 列宁：《论“左派”幼稚性和小资产阶级性》，人民出版社1955年版，第32页。

东西结合的好坏”[①]，为此列宁一再要求全党和全国人民努力学习资本主义发达国家的先进生产技术和管理经验，大胆吸收和利用资产阶级知识分子的专业知识和聪明才智，积极引进国外先进技术设备，为实现国家工业化和农业现代化创造条件。列宁还高度重视研究泰罗制等资本主义的科学管理方法。他指出，这种制度虽然带有资产阶级剥削的烙印，但其合理内核如注重分析劳动过程中的机械运动规律、制定科学的操作规程、实行规范化管理等，对于提高劳动生产率具有重要作用，值得社会主义国家认真借鉴。总的来看，列宁关于充分利用资本主义先进生产力因素发展社会主义经济的思想，体现了马克思主义的与时俱进品格，是列宁根据帝国主义时代的新特点，对科学社会主义基本原理的重大创新，极大丰富和发展了科学社会主义理论。

3. 社会主义国家要坚持无产阶级专政

马克思、恩格斯认为，阶级斗争发展的必然结果是无产阶级专政，但是这一专政是以实现国家的消亡为最终目的。在十月革命胜利和苏维埃政权建立后，列宁紧紧抓住这一马克思主义国家学说的精髓，把无产阶级专政作为社会主义国家的本质特征，对其内涵和实现形式作了极为深刻的阐发。列宁指出，十月革命后的俄国是一个经济成分极其复杂的社会。按照当时的经济结构状况，在苏俄境内至少同时存在自然经济、小商品经济、私人资本主义经济、国家资本主义经济和社会主义经济五种不同类型的经济成分。与此相适应，在阶级关系上则存在无产阶级、农民阶级、城乡小资产阶级、民族资产阶级、旧的和新的资产阶级等几大基本阶级和阶层。在这种情况下，新生的苏维埃政权能否巩固，社会主义事业能否稳步向前发展，很大程度上取决于共产党能否正确处理好同非无产阶级劳动群众特别是占人口大多数的农民的关系问题。为此，列宁一方面强调要加强无产阶级对其他劳动阶级和阶层的领导，努力实现工农联盟；另一方面又指出

① 《列宁选集》第3卷，人民出版社1995年版，第511页。

要对反革命势力实行专政。列宁还敏锐指出，在国内革命取得胜利后，由于新旧体制的激烈博弈和国际敌对势力的疯狂进攻，阶级斗争不仅没有结束，而且会出现新的更加复杂的形式。这就要求社会主义国家必须实行无产阶级专政，用革命暴力打击和镇压国内外敌对势力，捍卫革命政权和人民利益。

在强调无产阶级专政暴力镇压职能的同时，列宁又十分重视阐发这一专政的特殊历史地位和本质特征。早在1917年发表的《国家与革命》一书中，列宁就科学阐明了国家问题的阶级实质。他深刻指出，作为阶级统治工具的国家，是统治阶级用以镇压被统治阶级的暴力机器。在阶级社会的漫长历史上，国家一直是少数人统治多数人、剥削阶级压迫被剥削阶级的工具。无产阶级夺取政权后建立起来的国家则根本不同，它是无产阶级利用国家政权这一工具进行阶级斗争的机构，是人民群众当家作主的新型政权形式。在这个意义上，无产阶级专政就是无产阶级民主，是把民主的实质扩大到占人口最大多数的无产阶级和全体劳动人民的范围。这种新型民主不同于资产阶级的虚伪民主，它不以剥削人民为目的，而是为人民谋利益，代表最广大劳动人民的根本利益。同时，无产阶级专政又是一种过渡性质的国家，它的目的不是无限期地存在下去，而是要在消灭一切剥削制度以后逐步创造国家消亡的条件。因此，随着社会主义事业的不断发展，无产阶级专政的职能将逐步由对敌斗争为主转向对内组织经济文化建设为主，直至在共产主义高级阶段最后实现国家的自行消亡。在俄国十月革命前夕，俄国社会上存在着对于国家与革命问题的种种尖锐的观点。资产阶级和小资产阶级思想家、机会主义者和无政府主义者歪曲和篡改马克思主义的国家学说，反对革命和无产阶级专政，产生了恶劣的影响。列宁反击了第二国际领袖考茨基的机会主义学说，批判了考茨基忽视国家的阶级性，把国家看成超阶级的机关，因而迷信资本主义官僚制度，仅仅把无产阶级的政治任务看成取得议会多数，进而强调了打碎资产阶级国家机器的重要性。

列宁认为“无产阶级专政是无产阶级利用国家政权这样的工具所进行的阶级斗争”①。这一斗争不仅表现为暴力镇压，而且体现在政治、经济、文化等社会生活的一切领域。为了夺取斗争的全面胜利，无产阶级专政国家就必须把广大人民群众紧密团结在共产党和苏维埃政权周围，充分调动人民群众的积极性、主动性和创造性。为此，列宁提出要坚持无产阶级政党的领导核心作用，加强工农联盟，把工会、合作社、青年团等群众团体建设成为联系党和人民群众的“传送带”，切实把社会主义民主建设落到实处。在论述这些重大问题时，列宁一再告诫全党，要充分认识到无产阶级专政的复杂性和艰巨性。一方面，同过去一切剥削阶级的专政不同，无产阶级专政是为绝大多数人谋利益的，因而能够而且必须吸引最广大劳动群众参加国家管理；另一方面，要充分认识这一专政的历史局限性，必须随着社会主义事业的发展而不断完善国家政权形式，为最终过渡到共产主义社会创造条件。这些科学论断，不仅丰富和发展了马克思主义国家学说，而且对于加强党的执政能力建设、巩固党的群众基础都具有重要的指导意义。

4. 以共产主义思想为指导，灌输社会主义意识形态

在列宁看来，共产主义事业的彻底实现，不仅意味着生产关系和社会制度的革命性变革，而且要求人的思想观念发生根本性的改造。这是因为，共产主义社会作为“自由人联合体”，必须以高度文明、高度觉悟的社会主义新人为主体。只有摆脱旧社会私有制和商品经济意识形态的严重束缚，用先进的共产主义思想武装起来，人们才能成长为具有共产主义觉悟和道德品质的新人，在自觉自愿的基础上建立起崭新的社会关系。因此，在推进社会主义革命和建设的过程中，必须高度重视精神文明建设，积极培育社会主义意识形态，把对人的改造同对社会的改造紧密结合起来。

培养社会主义新人意味着，一方面必须“坚决地同一切资产阶级思想

---

① 《列宁全集》第 38 卷，人民出版社 2017 年版，第 19 页。

体系作斗争”[①]，在新的社会主义制度逐步建立起来的过程中，工人阶级在旧社会形成的私有观念、利己主义心理、不良行为习惯等，不可能在短时期内迅速消除，资本主义腐朽思想还会长期对人们的价值观念产生消极影响。为此，必须大力加强思想政治工作，揭露资产阶级意识形态的反动本质，克服非无产阶级思想的影响，不断提高人们的思想觉悟，引导人民群众自觉投身社会主义革命和建设事业；另一方面，还要用共产主义思想教育无产阶级和广大劳动群众，因此“要培养出一支新的教育大军，它应该同党和党的思想保持紧密联系，贯彻党的精神，它应该把工人群众团结在自己的周围，以共产主义的精神教育他们”[②]。这种思想教育的主要内容包括共产主义的理想和信念的教育、共产主义科学世界观的教育和共产主义道德的教育三个方面。也就是说，需要用一切文明成果丰富无产阶级和广大人民群众的头脑，才能建设共产主义社会生活。同时列宁也很欣喜地看到劳动者对于知识的渴求，并把知识看成获得自身解放的重要条件。

在阐述共产主义思想对人的教育改造作用时，列宁特别强调了用马克思主义这一“科学的意识形态”武装头脑，并要将社会主义意识形态灌输到工人之中。我们知道，马克思最初是在批判的含义上使用意识形态这个词的，并且以此来批判德国唯心主义哲学家的主张。列宁在阐述马克思的意识形态理论时实际加入了原创性内容，一方面他沿袭了经典作家对形形色色资产阶级意识形态的深刻批判，揭示资本主义经济基础同其上层建筑之间的对立统一关系；另一方面也认为“任何思想体系都是受历史条件制约的”[③]。这事实上拓宽了马克思主义意识形态理论的外延。这一论断表明，作为科学意识形态的马克思主义，既有其一以贯之的理论品质，又必

---

① 《列宁全集》第6卷，人民出版社1986年版，第251页。

② 《列宁选集》第4卷，人民出版社1995年版，第305页。

③ 《列宁选集》第2卷，人民出版社1995年版，第96页。

须随着时代和实践发展而不断丰富其思想内涵，这是社会主义意识形态的本质要求，也是其强大生命力所在。

在强调以共产主义思想武装全党、教育人民的同时，列宁还高度重视发挥知识分子在社会主义文化建设中的重要作用。他一再强调，要最大限度地吸引知识分子参与到社会主义革命和建设中来，通过革命知识分子的辛勤工作把社会主义思想广泛传播到工农群众中去。这一思想是列宁在同各种错误倾向进行斗争中形成和发展起来的。19 世纪末 20 世纪初，随着第二国际内部修正主义思潮的抬头，以伯恩施坦为首的修正主义者竭力歪曲科学社会主义理论，抛弃革命的辩证法，取消暴力革命，复辟资产阶级的社会改良主义。在俄国工人运动中，以经济派为代表的机会主义者则别有用心地片面夸大工人运动自发性的作用，力图以单纯的经济斗争代替政治斗争，否认无产阶级政党的领导作用。面对这些错误思潮的严重危害，列宁以马克思主义的立场、观点和方法为武器，对它们进行了全面深入的批判。在《怎么办？》等著作中，列宁科学阐述了自发性和自觉性的辩证关系，论证了先进理论对工人运动的指导作用。他深刻指出，工人阶级要获得彻底解放，就必须以科学社会主义理论为指导，这种科学理论不可能在工人运动中自发产生，“只能从外面灌输进去，各国的历史都证明：工人阶级单靠自己本身的力量，只能形成工联主义的意识”①。这是因为，一方面，资本主义社会异化劳动和精神压迫严重束缚了工人阶级的认识能力，广大工人难以自发地认识整个社会的本质和发展规律；另一方面，“资产阶级意识形态的渊源比社会主义意识形态久远得多，它经过了更加全面的加工，它拥有的传播工具也多得不能相比”②，因而极易误导工人阶级的斗争方向。只有革命的马克思主义政党把科学社会主义理论引入工人运动，用先进思想武装工人阶级，才能保证无产阶级革命斗争沿着正确轨

① 《列宁选集》第 1 卷，人民出版社 2012 年版，第 317 页。

② 同上书，第 328 页。

道阔步前进。同时，列宁还强调在宣传和灌输马克思主义时，要充分考虑群众的接受能力，既反对照本宣科、死记硬背的做法，又反对不加分析地罗列大量生活实例，主张把理论同实际紧密结合起来，用通俗易懂的语言阐释马克思主义真理。在苏维埃政权建设时期，列宁还十分重视充分运用报刊、通讯社等舆论工具，扩大马克思主义在群众中的影响。在他的亲自指导下，《真理报》《火星报》《经济生活报》等一大批宣传工具应运而生，极大地推动了马克思主义在苏俄的广泛传播。

总的来看，列宁关于用共产主义思想武装全党、教育人民，积极培育社会主义意识形态的重要思想，充分体现了马克思主义意识形态理论和文化理论的革命性与科学性。这些思想一方面抓住了人的思想改造在整个社会主义革命和建设事业中的关键作用，有力回答了共产主义实现的主体问题；另一方面通过揭示意识形态领域斗争的复杂性和艰巨性，丰富发展了马克思主义唯物史观关于上层建筑与经济基础相互作用的原理。

四、列宁社会主义思想中的时代性

（一）价值目标

1. 坚持和发展科学社会主义理论

由于俄国是一个落后的国家，所以和马克思、恩格斯所阐述的西方发达资本主义国家相比有很大的不同。列宁认为马克思主义不是教条，在运用马克思主义的科学社会主义的学说时，必须坚持共产主义的前进方向，同时又不能够离开俄国的现实条件，这样才能够发掘社会主义的时代内涵，在俄国现有的条件下实现跨越式的发展。

（1）推动了科学社会主义理论的俄国化

19 世纪末 20 世纪初，世界革命中心由西方转移到东方。在垄断资本主义阶段，《资本论》第一卷在资本主义制度已经趋于稳定的西欧并没有受到应得的关注，反而在落后的俄国引起了巨大的轰动，所以《资本论》的第一个外文版本就是俄文版本。马克思主义在俄国最初的传播是由俄国的“民粹派”推动的，这是一个具有空想色彩的小资产阶级思想流派，他们对于俄国落后的封建农奴制度十分厌恶，同时对于资本主义制度也是十分不满的。所以他们在当时的各种社会思潮的影响下产生了企图绕过资本主义直接走向共产主义的想法，也就是说他们认为俄国的村社制度和资本主义制度是不相容的，农民生活在村社之中其实是一种天然的社会主义本能，也就是说村社保证了俄国可以绕过资本主义直接过渡到社会主义。由于马克思的理论主要是以西欧发达资本主义国家为样本的，所以必须回答的问题是马克思的社会主义理论如何在俄国的语境中运用，或者说俄国是否已经形成了资本主义发展的历史条件以及俄国是否会走上社会主义道路。

列宁指出不能够否认资本主义生产方式在俄国的出现，而且它的出现并不是偶然因素造成的，而是由于商品经济本身的力量引起的，他科学地认识了自然经济向商品经济转化，再向资本主义经济转化的两个过程。同时，列宁并没有满足对于资本主义经济产生的规律的说明，而是继续阐发了俄国农村资本主义产生过程中出现的各种过渡形式。他研究了俄国劳役经济和资本主义过渡性质的经济制度即工役制，这改变了农民被束缚在土地上以保证地主有足够劳动力的情况。1861 年的改革让农民拥有了土地，但是资本主义经济却不能直接产生。工役制意味着附近的农民用农具来耕种地主的土地，这实际上让农民变成了农业工人，因为有时候农民为了借钱或粮食，必须用自己的工役来抵偿债务和利息，这种形式实际上蕴含了向资本主义经济过渡的萌芽。此外，列宁还结合俄国的具体情况阐明了马克思主义理论的普遍适用性，这既有力地抨击了俄国国内的错误观点，而且表明列宁作为一个马克思主义者从物质资料生产方式出发分析现实的理论自觉。

（2）赋予了科学社会主义理论新的时代内涵

列宁关注到了资本主义世界的最新变化，总结出了资本主义的新时代特征，形成了帝国主义论。他认为帝国主义是垄断的资本主义，因而社会矛盾是比以往任何时代都尖锐的，也造成了不可避免的战争，同时加速了无产阶级革命的到来，所以说“帝国主义是无产阶级社会革命的前夜”①。列宁总结了帝国主义的五个基本特征：第一，生产和资本的集中造成了在经济生活中起决定性作用的垄断组织控制了社会生产和流通；第二，金融资本主义控制着各主要资本主义国家的经济和政治；第三，资本输出成了“帝国主义压迫和剥削世界上大多数民族和国家的坚实基础”，“是极少数最富国家的资本主义寄生性的坚实基础”②；第四，各国垄断资本形成垄断同盟，并企图瓜分世界；第五，资本主义列强把世界瓜分完毕，而且“资本主义愈发达，原料愈感缺乏，竞争和追逐全世界原料产地的斗争愈尖锐，抢占殖民地的斗争也就愈激烈”③。关于帝国主义的历史地位，列宁指出：“帝国主义是资本主义的特殊历史阶段。这个特点分三个方面：（1）帝国主义是垄断的资本主义；（2）帝国主义是寄生的或腐朽的资本主义；（3）帝国主义是垂死的资本主义。”④

资本主义成长到最高阶段意味着它的矛盾也会最大程度地激发出来，从自由竞争阶段转化为垄断阶段，也就意味着资本主义先进性的消失，即“量转化为质，发达的资本主义转化为帝国主义”⑤。这会导致一系列的严重后果，如技术发展的停滞、金融资本和垄断组织的大量涌现、政治上的反自由的趋势，这就意味着殖民地和半殖民地的无产阶级革命是有可能的，这一论述为俄国进行十月革命提供了有力的理论支撑。

2. 探索适合俄国的社会主义道路

在社会主义革命阶段，列宁从俄国国情出发，将革命划分为资产阶级民主革命和社会主义革命两个阶段，并阐明了十月革命的必然性。列宁指

① 《列宁选集》第2卷，人民出版社1995年版，第582页。
② 同上书，第628页。
③ 同上书，第645页。
④ 同上书，第704页。
⑤ 同上书，第651页。

出民主革命是第一步，社会主义革命是第二步，而且民主革命是社会主义革命的保证。列宁认为不能混淆这两个阶段，并且在《论临时革命政府》一文中指出在马克思和恩格斯的语境中，资本主义已经逐渐走向衰亡，所以马克思主义经典作家没有区分过民主主义专政和社会主义专政，甚至都没有谈论过民主主义专政的问题。而基于俄国的现实，绝不能混淆民主主义专政和社会主义专政两个阶段，必须划分最高纲领和最低纲领。但是这并不意味着从二月革命向十月革命的推进就是过分急躁的过程，列宁论证了十月革命道路的历史必然性。列宁在十月革命之前就对于社会主义革命道路的多样性进行了论述，他认为社会主义是必然的趋势，但是具体的实践路径可以不同，"每个民族都会有自己的特点"①。社会主义革命的胜利和实现社会主义既有联系又有区别，俄国的生产力确实没有达到较高水平，但是仍具备进行社会主义革命的历史条件。

在社会主义建设阶段，列宁结合俄国的现实特点，第一次回答了科学社会主义如何与经济文化落后的国家对接的问题。列宁从经济文化相对落后的现实出发，从新生的无产阶级政权的实际需要出发，创造性地发展了一整套社会主义建设的学说。第一，在无产阶级夺取政权以后，列宁清楚地认识到无产阶级的主要任务是进行社会主义国家的经济建设。所以 1918 年 3 月与德国及其同盟签署了"布列斯特和约"，苏维埃国家也获得了一个宝贵的喘息时间，列宁明确提出："管理国家的任务现在首先是归结为纯粹经济的任务。"② 但是这一进程很快被迫中断了，俄国在外国的武装干涉下爆发了国内战争，在苏维埃政权取得胜利以后，列宁再度强调了经济建设的重要性，指出能够确保俄国胜利的只能是新的、更高的生产方式。第二，列宁认为在社会主义建设中处于领导核心地位的一定是共产党，面对十月革命胜利后如何发挥工团在社会建设中的作用时，他明确批评了

① 《列宁选集》第 2 卷，人民出版社 1995 年版，第 777 页。

② 《列宁专题文集·论社会主义》，人民出版社 2009 年版，第 388 页。

“工人反对派”表现出来的工团主义的倾向，论述了工人阶级政党的先锋队性质和不可动摇的领导地位，说明了工会既不是国家组织，也不是强制组织，“它是一个教育的组织，是吸引和训练的组织，它是一所学校，是学习管理的学校”①。第三，通过学习资本主义的先进经验建设社会主义，一方面通过学习和利用资本主义过渡到社会主义，只要把资本主义限制、规定在一定的范围内就可以加以利用，另一方面也要学习资本主义的先进经验。这是已经取得政权的无产阶级在经济文化落后的俄国发展生产力的必然选择。在本章接下来的第三、四部分，将对上述三点进行更加全面深入地论述。

3. 注重人民在社会主义革命建设中的主体地位

（1）实现全体成员的充分福利和自由的全面发展

回顾列宁的革命生涯，可以发现他很早就将充分福利和自由的全面发展视为社会主义的价值目标，并且对于这一目标的追求贯穿了他对科学社会主义认识的始终。1902年起草俄国社会民主工党的纲领时，列宁针对普列汉诺夫草案中关于价值目标不明确的问题，提出社会主义就是要变生产资料私有制为公有制，工人必须进行社会革命，消灭生产资料私有制，才能够改变资本主义商品生产，让工人阶级获得真正的解放。在这种价值目标的指引下，列宁看出了资产阶级临时政府的虚伪性质，很大程度上推动了俄国社会主义革命的进程。而在社会主义革命胜利以后，面对俄国党内和国际共产主义运动中存在的俄国不具备社会主义革命和建设条件的论调时，列宁从全体成员的根本利益出发，进行了回应和反击。他认为经济相对落后的俄国走上社会主义的道路，是俄国人民在特殊的历史条件下的必然选择。他指出在第一次世界大战的背景下，处于绝境中的人民应该奋起斗争为实现文明的发展创造条件，俄国可以利用上层建筑对于经济基础的反作用，来为社会主义建设创造经济条件，即“用革命手段取得达

① 《列宁选集》第4卷，人民出版社1995年版，第368页。

到这个一定水平的前提，然后在工农政权和苏维埃制度的基础上赶上别国人民”①。

（2）劳动群众在推动共产主义实践中的重要作用

列宁指出共产主义是客观的历史过程，强调了劳动群众的实践在其中的重要作用。列宁认为“社会主义不是少数人，不是一个党所能实施的。只有千百万人学会亲自做这件事的时候，他们才能实施社会主义”②。列宁把社会主义看成一个动态的过程，认为社会主义必然向共产主义过渡。人们不可能准确地预测社会的发展需要哪些阶段，也不可以确认实现最高目标的具体措施，但是从社会主义过渡到共产主义是一个必然的趋势，也是一个从量变转为质变的必然过程。而在这一过程中，必须打破那些认为只有受过教育的富有阶级才能够进行社会主义建设的偏见，列宁认为“凡是识字的、有识别人的本领的、有实际经验的普通工人和农民都能够胜任组织家的工作”③。他进而指出：“我们的目的是要吸收全体贫民实际参加管理。”④虽然社会主义国家建设的具体实践当中，每个劳动群众都参与到国家的管理过程中来是不现实的，实际上要通过无产阶级中的先进阶层实行管理，才能够保证社会主义国家的前进方向。但是把劳动群众始终放在重要地位的思想，始终是社会主义国家不懈追求的价值目标。

（二）方法论

列宁贯彻了科学社会主义的基本原则，坚持和发展了马克思主义的辩证法，做到了具体问题具体分析。

1. 从社会主义实践经验中反思社会主义

俄国革命的情况与马克思、恩格斯所设想的完全不同，所以如何在一个比较落后的国家建设成社会主义，既没有系统的理论指导，也缺乏先行

---

①《列宁选集》第4卷，人民出版社1995年版，第777页。

②《列宁选集》第3卷，人民出版社1995年版，第464页。

③ 同上书，第378页。

④ 同上书，第504页。

的学习榜样。列宁清醒地认识到在社会主义实践尚未开展时，是不可能完整清楚地论述社会主义制度的所有细节的，社会主义理论需要在实践中逐渐走向成熟并且要受到实践的反复检验，所以俄国也要在自身的实践经验中探索社会主义的科学内涵。

在俄国如何向社会主义过渡的具体方式上，列宁的探索也经历了一个过程。1917 年 11 月,《土地法令》开启了废除地主土地所有制的进程，此后苏维埃政权进行了一系列国有化措施，对银行、交通运输业和对外贸易行业实行了国有化，掌握了国民经济的命脉，夯实了社会主义的经济基础。列宁在 1918 年上半年，制定了第一个向社会主义过渡的计划，试图依靠国家强制力实现对于旧有经济制度的改造，这种通过革命方式直接过渡到社会主义建设的设想与国内战争时期的背景结合，逐步发展成为“战时共产主义”政策。这一政策在发挥积极作用的同时，也造成了工人和农民的强烈不满情绪，最终走向了失败。因而，在社会经济较为落后的国家中，是无法直接过渡到社会主义的。列宁很快认识到了这一点，并且从 1921 年上半年起，根据广大群众的要求和俄国所面临的新形势，指出要利用“新的迂回方法”实行过渡，实行了新经济政策。列宁一直十分强调实践的重要性，做到了马克思主义基本原理的俄国化，丰富了科学社会主义的具体内涵。

2. 在对各种非马克思主义思想的批判中研究社会主义

19 世纪七八十年代，欧洲各国相继出现了无产阶级政党，而马克思主义学说在种种社会主义学说中脱颖而出，并逐渐占据主导地位。一方面，无产阶级开始利用资产阶级的议会制度增加与群众的联系；另一方面，资产阶级也改变了之前抨击无产阶级学说的做法，而是借助马克思主义的外衣来抹杀这一学说的革命性。正如列宁所说：“马克思主义在理论上的胜利，逼得它的敌人装扮成马克思主义者，历史的辩证法就是如此。”① 而作为马克思主义的忠实践行者，列宁事实上也是在对各种所谓马

① 《列宁选集》第 2 卷，人民出版社 1995 年版，第 307 页。

克思主义学说的批判中，逐渐形成了较为完善的社会主义思想。列宁对于社会主义学说的研究过程，事实上也是同形形色色的非马克思主义思想斗争的过程。

在夺得国家政权之前，列宁事实上已经开始了与错误思想的斗争。当时的俄国民粹主义者认为马克思主义不符合俄国的情况，主张“复兴人民经济”，在不触动旧社会的基础上实施社会主义改良措施。列宁揭示了这一做法的小资产阶级实质，强调了俄国无产阶级在推翻专制统治、引领共产主义胜利进程中的作用。另一派别即“合法马克思主义者”，从本质上来说也是为了维护资产阶级的统治，因此否认资本主义社会内部存在的阶级矛盾和阶级斗争，进而否定无产阶级暴力革命和无产阶级专政。列宁立场鲜明地指出无产阶级就是俄国革命的领导力量，全体农民则是无产阶级在民主革命中的同盟者，结合俄国的社会现实发展了科学社会主义的内涵。当俄国共产党的前身俄罗斯社会主义民主工党出现了修正主义的倾向，即党内的“经济派”强调工人运动的自发性，认为工人只用进行经济活动，无需党的领导，因而反对在俄国建立工人政党时，列宁坚持捍卫马克思主义的工人政党学说，认为盲目崇拜工人运动的自发性，事实上是在加强资本主义思想对工人的影响。列宁在与这些错误思潮的斗争中坚持和捍卫了马克思主义基本原理，最终找到了适合俄国的社会主义的发展道路。他的批判不仅能够摧毁旧的、错误的理论与思想，也能够为构建新的理论体系、开辟新的实践道路指明方向。

3. 以科学的方法论对待马克思、恩格斯的社会主义观

如前文所述，我们在研究马克思、恩格斯社会主义方法论的时候，最突出强调的一点就是将社会主义置于现实的基础上，这也是列宁对社会主义的认识具有“科学性”的根本原因所在。正是因为列宁对于马克思、恩格斯科学社会主义观的坚持，列宁才能够始终把握共产主义的前进方向；但同时也是由于对于俄国现实的把握，即认识到社会主义建设是在一个经济文化落后于资本主义世界体系的国家进行的，列宁才能够把握住如何处

理社会主义和资本主义的“度”，才能够实现俄国式社会主义的发展。

列宁运用矛盾的普遍性和特殊性的辩证统一原理概括了人类社会发展的一般道路和特殊道路的辩证关系，他认为“世界历史发展的一般规律，不仅丝毫不排斥个别发展阶段在发展的形式或顺序上表现出特殊性，反而是以此为前提的”①。正是由于世界历史的发展的“特殊性”的存在，所以才有了俄国这样一个特殊的社会主义实践的存在。一方面，俄国的社会主义实践是在世界历史发展规律之中的；但另一方面，由于俄国的现实又是特殊的，所以必然表现出新的特点。我们可以看到列宁对于社会主义的认识不是单一层面的，他的社会主义思想既有快速进入到共产主义的主张，也有谨慎地进行经济建设和改良的温和渐进的主张。但是无论是哪一种政策，都不能够成为人们攻击列宁的武器，恰恰是这种以实践为基础的尝试，让列宁逐渐探索出了在落后国家进行社会主义建设的规律，在资本主义世界体系打开了重大缺口，让科学社会主义真正成为一股实践的力量出现在国际舞台中央。

---

① 《列宁专题文集·论社会主义》，人民出版社 2009 年版，第 357—358 页。

第四章　苏联社会主义制度的建立和苏联模式的兴衰

在领导苏联社会主义建设的过程中，斯大林逐渐形成了关于科学社会主义的一系列的看法，构建了对世界影响巨大的苏联模式。面对国内外各种困难和问题，斯大林更侧重于如何在一个落后的国家进行社会主义建设。斯大林的社会主义探索在一些方面适应了当时国内外环境的变化，取得了一定的成绩，但是也出现了一些问题，社会主义的苏联模式给后人对社会主义的探索留下了宝贵的经验教训。对斯大林关于社会主义的探索进行研究，可以进一步加深对于科学社会主义理论的理解，在学习社会主义建设的有益成果的同时，也能够在吸收经验教训的基础上为中国的社会主义建设提供一些积极有益的思路。

一、苏联社会主义建设道路的选择

20 世纪 20 年代，当世界资本主义陷入空前危机之际，苏联社会主义建设却在曲折中不断取得胜利。在列宁领导下建立的苏维埃政权，经受住了内战和武装干涉的严峻考验，为社会主义现代化奠定了初步基础。然而，随着斯大林掌舵苏联，如何进一步巩固无产阶级专政、加快工业化进程、提高国防实力，成为这一时期亟待解决的重大课题。面对内忧外患的复杂局面，自由市场经济、议会制民主等资本主义道路被证明并不适合苏联的基本国情。在此背景下，“苏联向何处去”成为摆在以斯大林为首的苏联领导人面前最紧迫的时代之问。通过深入思考苏联社会主义建设的客观规律，斯大林提出并实施了一整套以农业集体化、高度集中的计划经济体制、优先发展重工业为基本特征的发展战略。这一发展战略顺应了苏联“一穷二白”的客观实际，充分发挥了社会主义制度的政治优势和组织动员能力，是在特定历史条件下实现国家工业化和捍卫革命果实的必然选择。苏联模式虽不可避免地打上时代局限的烙印，但其从本国实际出发探索社会主义道路的理论勇气和使命担当，无疑为后来发展中国家实现现代化提供了宝贵启示。

（一）经济基础的极度薄弱与国家工业化的艰巨任务

1917年十月革命胜利，无产阶级夺取政权，建立了世界上第一个社会主义国家。但新生的苏维埃政权在诞生之初就面临着极为严峻复杂的现实状况。一方面，沙俄在经济发展水平上远远落后于西方发达资本主义国家。据统计，“革命前俄国工业总产值仅占世界工业总产值的2.6%，仅及美国的6.9%”①，加之第一次世界大战的破坏和战时通货膨胀问题，业已孱弱的经济更加岌岌可危。另一方面，苏维埃政权在建立之初就背负着十月革命胜利前资产阶级临时政府遗留的巨额外债，财政状况极度窘迫。可以说，年轻的苏维埃政权承继了一个百废待兴、满目疮痍的烂摊子。在此情形下，如何尽快恢复国民经济，并在此基础上实现国家工业化，改变经济技术落后面貌，摆脱“木犁国”的窘境，是摆在布尔什维克面前的头等大事。而这，对于苏联社会主义建设道路的探索无疑具有重大而深远的影响。

面对如此艰巨的国家工业化任务，苏联领导人深感必须制定一整套切实可行的发展战略，充分调动和运用国家政权的力量，以集中力量办大事。经过慎重考虑，苏联最终选择了实行高度集中的计划经济体制。在这

① 洛克申：《苏联工业史纲要（1917—1940）》，张贤务等译，生活·读书·新知三联书店1957年版，第22页。

一体制下，国家以制定指令性计划的方式，对经济的发展规模、速度、比例等进行直接干预和调控，确立社会主义公有制为生产资料所有制形式，国民经济的各个部门都必须无条件服从国家计划的统一安排。客观而言，计划经济体制在特定历史条件下对于克服资本主义经济无政府状态、保障国家工业化的顺利推进发挥了重要作用，是苏联在探索社会主义现代化道路上的一次大胆尝试。与此同时，苏联还制定了优先发展重工业的国家发展战略。之所以如此，是因为重工业不仅是国民经济的脊梁，而且对于提高国防实力和保障国家安全都具有十分重要的意义。列宁就曾深刻指出："不挽救重工业，不恢复重工业，我们就不能建成任何工业，而没有工业，我们就会灭亡而不成其为独立国家"[①]，为此，苏联历届五年计划都把发展重工业摆在国民经济的关键位置，给予最大限度的优先保障。其中，第一个五年计划期间重工业投资占全部工业投资的大部分。如此高强度的资源倾斜客观上推动了苏联重工业的迅猛发展，为实现国家工业化打下坚实基础。

（二）阶级力量对比失衡与巩固无产阶级专政的迫切需要

十月革命胜利，在俄国历史上第一次建立了无产阶级和劳动人民当家作主的苏维埃政权，但这一政权在建立之初就面临着十分复杂的阶级力量对比。当时，俄国无产阶级人数还十分有限，而农民等小资产阶级力量则相对庞大。[②]此外，城乡资产阶级和地主残余势力虽经历了革命的重创，但并没有完全丧失反抗的能量。他们或公开或隐蔽地反对苏维埃政权，处心积虑地进行破坏捣乱，处处抵制苏维埃政策，力图重新夺回政权。在这种权力结构尚不稳固、反革命势力仍然活跃的特殊历史条件下，巩固无产阶级专政、防止资本主义复辟就成为苏维埃政权最紧迫的任务。而如何最

---

① 《列宁全集》第 43 卷，人民出版社 2017 年版，第 286 页。

② 苏联部长会议中央统计局编：《苏联国民经济六十年》，陆南泉等译，生活・读书・新知三联书店 1979 年版，第 5 页。

大限度地团结一切可以团结的力量，特别是巩固工农联盟，争取农民群众的拥护和支持，则是这项任务能否顺利完成的关键所在。正因如此，列宁在领导苏维埃政权的过程中始终把无产阶级专政置于核心地位，并以此作为考量党和国家一切工作的根本出发点。列宁曾指出，“无产阶级专政是阶级斗争的新形式，是从资本主义向社会主义过渡（社会的过渡阶段）的新形式”①，他强调，“无产阶级专政问题，毫无例外是一切资本主义国家现代工人运动的根本问题”②。在斯大林时期，随着社会主义改造的全面展开，巩固和加强无产阶级专政的任务显得更加突出。在新的历史条件下，斯大林领导集体一方面通过社会主义工业化、农业集体化等措施，在经济基础上消灭资本主义和资产阶级，为无产阶级专政扫清障碍，另一方面又十分注重运用政权机器，在上层建筑领域对资产阶级实行全面专政。经过一系列卓有成效的斗争，苏维埃政权的阶级基础得到极大巩固，为社会主义现代化的顺利推进提供了根本政治保证。

（三）外部威胁的日益严峻与捍卫革命成果的斗争

作为世界上第一个社会主义国家，苏联从诞生伊始就遭到国际帝国主义势力的敌视和孤立。1918 年 3 月，英、法、美等协约国发动武装干涉，妄图扼杀这个新生的社会主义政权。在长达 3 年的内战中，白匪军队在协约国的支持下，对苏维埃政权发动了多路进攻，给革命根据地带来巨大危机。尽管最终在红军的英勇奋战下取得了胜利，但反革命势力对苏维埃政权的进攻与颠覆活动却并没有就此止息。20 世纪 20 年代初，苏联虽然基本实现了和平，但其所处的国际环境仍然十分严峻。帝国主义列强通过外交孤立、经济封锁等手段，竭力阻碍和破坏苏联社会主义建设事业。与此同时，各种反苏势力也纷纷利用苏联暂时的困难，加紧在国内外对苏维埃进行政治诽谤和军事威胁，力图从内外两个方面对革命政权形成围剿态

---

① 《列宁全集》第 37 卷，人民出版社 2017 年版，第 434—435 页。

② 《列宁全集》第 39 卷，人民出版社 2017 年版，第 409 页。

势。在如此险恶的国际环境下，捍卫革命果实、保卫社会主义祖国就成为苏维埃政权不可推卸的重大责任。为维护国家安全，苏联不得不优先考虑提高国防实力，大力加强军事工业建设。而这客观上又要求在短时间内迅速改变国家的经济技术落后状态，尽快实现国家工业化，以期在同帝国主义的较量中赢得主动，掌握发展的主导权。正是基于对国内外阶级斗争复杂性和尖锐性的清醒认识，苏联领导人在制定国家总体发展战略时，始终把发展重工业、提高国防实力放在突出位置加以考虑。这对于苏联探索本国社会主义建设道路无疑具有重要影响。

正是在上述错综复杂的历史条件下，以高度集中的计划经济体制、优先发展重工业、实行农业集体化为主要特征的苏联模式最终形成。这一模式集中体现了布尔什维克在探索社会主义现代化道路上的理论创新和实践创造，是马克思主义基本原理同苏联国情相结合的产物。尽管苏联模式存在一定局限性，但就其形成的历史背景而言，无疑具有现实的合理性和必要性。通过实行计划经济，苏联克服了市场经济条件下投资的盲目性，实现了国民经济的快速恢复和增长。据统计，苏联社会生产总值在1928—1940年间增加了约450%①。在现代化的重大任务面前，苏联以超常规的方式推动生产力的跨越式发展，用短短十几年时间就完成了发达资本主义国家几百年的工业化进程，使经济实力和国防实力都有了极大提高。苏维埃政权的巩固和社会主义现代化的光辉成就，有力地证明了科学社会主义理论的强大生命力，极大增强了全世界无产阶级和被压迫人民争取解放的信心。在共产国际的影响和推动下，马克思主义在全球迅速传播，一大批共产党应运而生，深刻改变了国际政治力量对比。客观而言，没有十月革命的胜利和苏联社会主义建设的成功实践，国际共产主义运动就不可能有如此广泛而深刻的影响。

① 苏联部长会议中央统计局编：《苏联国民经济六十年》，陆南泉等译，生活·读书·新知三联书店1979年版，第9页。

二、对苏联社会主义建设的探索

（一）对苏联社会主义实现规律的探索

1.“一国建成社会主义论”的主要内容

19世纪末20世纪初，列宁对于马克思、恩格斯关于俄国社会发展道路的问题进行了创新性探索，他从资本主义政治经济发展不平衡的规律出发，指出：“社会主义可能首先在少数甚至在单独一个资本主义国家内获得胜利。”① 而俄国的十月革命就是列宁“一国胜利论”的最生动的实践。斯大林进而说明了“一国胜利论”不是最终目的，而是在世界建成社会主义的手段，他的“一国建成社会主义论”主要有以下几个方面的内容。

首先，关于一国建成社会主义的含义。社会主义在一国的建成和最终胜利是不同的，所谓“建成”是一种事实性的描述，即在一个国家范围内建成社会主义，这对于苏联来说是可以实现；而最终胜利指的是能够保障资本主义完全不复辟，这显然在一个国家是做不到的，必须要靠全世界的联合才能够实现。对于“建成”和“最终胜利”的区分，事实上从理论上论证了单个国家是可以建成社会主义的，而社会主义最终胜利的说法也提供了一定的理论张力，说明建成社会主义以后还有继续发展的空间。斯大林进一步指出，建成社会主义需要对苏联人民进行动员，在经济上要战胜本国的资产阶级并建设好社会主义的基础。

其次，关于一国建成社会主义的条件，包括国内条件和国外条件两个方面。从国内条件来说，要坚持无产阶级专政和共产党的领导，继续发挥社会主义生产关系对生产力的解放作用，在掌握大量的生产力的基础上依靠工农联盟建成社会主义。从外部条件来看，虽然苏联可以凭借自身的力量建成社会主义，但是这并不意味着苏联可以完全脱离世界经济，苏联仍然需要国际无产阶级的支持。斯大林指出苏联要利用国际经济关系获得自

---

① 《列宁全集》第2卷，人民出版社1995年版，第554页。

身的发展，争取欧洲无产阶级和殖民地国家的帮助。

最后，关于一国建成社会主义与国际主义的问题。斯大林认为在苏联建成社会主义之后仍要争取世界范围内的革命胜利，这说明了社会主义事业并不仅仅属于某个国家，而是国际无产阶级的事业，苏联的社会主义胜利仅仅是世界革命其中的一个环节。斯大林还严厉批判了抛弃国际主义的民族主义的观点，这充分说明了斯大林对于马克思列宁主义中的世界革命思想的坚持，也说明了社会主义的最终胜利不仅仅是俄国一个国家的胜利，而是世界无产者乃至全人类的胜利。

2. 优先发展重工业、快速工业化和农业集体化的发展战略

实现国家的工业化是实现俄国发展的首要任务，列宁着重强调过建设社会主义社会真正的基础就是大工业。斯大林继承了列宁的思想，在党的第十四次代表大会上指出要实现国家工业化。针对苏联面对的内忧外患的国情，为了保证俄国不成为其他资本主义国家的附属品，斯大林认为需要首先促进重工业的发展，包括生产资料的生产和本国的机器制造业。资本主义国家的工业化是一个缓慢的过程，并且表现为从轻工业到重工业，而苏联的工业化必须通过优先发展重工业将资本主义国家较长的工业化阶段缩短为十年。因为只有快速地实现重工业化，才能够提供保卫苏联国家安全的根本依靠力量。而为了发展重工业，必须也相应地进行农业集体化。因为把个体农户集中起来，才能够为集中发展重工业提供有力的保障。三个五年计划让苏联的重工业得到了迅猛的发展，也为苏联取得反法西斯战争的胜利奠定了基础。

值得注意的是由于片面发展重工业，苏联的国民经济也出现了严重失调，引起了人民群众的不满情绪。斯大林片面地把工业化理解为重工业的发展，而事实上工业化道路应该是重工业、轻工业和农业的协调发展。由于片面发展重工业，苏联的经济结构事实上是不合理的，并且和国家的整体经济发展水平相比，人民的生活水平并没有得到明显的提升。受到当时帝国主义环境的影响，为了保证国家的生存和安全而采取一些非常规的措

施是可以理解的，但是如果长期无视经济发展的规律必然会造成严重的后果。同时在革命战争年代，受到革命激情的鼓舞，苏联的领导人和领袖显然对于社会主义建设的艰巨性是认识不足的，过分强调速度造成了急躁冒进的错误，列宁在晚年认识到了这一点并且意识到了应当实现经济稳健的发展，但是这种宝贵的思想成果显然没有被斯大林真正吸收。

（二）苏联模式的形成与发展

1. 社会主义的经济基础是公有制

斯大林继承了列宁的思想，认为社会主义最突出的本质就是生产资料的公有制，并且领导苏联人民完成了社会主义改造。斯大林在 1933 年 1 月指出苏联建成了社会主义社会的经济基础，并在 1936 年宣布苏联已经建成了社会主义，而这种认识的最主要的根据就是苏联已经实现了生产资料的公有制。

具体而言，斯大林关于社会主义公有制有以下几个方面的认识，第一，公有制是社会主义最基本的原则，斯大林认为社会主义经济体制在生产资料所有制的结构上是单一的公有制，不存在非公有经济。1937 年苏联的公有制经济在国民收入中占 99.1%，在工业总产值中占 99.8%，而在农业总产值中占 98.5%，在商业企业零售商品流转中占 100%[①]；第二，明确把社会主义所有制划分为全民所有制和集体所有制，全民所有制是指由全体劳动人民共同占有生产资料，通过国家来进行统一管理，所以也可以理解为国家所有制，而集体所有制则主要存在于农村，生产资料属于集体经济组织内的劳动者共有，但是也需要受到国家的严密控制；第三，两种所有制之间存在一定的矛盾，公有制的高级形式和低级形式分别对应全民所有制和集体所有制，斯大林认为集体所有制的存在阻碍了经济的发展，要通过集体所有制过渡到全民所有制来解决。

---

① 参见顾海良：《斯大林社会主义思想研究》，中国人民大学出版社 2008 年版，第 101 页。

但是斯大林在强调公有制原则的时候仅仅强调了形式上的内容，并未意识到生产力对于生产关系变革的决定性作用。这事实上反映了在苏联模式下的社会主义建设，一方面更为强调总体的利益不可避免地会忽视民众真实诉求，另一方面也无法根据现实需要进行相应的调整，呈现出僵化的趋势。斯大林夸大了集体所有制和全民所有制之间的矛盾，也忽视了多种所有制对于生产力发展的推动作用。他把农产品不能够满足人民需要的原因归结于集体所有制的存在，认为苏联需要把所有经济纳入国家计划中，使苏联在推进全民所有制的进程中出现了“左”倾错误，因而对于苏联和其他社会主义各国的发展产生了不利影响，也为后世社会主义的建设留下了警示。

2. 社会主义的经济体制与分配机制

（1）社会主义经济制度的本质特征是计划经济，但仍存在一定领域的商品经济和交换

列宁在进行社会主义建设时，认为要通过计划经济消除生产的随意性。但是在随后的实践中发现，在俄国想要建立完全的计划经济体制是不可行的，还要在相当长的时间里利用商品货币关系。只有在未来建成了的社会主义之中，才不存在商品经济与交换。斯大林领导苏联完成了社会主义改造，也认识到在苏联的社会主义建设中仍然会存在商品生产，但是他坚持认为计划经济应当是社会主义经济制度的本质特征，也就是说社会主义社会应当在实现生产资料公有制的基础上，把整个社会的需要纳入考量，从而进行有计划、有组织地生产。只有这样，才能够克服资本主义条件下竞争和生产无政府的弊端。斯大林认为实行计划经济，要保证国民经济按照一定的比例发展，遵循相应的经济规律，制定具有法律效力的国家计划。斯大林在世时，苏联实行了五个五年计划，社会经济获得了巨大的发展，并且国际地位逐步提高。但是由于缺乏经验，也出现了试图用计划调节一切的激进做法，一定程度上挫伤了人们的生产积极性。

（2）社会主义分配方式是按劳动数量和质量领取消费品

在列宁的理论视野中，社会主义的分配必须遵照巴黎公社的原则，即公务人员应当领取和工人相当的工资，以克服旧的国家机器遗留下来的贫富分化的问题，防止人民的公仆成为社会的主人。同时也指出要在理论和实践上坚持按劳分配的社会主义原则，规定了“不劳动者不得食”的原则，指出要反对分配方面的平均主义，也能够达到提高劳动生产率的效果。但是是否贯彻按劳分配原则，一直存在着斗争，托洛茨基、布哈林等机会主义分子鼓吹平均主义，认为要消除工人之间的差距，认为计时和计件工资与社会主义生产关系不相容。

3. 社会主义政权组织形式是无产阶级专政

经历了过渡时期以后，关于建成的社会主义是否应该取消国家政权，是苏联在实践中遇到的实际问题。按照马克思主义的观点，在共产主义阶段国家权力机关将会自行消亡。列宁强调了过渡阶段无产阶级专政的重要性，但是并没有展开说明关于建成的社会主义如何进行国家政权建设，斯大林则进一步指出苏联在建成社会主义以后仍需要坚持无产阶级专政。

苏联模式在推动苏联社会主义建设上发挥了重要作用，但随着时间推移，其内在弊端日益凸显，逐渐成为制约苏联发展的严重障碍。在经济领域，高度集中的计划经济体制忽视市场规律，导致经济运行僵化、效益低下等问题；在政治领域，教条主义、思想僵化、官僚主义盛行，这些问题损害了党的凝聚力和战斗力；在对外关系上，大国沙文主义倾向损害了苏联国际声誉。更为重要的是，苏联没有把握住时代发展的特点，对苏联模式进行改革。这些弊端表明，苏联模式虽然在特定历史条件下具有合理性，但各国不能对苏联模式进行照搬照抄，而是要结合具体国情进行本国社会主义道路的探索。

斯大林时期的苏联模式，在特定的历史条件下对现代化建设作出了重大贡献，推动苏联在经济、政治、文化等方面取得了举世瞩目的成就。但同时，由于受到历史局限性的制约，这一模式在社会主义现代化的进程中积累了诸多消极因素，影响了苏联的发展活力。苏联模式的经验教训启示我们，在社会主义现代化的伟大实践中，必须高度重视理论创新，不断推进马克思主义中国化时代化，为社会主义现代化建设提供强大思想武器。只要我们在实践中不断用马克思主义最新成果武装全党，就一定能够战胜前进道路上的各种风险挑战，不断把社会主义现代化事业推向前进。

第五章　从新民主主义革命到社会主义实践

各国的国情和革命任务都具有特殊性，这就要求各国马克思主义者将科学社会主义基本原理与各国具体实践相结合，探索具有本国特色的革命道路，形成具有本国特色的科学社会主义理论。毛泽东对科学社会主义在中国的创新发展、中国特色社会主义道路的开辟有着深远的影响。他始终坚持将科学社会主义基本原理与中国实践相结合，创造性地探索出了一条在半殖民地半封建性质的落后国家，如何通过新民主主义革命向社会主义社会过渡，并最终实现民族独立、国家发展的社会主义之路，并因此在实践中获得了极为丰富的理论内容。

一、对中国向何处去的难题的回答

近代以来，在西方列强坚船利炮的冲击下，中华民族遭遇了前所未有的危机与挑战。救亡图存成为无数仁人志士孜孜以求的时代主题，“中国向何处去”成为这一时期最重大的历史之问。面对山河破碎、列强欺凌的悲惨景象，太平天国运动、洋务运动、戊戌变法、辛亥革命等都未能从根本上改变中国的命运。直到中国共产党的成立，中国革命的面貌从此焕然一新，找到了“中国向何处去”这一时代难题的钥匙，中华民族也从此开启了民族独立、人民解放的崭新历史。

（一）帝国主义侵略与民族危机

19 世纪中后期至 20 世纪初，在西方列强的坚船利炮下，中国逐步沦为半殖民地半封建社会。通过《南京条约》《北京条约》《马关条约》等一系列不平等条约，帝国主义国家攫取了在华各种特权，严重破坏了中国的主权和领土完整。据统计，仅1840—1949年间，中国被迫与列强签订的丧权辱国条约就多达700余个。在政治上，帝国主义国家在通商口岸行使领事裁判权，使中国的司法权受到严重侵犯；在经济上，列强不仅攫取在华经商、设厂、开矿等特权，还通过控制关税、盐税等手段，将中国变为原料产地和商品倾销地；在军事上，八国联军肆意入侵，《辛丑条约》更是规定拆毁大沽炮台，禁止清政府在大沽至北京沿线修建防御工事，北洋水师从此名存实亡。可以说，在列强的政治、经济和军事三重压力下，中国的主权和领土完整遭到空前破坏，进一步加剧了中国的半殖民地化程度，使民族危机空前加剧，中华民族濒临亡国灭种的深渊。

主权和领土完整是国家生存和发展的基本前提。在帝国主义疯狂掠夺、封建主义腐朽没落的双重压迫下，中国社会危机日益加深，甚至面临亡国灭种的现实威胁。自然灾害、社会动荡频繁发生，民不聊生。据相关统计，1840—1950年，由于中国一直被侵略和内乱所困，中国国内生产总值从占世界总量的1/3降到了1/20，实际人均收入从世界平均水平降到了平均水平的1/4。① 晚清民国时期频繁爆发的农民起义和人民革命，虽在一定程度上削弱了封建统治，但并未从根本上动摇地主阶级在农村的政治经济基础。地主阶级依仗其在农村的政治优势和经济实力，通过高额土地租佃、高利贷剥削等手段，将广大农民逼入破产边缘。半殖民地半封建的社会性质，使中国社会始终无法摆脱积贫积弱、内忧外患的困境。民族危机和阶级矛盾成为横亘在中国社会的两大主要矛盾。因此，如何捍卫国家主权，挽救民族危亡，成为这一时期中国社会最紧迫的课题。

---

① Angus Maddison, *Chinese Economic Performance in the Long Run, 960—2030 AD, Second Edition, Revised and Updated,* OECD Publishing, 2007, p.44.

（二）改良主义道路的破产

1. 洋务运动的失败

面对帝国主义入侵和国内危机的双重压力，中国的开明士大夫开始探索自救图存之路。19 世纪 60 年代兴起的洋务运动，就是地主阶级知识分子寄希望于师夷长技以自强的改良尝试。洋务派主张通过引进西方先进技术、设立近代企业等手段，振兴经济，维护清王朝的统治。客观而言，洋务运动在刺激民族工业的发展、开办新式学堂、培养近代人才等方面取得了一定成绩。但它毕竟是一场自上而下、脱离人民群众的改良运动，因而注定不可能从根本上改变中国半殖民地半封建的社会性质。这在中日甲午战争中暴露无遗。战争的失败沉重打击了洋务运动，证明了洋务运动无法从根本上解决中国所面临的深重危机。同时，洋务派在理论上仍奉行“中学为体、西学为用”的二元改良方针，企图在维护封建正统的前提下，对中国社会作些枝节的修补。这种改良思路从根本上背离了社会发展规律，只能是走向失败。洋务运动的失败，充分说明在半殖民地半封建的条件下，脱离人民群众，不触动旧的社会基础，任何改良都无法根本改变中国的命运。

2. 戊戌变法的挫折

戊戌变法是洋务运动失败后兴起的又一次改良尝试。1898 年，以康有为、梁启超为首的资产阶级改良派发动了一场自上而下的改良运动。戊戌维新派主张变法图强，废除科举，兴办学校，引进西学，以挽救民族危亡。与洋务运动不同，戊戌变法开始触及政治体制层面的改良，提出君主立宪、设立议院等主张，力图对专制制度进行变革。客观而言，戊戌变法体现了资产阶级改良派的进步要求，但受制于当时的社会条件和阶级局限，这场变法运动缺乏群众基础，难以得到广大人民的理解与支持。仅仅百日，变法就遭到慈禧太后的强硬反对而被迫中止。戊戌变法恰恰体现了资产阶级改良派的这一局限性。变法的失败，标志着中国资产阶级改良主义的破产。它再次表明，在半殖民地半封建的条件下，不从根本上触动旧的社会基础，不发动广大群众参与变革，中国革命就不可能取得彻底胜利。

（三）封建专制统治的腐朽没落与资产阶级革命派的局限

1. 清王朝的覆亡

与帝国主义的侵略相伴随，清政府的统治也日趋衰败。事实上，在鸦片战争以前，清王朝的统治就已呈现颓势。人民“十室九空”①“无所得食”②、八旗兵“日饱肉，不能奋击”③，这些记载反映出清朝统治已风雨飘摇、危机四伏。鸦片战争以后，随着西方列强的坚船利炮打开国门，清政府逐渐暴露出难以克服的种种弊端。一方面，它在对外关系上奉行闭关锁国政策，陷于愚昧无知和消极守旧的泥淖，致使中国在与西方的较量中节节败退；另一方面，在国内统治上，清政府为一己之私，勾结列强，出卖国家主权，极力维护封建土地所有制，对农民实行残酷的政治压迫和经济剥削，导致阶级矛盾日益尖锐化。从咸丰到光绪，清王朝集腐朽、无能和卖国于一身，把中国推向了亡国灭种的深渊。太平天国运动、捻军起义、回民起义等大规模农民战争的爆发，狠狠撕下清王朝“仁政”的伪装，暴露了封建统治的腐朽本质。但终因自身局限而未能根本推翻清王朝的统治。辛亥革命的爆发，推翻了清朝的腐朽统治，结束了中国两千多年的封建君主专制制度。但这场革命未触动封建土地所有制的根基，封建势力依然顽强存在，广大农民群众仍处于悲惨的境遇中。可见，没有最广大人民群众的觉悟和参与，没有农民问题的彻底解决，中国革命就难以取得彻底胜利，半殖民地半封建的社会性质就难以从根本上改变。

2. 辛亥革命的历史局限性

20 世纪初，以孙中山为首的资产阶级革命派登上历史舞台。他们以“驱除鞑虏、恢复中华、创立民国、平均地权”为口号，组织资产阶级政

①② 梁启超：《梁启超全集》第 1 卷，北京出版社 1999 年版，第 11 页。

③ 蔡美彪等：《清朝通史》第 2 册，人民出版社 2016 年版，第 38 页。

党，发动武装起义，力图推翻帝制，建立资产阶级共和国。1911 年 10 月 10 日武昌起义爆发，辛亥革命由此拉开序幕。1912 年 1 月 1 日，中华民国在南京宣告成立，孙中山当选为临时大总统。辛亥革命推翻了清朝的封建统治，建立了中华民国，在反对帝国主义和封建主义方面迈出了一步，具有重大而深远的历史意义。但这场革命尚属于资产阶级领导的旧民主主义革命，存在难以克服的历史局限性。其一，辛亥革命在很大程度上是没有发动广大人民群众，特别是农民群众直接参与的“绅权革命”。革命胜利后，中华民国北京政府颁布《众议院议员选举法》，规定“年纳直接税 2 元以上者”才有选举权和被选举权，这实际上将占全国人口百分之九十以上的工农群众排斥在权力机关之外。其二，辛亥革命虽在政治上推翻了封建君主专制，但在社会经济领域却没能彻底废除封建土地所有制。孙中山虽然提出了“平均地权”的口号，但最终也未能得到贯彻。这就从根本上制约了这场革命的广度和深度。其三，辛亥革命虽然一度削弱了帝国主义在华的势力，但并未从根本上推翻列强在中国的特权地位。孙中山之所以被迫和帝国主义及买办资产阶级妥协，根源就在于中国民族资产阶级的软弱性和妥协性。列宁曾深刻指出中国的自由派资产阶级“最善于变节”①，极有可能“同某个老的或新的‘立宪’皇帝勾结而出卖民主派”②。这一论断深刻揭示了辛亥革命的最大局限，也预示着旧民主主义革命必然让位于新民主主义革命。对于这样一个内外交困、危机重重的社会现实，先进分子迫切需要找到一条实现民族独立和人民解放的革命道路。辛亥革命的教训表明，没有最广大人民的参与，没有坚强的革命政党的领导，中国革命就不可能取得彻底胜利。

（四）“五四运动”与马克思主义的初步传播

1. 五四运动的启蒙意义

辛亥革命后，中国的社会性质并没有根本改变。在北洋军阀统治下，

---

①② 《列宁全集》第 21 卷，人民出版社 2017 年版，第 428 页。

工人、农民、城市小资产阶级依然备受压榨。1919 年爆发的五四运动是一场反帝反封建的伟大群众运动，它以空前的规模和影响，唤醒了民众的觉悟，开启了中国人民的新觉醒。五四运动及新文化运动，犹如一股清新的春风，广泛宣传民主和科学思想，深刻批判封建主义的腐朽思想，极大地解放了人们的思想。以陈独秀、李大钊等人为代表的进步知识分子，开始用马克思主义观点分析中国社会矛盾，探索救国救民的道路。在新文化运动的影响下，马克思主义开始在中国传播，并逐步同工人运动结合起来。尽管当时许多知识分子对马克思主义的认识还比较肤浅，但这毕竟是马克思主义在中国传播的肇始。1919 年，《共产党宣言》首次完整译成中文在国内公开发表。此后，马克思主义著作的翻译出版逐年增多，研究会、刊物纷纷创办，一大批进步青年开始信仰马克思主义，为中国共产党的成立作了思想上和干部上的准备。由此可见，新文化运动虽未直接触及社会基础的变革，但作为一场深刻的思想启蒙运动，它为传播马克思主义创造了良好条件，推进了人们的思想解放，是五四运动第一次大规模地深刻地影响了中国知识界的重要体现。

2. 第一次国共合作的经验教训

十月革命一声炮响，给中国送来了马克思列宁主义。在俄国十月革命的影响下，中国的工人运动迅速发展，无产阶级开始以独立的姿态登上政治舞台。1921 年中国共产党正式成立，中国历史从此开启了一个崭新的篇章。在共产国际和苏联的推动下，中国共产党于 1924 年与国民党实行第一次合作，展开了轰轰烈烈的大革命。大革命时期，中国共产党积极推动国民党改组，加强对工农群众的政治动员，使国民党具有了广泛的群众基础，一度成为代表工农利益的革命政党。在共产党的影响和推动下，工农运动迅速发展，掀起了反帝反封建的革命高潮。但大革命后期，国民党右派背叛革命，先后发动“四一二”“七一五”反革命政变，致使大革命最终以失败告终。这一失败的深刻教训在于，共产党对国民党的阶级属性认识不清，对农民问题重视不够，缺乏独立自主的政治和军事力量。大革命失败后，毛泽东就指出“中国的革命实质上是农民革命”①，“推翻地主资产阶级专政，建立工农民主专政”②已成为中国共产党人的奋斗目标。可见，大革命的失败进一步启示中国共产党人，必须突破以往对马克思主义教条化的认识，把马克思主义基本原理同中国革命的具体实际相结合，探索一条新道路。这就是后来的农村包围城市、武装夺取政权的革命道路。

综上所述，中国共产党人是在半殖民地半封建社会的特定历史条件下登上政治舞台的。这一时期，中华民族面临着亡国灭种的空前危机，争取民族独立与人民解放成为时代最强音。在太平天国运动、洋务运动、戊戌变法、辛亥革命等历史事件由于种种历史局限失败后，只有中国共产党将马克思主义与中国革命实际相结合，创造性地探索出一条符合中国国情的革命道路，中华民族有了真正实现独立和解放的希望。

二、从新民主主义社会向社会主义社会的转变

（一）新民主主义社会是一个过渡性质的社会

中国如何进入社会主义，解决好新民主主义革命和社会主义革命的衔接问题，是毛泽东社会主义探索的重心，其直接结果就是提出新民主主义社会这一构想。毛泽东敏锐地发现了帝国主义阵营及其代理人在中国的矛盾关系，论证了中国革命的可行性，探索出不发达国家进行民族民主革命，从而和平进入社会主义社会的新路径。

在《新民主主义论》中，毛泽东为中国人民指出了“新的社会和新的国家”的方向，提出“中国革命必须分为两个步骤。第一步，改变这个殖民地、半殖民地、半封建的社会形态，使之变成一个独立的民主主义的社会。第二步，使革命向前发展，建立一个社会主义的社会”③。

---

① 《毛泽东选集》第 2 卷，人民出版社 1991 年版，第 692 页。

② 《建党以来重要文献选编（1921—1949）》第 5 册，中央文献出版社 2011 年版，第 561 页。

③ 《毛泽东选集》第 2 卷，人民出版社 1991 年版，第 666 页。

中国共产党领导的革命运动包括新民主主义革命和社会主义革命，“民主主义革命是社会主义革命的必要准备，社会主义革命是民主主义革命的必然趋势”①。虽然这两个革命的领导者都是中国共产党，但是新民主主义革命和社会主义革命是相互连接的两个不同阶段，新民主主义革命的完成为进行社会主义革命扫清了制度性障碍、创造了前提，中国社会必须要经过新民主主义革命，才能发展到社会主义社会中去。这也从两个方面体现了新民主主义的创新性：一方面，作为民主革命的结果，新民主主义社会是融合了新民主主义的政治、经济、文化特征为一体的相对独立的社会；另一方面，新民主主义社会是一个过渡性质的社会，它是无产阶级革命事业的重要组成部分，它的使命是向社会主义社会过渡。

毛泽东进一步指出：“中国革命的终极的前途，不是资本主义的，而是社会主义和共产主义的”②，这明确了中国革命的目标就是要进入社会主义，最终实现共产主义，而完成这一目标的手段就是要进行新民主主义革命。毛泽东在《论联合政府》中进一步交代了新民主主义革命的作用，进一步明确了其过渡的性质。

（二）新民主主义社会的社会主义化改造

新民主主义其“新”在于发展方向是社会主义。新民主主义革命的胜利也是社会主义因素不断增加的过程，“就是无产阶级和共产党在全国政治势力中的比重的增长，就是农民、知识分子和城市小资产阶级或者已经或者可能承认无产阶级和共产党的领导权，就是民主共和国的国营经济和劳动人民的合作经济”③，社会主义因素的增加是坚持社会主义发展方向的保证。

新中国成立之初，中国共产党人原先的设想是中国要先经历新民主主义社会建设，发展新民主主义政治、经济、文化，实现国家工业化，为进

---

① 《毛泽东选集》第 2 卷，人民出版社 1991 年版，第 651 页。

②③　同上书，第 650 页。

入社会主义准备好经济基础和政治条件后，再一举消灭资本主义，进而向社会主义过渡。到了1952年，国民经济恢复任务的提前完成；全国范围内的土地改革基本完成；社会主义国营经济在经济生活中占主导地位；"三反""五反"运动结束、人民政权不断巩固；国际环境中苏联社会主义事业初步成功的鼓舞等一系列因素促使毛泽东和党中央开始重新思考过渡的步骤和时间问题，党在过渡时期总路线的问题在这样的背景下被提上了日程。

过渡时期总路线明确了中国过渡时期的时间和步骤问题。毛泽东对此有过完整的表述："从中华人民共和国成立，到社会主义改造基本完成，这是一个过渡时期。党在这个过渡时期的总路线和总任务，是要在一个相当长的时期内，逐步实现国家的社会主义工业化，并逐步实现国家对农业、对手工业和对资本主义工商业的社会主义改造。"①这反映了以毛泽东同志为主要代表的中国共产党人对新民主主义社会认识的转变与深化。这就把新民主主义社会的总任务纳入过渡时期总路线中，在实现国家工业化的同时进行社会主义改造，即"一化三改"。

过渡时期总路线是中国社会主义革命的具体指南，是对科学社会主义关于过渡时期理论和社会主义革命理论的丰富与发展。过渡时期总路线反映了党和人民对迫切改变中国落后局面、要求走社会主义道路、迅速发展生产力的愿望。这条社会主义改造道路具有以下鲜明特征：第一，在进行社会主义改造的过程中，始终坚持以积极引导、循序渐进的方式推动生产关系的深刻变革，在维护社会稳定的前提下促进生产力的发展。中国共产党针对不同社会群体和不同阶级有不同的改造政策，比如说：在对农村进行社会主义改造时，创造出互助组、初级社、高级社等过渡形式；在对手工业进行社会主义改造时，逐步采取供销小组、供销合作社、生产合作社等过渡形式；在对资本主义工商业进行社会主义改造时，提出从初级到高级的各种国家资本主义

① 《毛泽东文集》第6卷，人民出版社1999年版，第316页。

过渡形式。第二，用和平的方法进行改造。对生产资料私有制进行社会主义改造也是一场革命，可以采用暴力手段，也可以用和平的方法。中国的社会主义改造都是用和平的方法完成的，比较好地解决了社会主义改造过程中逐步消灭剥削、促进经济平稳发展等问题，没有引起社会动荡，在科学社会主义发展史上是一个典范。第三，坚持社会主义建设与改造相结合。社会主义改造的根本目的是变革不适应国家工业化发展的社会关系，促进社会主义社会的生产力发展，中国社会主义改造的实践成就表明中国的社会主义改造促进了经济社会的发展，推动了社会的进步。

新中国的“一化三改”是按照毛泽东的构想发展起来的，取得了社会建设的成就，实现了理论逻辑与历史逻辑的统一。在中国，革命的目标和方向就是要实现社会主义和共产主义，新民主主义社会的社会主义改造的胜利，则意味着社会主义基本制度在中国基本确立，推动了中国进入社会主义社会，这是中国现代化建设和国家发展的制度基础。这不仅是以中国实践经验丰富了科学社会主义的社会主义改造理论，更是推动了社会的发展与变革。证明了毛泽东提出的中国实现社会主义道路的正确性，丰富了科学社会主义中对走向社会主义的路径探索，丰富发展了科学社会主义。

三、对社会主义革命与建设道路的探索

毛泽东在正确判定社会主义社会主要矛盾的基础上，针对性地制定各项政策，以促进社会生产力的发展，进而破解社会主义社会主要矛盾。

（一）社会主义的目的和任务就是要解放和发展生产力

对于落后的东方国家如何走上社会主义道路问题，马克思、恩格斯没有给后人指出明确的道路。马克思、恩格斯在俄国发展道路上的观点是比较谨慎的，一方面希望俄国能够避免“遭受资本主义制度所带来的一切极端不幸的灾难”[①]，另一方面也希望能够吸收资本主义的积极成果。列宁、

① 《马克思恩格斯全集》第 19 卷，人民出版社 1963 年版，第 129 页。

斯大林、毛泽东都遵循着马克思、恩格斯的这一分析框架：一方面社会主义必须要有发达的生产力，有着较为丰富的物质基础；另一方面社会主义的发展必须要避免资本主义的消极成果。

第一，社会主义革命与建设的目的是解放和发展生产力，要不断地变革生产关系以适应生产力的发展。毛泽东指出“社会主义革命的目的是为了解放生产力”①，中国之所以需要一场新民主主义革命，是生产力发展的必然要求。由于当时中国的社会性质所限，如果不推翻帝国主义、封建主义、官僚资本主义的统治，中国就不能得到发展。因为“生产力本身的要求，则是用革命方法解除这种旧有生产关系的束缚，推翻这种旧有生产关系，建立新的生产关系，建立新民主主义的生产关系”②，也就是说，在当时的中国，要想发展生产力，必须要先破除旧的生产关系，这样才会推动生产力的发展。如前文所述，中共八大对国内主要矛盾作出了科学判断，毛泽东在一定时期对这一判断是肯定和发展的，进而在《关于正确处理人民内部矛盾的问题》中指出：“我们的根本任务已经由解放生产力变为在新的生产关系下面保护和发展生产力。”③这就进一步强调了生产关系变革对生产力的推动作用，即生产关系不仅可以表现为对剩余的支配和占有，也表现为对生产力发展的适应和推动，具有两重性，这一认识对于克服社会主义改造、建设中的阻力发挥着重要作用。

第二，实现工业化和现代化是中国发展生产力的途径。从中国自身的历史发展而言，毛泽东认为中国落后的重要原因就是没有新式工业。1944年，毛泽东与英国记者斯坦因的谈话中指出，“中国社会的进步将主要依靠工业的发展”④，明确了新民主主义要建立在工业的基础上。在1945年召开的中共七大上，毛泽东总结一百多年民族解放的经验教训提出，“没

---

① 《毛泽东文集》第7卷，人民出版社1999年版，第1页。

② 《建党以来重要文献选编》第25册，中央文献出版社2011年版，第105页。

③ 《毛泽东文集》第7卷，人民出版社1999年版，第218页。

④ 《毛泽东文集》第3卷，人民出版社1996年版，第183—184页。

有工业，便没有巩固的国防，便没有人民的福利，便没有国家的富强”①，这交代了工业对国家发展的重要性，确立了中国人民及其政府的目标。毛泽东进一步提出了工人阶级的任务，在建立新民主主义国家的同时，实现工业化。因此，这明确了政府必须采取措施推动中国的工业和农业的现代化发展，建设先进的工业化国家。

1949 年以前的中国之所以发展缓慢，很重要的一个原因是没有独立、完整的工业体系和国民经济体系。毛泽东形象地将新中国成立后经济发展情况形容为“一穷二白”，没有发达的农业与工业，文化、科技水平都不高。因此，毛泽东将大力发展生产力提到非常重要的位置。在过渡时期总路线中，实现国家的工业化是目的，反映了将发展先进生产力放在了首要地位；而“三大改造”，也是基于对国家工业化、发展生产力的考虑，逐步对生产关系进行变革，为发展生产力创造条件。1956 年前后，毛泽东提出中国的工业化要以“重工业为重心”“注意发展农业和轻工业”②。而后在《论十大关系》中，毛泽东尽管考虑到了要兼顾农业和轻工业的发展，但仍然强调“重工业是我国建设的重点。必须优先发展生产资料的生产”③。随着对社会主义现代化认识的加深，“四个现代化”的思想逐渐成形，并在后来被确立为中国社会主义建设的宏伟目标。

第三，将生产力解放与人的解放相结合。为了让全党重视生产力发展的问题，毛泽东创新性地提出生产力标准的问题，“中国一切政党的政策及其实践在中国人民中所表现的作用的好坏、大小，归根到底，看它对于中国人民的生产力的发展是否有帮助及其帮助之大小，看它是束缚生产力的，还是解放生产力的”④。即以生产力的客观标准作为衡量、评判党的路线、方针、政策的依据，明确了中国共产党要大力发展生产力。但毛泽东

---

① 《毛泽东选集》第 3 卷，人民出版社 1991 年版，第 1080 页。

② 《毛泽东文集》第 7 卷，人民出版社 1999 年版，第 241 页。

③ 同上书，第 24 页。

④ 《毛泽东选集》第 3 卷，人民出版社 1991 年版，第 1079 页。

也不仅仅只唯生产力标准来衡量，同时也要注重人的解放，提出解放生产力的根本目的是促进人民生活水平提高，“只有完成了由生产资料的私人所有制到社会主义所有制的过渡，才利于社会生产力的迅速向前发展……满足人民日益增长着的需要，提高人民的生活水平”①，这样就将生产力的解放与人的解放有机结合起来了。

（二）深化对社会主义社会发展阶段问题的认识

在科学社会主义的理论体系中，一个重要的问题就是如何科学、准确地认识社会主义发展阶段。如果不能理解这一问题，那么建设好社会主义的前提和基础也就无从谈起。新中国成立后，毛泽东在科学社会主义理论的框架内，结合中国社会主义建设实践中的经验教训对这一问题进行了细致的分析和大胆的探索。

第一，社会主义要经历建立、建成两个阶段，阶段之间的过渡必须以生产力发展的程度为依据。中共八大之后，毛泽东鲜明地指出社会主义制度的建立和社会主义社会在经历充分的发展之后彻底建成是两个问题：“我国的社会主义制度还刚刚建立，还没有完全建成，还不完全巩固。”②毛泽东的这一论断说明了两点：一方面在三大改造和“一五”计划提前超额完成之后，中国毫无疑问已经是一个社会主义国家；另一方面我们也需要对中国的社会主义建设抱着一种清醒、客观的态度，我们的社会主义建设道路还有很长的路要走，社会主义生产力水平还不够高，社会主义制度还能得到进一步巩固和逐渐地完善；这也为日后我们进一步深化认识相关问题提供了重要的指导。

第二，社会主义社会要经历“不发达”和“比较发达”两个阶段。社会主义社会在经历由建立到建成后，有一个问题便呼之欲出，即：中国是否就可以随之向共产主义社会过渡？毛泽东在研读苏联《政治经济学教科

---

① 《毛泽东文集》第 6 卷，人民出版社 1999 年版，第 316 页。

② 《毛泽东文集》第 7 卷，人民出版社 1999 年版，第 214 页。

书》时认为社会主义社会从建立到建成是一个问题，而建成社会主义社会本身也是一个复杂的问题，必须搞清楚社会主义社会的建成分为几个阶段，在每个阶段中其政治、经济、文化、社会等各个方面又会呈现出怎样的发展态势，而划分这些阶段的根本标准就是生产力水平和人民生活水平，因此毛泽东指出："社会主义这个阶段，又可能分为两个阶段，第一个阶段是不发达的社会主义，第二个阶段是比较发达的社会主义，后一阶段可能比前一阶段需要更长的时间。"① 毛泽东的这一划分是从中国的现实出发得出的结论，也是对列宁关于社会主义阶段划分的创新。

第三，社会主义社会是一个相当长的历史阶段。毛泽东曾多次强调："在我们这样一个落后的国家，要想建成一个社会主义的现代化强国，可能至少得需要一百年的时间。"② 在 1962 年的中共中央工作会议上，毛泽东专门提出："中国的人口多、底子薄，经济落后，要使生产力很大地发展起来，要赶上和超过世界上最先进的资本主义国家，没有一百多年的时间，我看是不行的。"③ 由此可见，毛泽东当时已经认识到了建设社会主义是一个艰巨的任务、是一个相当长的历史阶段，不要急于求成，否则只会适得其反。这里毛泽东对中国社会主义的建成具有长期性与艰巨性特点的认识都是非常客观和深刻的，这一认识也为 60 年代初期我们在"调整、巩固、充实、提高"的八字方针下对国民经济结构进行调整提供了理论依据，这不仅在当时意义重大，而且对指导今天的社会主义建设实践也是非常重要的。

（三）坚持和发展社会主义经济制度

第一，实现生产资料公有制，推行适宜的公有制形式。

生产资料公有制构成了社会主义经济制度的基础，是区分不同现代化

---

①《毛泽东文集》第 8 卷，人民出版社 1999 年版，第 116 页。

② 同上书，第 301 页。

③ 同上书，第 302 页。

道路的决定性因素。马克思、恩格斯关于未来社会的所有制结构的基本设想是消灭私有制、建立生产资料公有制。斯大林提出了社会主义公有制的两种形式，找到了经济文化比较落后的国家建成社会主义经济关系的路径，但也出现了罔顾苏联实际超阶段发展的错误倾向。毛泽东认为社会主义社会建立的基础就是生产资料公有制，无产阶级夺取政权后，就是要利用国家政权在维护国家稳定的情况下有计划有步骤地建立以公有制为基础的社会主义经济，公有制是中国走社会主义道路的决定性因素。

生产资料公有制是生产力发展到一定阶段的产物。生产社会化的结果就是资本主义私有制已无法容纳更高的生产力，只有用生产资料公有制来代替资本主义制度，这是生产力发展的客观要求。中国社会主义建立之时，尽管生产力水平十分落后，但是依据马克思、恩格斯提出的“跨越资本主义卡夫丁峡谷”的设想，中国可以依靠生产资料公有制，充分吸收资本主义的长处与有益经验，实现生产力的快速发展，从而保证社会发展的社会主义方向。在生产资料公有制的条件下，劳动者可以和生产资料直接结合，成为生产资料的主人，劳动者之间的关系是平等的，有利于调动劳动者的生产积极性，促进生产力的发展。因此，生产资料公有制对于坚持社会主义现代化道路、促进现代化发展具有重要意义。社会主义建设成就的取得也足以证明坚持生产资料公有制对于坚持社会主义发展、促进经济社会发展的积极作用。

在《新民主主义论》中，毛泽东就提出“大银行、大工业、大商业，归这个共和国的国家所有”①，即明确了它们的社会主义性质。新中国成立初期确立的过渡时期总路线，其目的就是对生产资料私有制进行社会主义改造，确立社会主义的生产关系，“总路线也可以说就是解决所有制的问题”②。这样到 1956 年年底，社会主义改造完成，生产资料公有制在生产

① 《毛泽东选集》第 2 卷，人民出版社 1991 年版，第 678 页。

② 《毛泽东文集》第 6 卷，人民出版社 1999 年版，第 301 页。

资料所有制中占据绝对优势，为国家的发展奠定了基础。

毛泽东在坚持马克思主义公有制理论的前提下，又对其进行了发展，主要体现在区分集体所有制和全面所有制两种不同的公有制形式。苏联在斯大林的领导下，进行了所有制变革，将经济体制建立在生产资料的全民所有制和集体所有制基础之上，这虽然促进苏联快速实现了工业化和战争胜利，但是弊端也逐渐暴露。毛泽东结合新的社会主义实践对社会主义公有制理论又有所创新发展，对全民所有制和集体所有制的关系问题进行了辩证阐发，指出“同资本主义比较起来，社会主义集体所有制和全民所有制之间的差别，不是根本性的差别”①。这种差别最根本的是生产资料公有化的范围和程度不同。全民所有制是社会全体劳动人民共同占有生产资料，是社会主义公有制的高级形式；而集体所有制是部分劳动群众共同占有生产资料，资产归集体所有。由于不同的集体所占用的生产资料的质量和数量各不相同，因此在生产资料占有关系上还存在不平等现象。公有化的程度和范围为区分全民所有制和集体所有制提供了标准。

第二，推行计划经济，保留一定的商品货币关系。

社会主义的所有制基础是公有制，这是马克思、恩格斯对社会主义的基本认识。中国的社会主义改造深受苏联的影响，以消灭私有制和个体经济，建立单一的、高纯度的公有制为目标。1956 年社会主义改造完成后，公有制经济形式成了社会中单一的所有制形式。然而，由于所有制形式过于简单，在一定程度上脱离了中国经济社会落后的实际状况，由此导致的社会生产的困难与人民生活不便的问题暴露，这引起了毛泽东的进一步思考。列宁提出在过渡时期还必须利用商品货币关系建设社会主义。毛泽东指出，社会主义必须实行计划经济，同时在一定程度上利用资本主义的手段，保留商品货币关系。

---

① 邓力群：《经济战略家毛泽东》，中央民族大学出版社 2004 年版，第 36 页。

在社会主义改造完成后，毛泽东明确了计划经济对于社会主义建设的积极作用，指出“为了建设一个强大的社会主义国家，必须有中央的强有力的统一领导，必须有全国的统一计划和统一纪律，破坏这种必要的统一，是不允许的”[①]。同时，毛泽东指出，社会主义社会的计划生产要建立在把握科学规律的基础上，善于利用经济发展规律。[②]

“高度集中”的苏联模式在所有制上是单一的公有制，消灭或者抵制小生产，这就导致社会缺乏必要的竞争，不利于社会生产力水平的提高。毛泽东意识到了这个问题，认为中国落后的生产力决定了中国不能仅仅依靠单一的公有制经济，还需要一定的非公有制经济来促进社会经济的发展。在抗战时期，毛泽东实际上就认识到了这个问题，他指出因为中国的经济还十分落后，要给资本主义充分的发展机会，还提出“不管是中国的还是外国的私人资本，在战后的中国都应给予充分发展的机会，因为中国需要发展工业”[③]。在中共八大后，针对国内市场活跃，个体工商户不断增加，“地下工厂”“地下商店”不断出现的情况，毛泽东提出可以在一定的范围内发展地下工厂，这反映了毛泽东对非公有制经济的存在和发展的开放态度。利用资本主义手段发展社会主义不仅有利于以与公有制企业竞争的方式提升社会生产效率，而且适应了当时的社会生产力水平。在商品生产上，毛泽东在总结“大跃进”失误时，批评了主张消灭商品经济的错误思想，认为这种观念是不符合客观规律的。

毛泽东这一将计划经济与利用资本主义发展社会主义生产相结合的认识是对马克思主义所有制理论的继承与发展，在理论上初步解决了适应当时生产力发展水平的所有制的形式问题，实现了对所有制结构问题的突破。

---

① 《毛泽东文集》第 7 卷，人民出版社 1999 年版，第 32 页。

② 参见《毛泽东文集》第 8 卷，人民出版社 1999 年版，第 118—119 页。

③ 《毛泽东文集》第 3 卷，人民出版社 1996 年版，第 186 页。

（四）坚持人民民主专政

马克思、恩格斯指出在过渡时期，国家政权的形式还是无产阶级专政，当进入共产主义后，国家将自行消亡。毛泽东在坚持科学社会主义基本原理的基础上，提出社会主义必须坚持人民民主专政，这丰富和发展了科学社会主义理论。

1939 年 5 月，毛泽东在《青年运动的方向》一文中就指出，民主革命要达到的目的是“建立一个人民民主的共和国”和“建立人民民主主义的制度”①。在《新民主主义论》中，毛泽东指出新民主主义革命胜利后，要建立的是新民主主义共和国，这是在一定历史时期采取的与中国国情相适应的国家政权形式。这个共和国“是在无产阶级领导下的一切反帝反封建的人们联合专政的民主共和国”②。在《论联合政府》一文中，毛泽东论述了国家制度的人民民主属性。进而在 1949 年《论人民民主专政》一文中指出我们党的主要纲领就是“工人阶级（经过共产党）领导的以工农联盟为基础的人民民主专政”③。而与人民民主专政的国体相适应的政体形式，则必须是在根本上有别于西方代议制的人民代表大会制度。毛泽东这一系列关于国体、政体的论述，具有重要创新性意义，构建了中国社会主义政治建设的基本框架。

这一时期的人民民主专政是对马克思主义的无产阶级专政的继承与发展，它是科学社会主义原理中的国家理论与中国实践相结合的产物，是中国共产党人在长期革命中的独特创造。

第一，人民民主专政在阶级构成上更为广泛。在马克思主义经典作家的侧写中，无产阶级专政是无产阶级团结劳动人民对资产阶级进行的专政。他们没有指出，无产阶级专政是否可以在特定时期内包含资产阶级。

① 《毛泽东选集》第 2 卷，人民出版社 1991 年版，第 563 页。

② 同上书，第 675 页。

③ 《毛泽东选集》第 4 卷，人民出版社 1991 年版，第 1480 页。

在中国，无产阶级在革命斗争中与民族资产阶级建立了统一战线，所以革命胜利后建立的无产阶级专政将民族资产阶级吸收在其中。但是进入社会主义时期后，民族资产阶级由于其既有接受社会主义改造的一面，也有对工人阶级剥削的一面，由于民族资产阶级的这一特点，决定了它是可团结的对象。

第二，人民民主专政的任务更为艰巨。马克思、恩格斯，列宁、斯大林时期指出的无产阶级专政的任务是消灭资产阶级、推动社会主义建设。中国的人民民主专政则承担了多重任务：在新民主主义革命时期，承担着推翻“三座大山”任务。在过渡时期，人民民主专政承担的是社会主义改造的任务。在社会主义建设时期，人民民主专政承担着坚守社会主义制度、推动社会主义建设的任务。所以毛泽东提出的人民民主专政的任务不同于国际共运史上的任何一个时期。

第三，人民民主专政在概念表述上更为全面。这体现了无产阶级国家民主与专政的国家职能与任务、体现了民主与专政的统一。马克思主义经典作家虽然都有提到无产阶级专政国家中的“民主”职能，但是并没有把“民主”放到无产阶级专政的概念中。以毛泽东同志为主要代表的中国共产党人不仅提出了“人民民主专政”的概念，而且辩证分析了民主、专政的职能与辩证关系。“对人民内部的民主方面和对反动派的专政方面，互相结合起来，就是人民民主专政”①，“在人民内部实行民主，对人民的敌人实行专政，这两个方面是分不开的”②。毛泽东进一步交代了人民民主专政的任务，第一是为了镇压敌对分子，并尽可能地将他们改造成社会主义新人，保卫国家独立与安全；第二是为了变革生产资料所有制，大力发展生产，进而为消灭阶级提供物质基础；第三是发扬社会主义民主，确保人民真正可以享受到当家作主的权利。这三者有机统一，互相促进。

---

① 《毛泽东选集》第 4 卷，人民出版社 1991 年版，第 1475 页。

② 《毛泽东文集》第 8 卷，人民出版社 1999 年版，第 297 页。

第四，人民民主专政在具体形式上具有一定的创新。这主要体现在四个方面：首先，在政权组织形式上，巴黎公社的公社委员会不仅是最高权力机关，而且是最高执行机关。苏联的最高国家权力机关是苏联最高苏维埃，是由民族院和联盟院两院组成。作为中国人民民主专政政权组织形式的人民代表大会制度，由选民通过直接选举和间接选举相结合的方式产生人大代表，召开人民代表大会。其次，在国家结构上，很多社会主义国家实行的是单一制，即各个行政区享有同样的权利和义务。而中国的国家结构中，充分照顾到不同地方的特点，以设立少数民族自治区等形式，合理划分不同区域的权利与义务。再次，在政党制度上，确立了中国共产党在革命和建设中的中心地位，明确了多党合作的必要性，论述了人民政协这一多党合作的基本制度的性质和地位。最后，推行民主集中制，充分发挥党内民主，并以党内民主带动党外民主的建设。反对官僚主义。重视人民群众的监督作用，创造条件让人民来监督政府。

（五）推动社会主义文化建设

第一，社会主义的文化建设必须坚持马克思主义的指导。毛泽东曾指出："没有正确的政治观点，就等于没有灵魂。"[1]因此要坚定地把马克思主义放在第一位，无论社会如何发生变化，其指导地位不能动摇。在新中国成立初期，由于各种非无产阶级思想还存在，对于思想文化的宣传与建设阵地，如果马克思主义的指导思想不能去占领，那么资产阶级思想及其他非无产阶级思想就必然会去占领。因此，在社会主义文化建设上，不仅在于用正确的思想去教育、武装广大人民群众，更要对各种错误思想、观点和倾向进行最坚决的批判，决不能让它们自由泛滥。

第二，社会主义文化建设必须坚持"二为"方向和"双百"方针。对于如何开启社会主义文化建设的进程，毛泽东提出了"百花齐放、百家争鸣"的方针，强调文化事业的发展中必然存在不同的思想、观点和倾

① 《毛泽东文集》第7卷，人民出版社1999年版，第226页。

向，这种差异性是客观的、不以人的意志为转移的，应当允许文化艺术不拘泥于一种形式而多样化，让人们在比较中辨别，才能让社会主义的因素得到确立和发展。毛泽东的这一想法将真理和谬误这两个在认识领域中根本对立的哲学范畴统一于“百花运动”，体现了其深厚的哲学底蕴，也有力地促进了中国科学文化事业的发展。同时，毛泽东还针对社会主义文化建设提出了“为人民服务，为社会主义服务”的根本宗旨。新文化的创造需要人民，只有人民才能创造历史，才能创造社会主义文化；这种文化在为人民服务、为社会主义服务的前提下，激励着文学艺术界的广大工作者们创作出更多更好的精神产品，为社会主义精神文明建设作贡献。

第三，发展教育科学文化事业是社会主义文化建设的重中之重。新中国成立初期，毛泽东曾忧虑地说：“现在我们能造什么？能造桌子椅子，能造茶碗茶壶，能种粮食，还能磨成面粉，还能造纸，但是，一辆汽车、一架飞机、一辆坦克、一辆拖拉机都不能造。”①由此可见，当时中国的工业是非常落后的，这反映了教育文化水平比较低，科研技术远远落后于世界水平。针对这些问题，以毛泽东同志为核心的党的第一代领导集体坚持不懈，为发展教育科学文化事业，作出了巨大的贡献；在这种共同努力之下，文盲数量大幅度地下降，科技水平得到很大的提升，人们的精神文化面貌焕然一新。1957 年，毛泽东在总结中国教育实践经验的基础上指出，我们的教育方针目标的制定，应该使得受教育者全面发展，而不是某个方面的发展。

四、从落后国情进一步丰富对社会主义的认识

毛泽东将科学社会主义基本原理与中国国情相结合，在落后的东方大国的实践中摸索中国开展社会主义革命与建设的路径，从而丰富对社会主

---

① 李永康：《毛泽东的忧患意识》，《学习时报》2019 年 4 月 22 日。

义的认识。

（一）价值目标

1. 全力实现社会主义现代化

第一，始终坚持现代化的社会主义发展方向。中国近现代的发展历程表明，自西方“疾驰而东”的各类思潮、倾向、观点、道路在中国是行不通的，先天发展不足、后天被压迫畸形的中国资产阶级也不可能担负起领导中国革命的重任。因此走资本主义道路“这种幼稚的梦的幻灭，正是中国富强的起点”①。毛泽东清醒认识到了这一点，他对新民主主义革命道路的构想、新民主主义社会的设计，不仅体现了现代化的目标，而且体现了社会主义的发展趋势。毛泽东认为，中国要走向现代化必须要坚持社会主义道路，他在总结历史经验时指出：“只有社会主义能够救中国”②，也就是说中国要实现现代化，必须要坚持社会主义方向。

第二，坚持马克思主义关于社会主义现代化的先决条件，即在国家独立和民族解放的前提下进行社会主义现代化。马克思、恩格斯指出，一个民族“只有当它作为一个独立的民族重新掌握自己的命运的时候，它的内部发展过程才会重新开始”③。这也就是说，只有民族独立才能够推动国家的发展。毛泽东将中国革命与现代化进程结合起来，在《将革命进行到底》一文中交代了促使革命胜利的条件，这明确了革命的旨归不在于其本身，而是为了中华民族独立和中国人民解放，进而解放与发展生产力，促进中国实现现代化。毛泽东在总结解放区土地改革工作经验时，也强调了革命的目的是要推进现代化，指出“消灭封建制度，发展农业生产，就给发展工业生产，变农业国为工业国的任务奠定了基础，这就是新民主主义革命的最后目的”④。毛泽东将社会主义革命与社会主义建设相结合，社会

① 《毛泽东选集》第3卷，人民出版社1991年版，第1080页。

② 《毛泽东文集》第7卷，人民出版社1999年版，第214页。

③ 《马克思恩格斯全集》第18卷，人民出版社1964年版，第630页。

④ 《毛泽东选集》第4卷，人民出版社1991年版，第1316页。

主义革命的目的是促进社会主义建设，解放社会生产力。

第三，坚持马克思主义工业化理论，以工业化促进现代化建设。马克思主义工业化理论认为工业生产是促进社会发展的重要动因，大工业生产不仅促进了封建社会的灭亡，也推动了资本主义社会的确定，带来了资本主义社会高度发达的生产力。毛泽东以马克思主义这一理论为指导，从中国的实际出发，明确了中国的工业化对于现代化的重要意义。毛泽东早在抗日战争时期就提出“为着打败日本侵略者和建设新中国，必须发展工业”①，“中国工人阶级的任务，不但是为着建立新民主主义的国家而斗争，而且是为着中国的工业化和农业近代化而斗争”②，表明了工业化、民族独立与国家建设是密不可分的，在中国这样落后的国家里，发展经济的根本途径就是工业化。在新中国成立后，这一思想仍在继续贯彻，坚持“一化三改”的过渡时期总路线、确立工业在国民经济中的主导地位、推动社会主义现代化的进程，无不体现了这一点。同时，在推进工业化的同时注意处理好其与农业的关系，注意平衡发展。到 1957 年，中国初步建立起自己的工业体系，以工业化推动了现代化的进程，促进了国民经济的全面发展和人民生活水平的提高。

第四，坚持马克思主义关于各国应有自己的现代化模式的思想，借鉴与反思苏联模式，形成中国的社会主义现代化道路。马克思主义认为各国的现代化模式不是单一的，在以发达资本主义国家为补充的前提下，社会主义革命有可能以一国胜利为先导；列宁也预言东方国家的革命“无疑会比俄国革命带有更多的特殊性”③。毛泽东在领导中国人民实现现代化的道路上，继承了马克思主义的这一思想。在革命胜利后的社会主义建设问题上，毛泽东反对效仿苏联直接进入社会主义，而是主张通过新民主主义，

---

① 《毛泽东选集》第 3 卷，人民出版社 1991 年版，第 1080 页。

② 同上书，第 1081 页。

③ 《列宁选集》第 4 卷，人民出版社 1995 年版，第 778 页。

再进入社会主义，强调要根据自己的国情确立自己的国家制度和路径选择。由新民主主义过渡到社会主义，这一不同于苏联的社会主义建设方式决定了中国的社会主义建设道路与苏联的社会主义建设道路不可能相同。尽管在新中国成立初期，中国共产党由于自身社会主义建设经验缺乏和国际环境的影响在一定程度上学习了苏联的不少做法，但是中国同样也结合国情实际，提出自身的发展策略，如：为了避免苏联模式高度集中的弊端，进行权力下放，调动地方积极性，实现了从“以苏为师”到“以苏为鉴”的转变。

2. 重视人民的力量，坚持保障人民群众的利益

第一，毛泽东高度重视人民群众的历史作用，明确了人民群众的价值创造主体的定位。科学社会主义明确了人民群众的历史主体定位。毛泽东基于唯物史观的立场，结合中国实际，鲜明地提出：“人民，只有人民，才是创造世界历史的动力。”①毛泽东结合具体的历史语境对这一理论作出过不同的话语表述。在新民主主义革命时期，“因为革命战争是群众的战争，只有动员群众才能进行战争，只有依靠群众才能进行战争”②。在社会主义时期，人民群众是社会主义革命和建设的根本力量，因为“群众不帮助就没有力量。为了发展一个国家，力量不是来自别的地方，而是在于群众自己”③。毛泽东一直高度重视人民群众在社会主义中的定位，他始终注重人民群众力量的发挥，始终强调社会主义和国家是人民的事业。

第二，毛泽东强调全面保障人民群众的利益。毛泽东在中国社会主义革命与建设的实践中，始终强调保障人民群众的利益，将人民群众的利益作为一切工作的出发点。毛泽东提出了“全心全意为人民服务”的论述，并将其规定为中国共产党的唯一宗旨。毛泽东在维护人民群众的经济利

① 《毛泽东选集》第3卷，人民出版社1991年版，第1031页。
② 《毛泽东选集》第1卷，人民出版社1991年版，第136页。
③ 《毛泽东年谱（1949—1976）》第5卷，中央文献出版社2013年版，第523页。

益、政治利益、文化利益方面都作出了一系列的论述。在物质利益层面，毛泽东强调“一切空话都是无用的，必须给人民以看得见的物质福利”①。人民群众是社会物质财富的创造者，理应享有经济发展成果。只有在实践中给予人民群众切实的物质利益，才能真正得到人民群众的拥护与支持。在政治利益层面，毛泽东始终强调确保人民当家作主。在社会主义的中国，人民享有广泛的参政议政的权利，党和国家通过设立人民代表大会制度等合适的国家形式以体现人民的意志。人民群众享有广泛的决策权、监督权。在精神文化利益方面，毛泽东在《新民主主义论》中提出，新民主主义文化“应为全民族中百分之九十以上的工农劳苦民众服务，并逐渐成为他们的文化”②，同时，毛泽东非常重视中国教育事业的发展，强调以国家教育事业的发展促进人的全面发展。

第三，毛泽东强调中国共产党要坚持群众路线的工作方法，维护好人民群众的利益。毛泽东在《关于领导方法的若干问题》中指出“从群众中集中起来又到群众中坚持下去，以形成正确的领导意见，这是基本的领导方法”③。“从群众中来”指通过调查研究，了解群众的需求，吸收群众的智慧，从而制定出正确的方针与政策；“到群众中去”指将方针和政策落实到群众中去，在群众的实践中得以检验并不断地发展完善，使党的路线、方针、政策成为人民群众改造社会现实的物质力量。群众路线的目的就是通过吸收群众的智慧与意见，使我们党更好地维护好人民群众的利益。这是马克思主义认识论在中国的创造性运用。毛泽东将是否能够维护好人民群众的利益与中国共产党的建设高度结合起来，“只要我们为人民的利益坚持好的，为人民的利益改正错的，我们这个队伍就一定会兴旺起来”④，只有中国共产党始终坚持维护人民利益，中国共产党才能不断厚植

---

① 《毛泽东文集》第 2 卷，人民出版社 1993 年版，第 467 页。

② 同上书，第 708 页。

③ 《毛泽东选集》第 3 卷，人民出版社 1991 年版，第 900 页。

④ 同上书，第 1004—1005 页。

群众基础，得到人民的拥护，才能永葆领导地位不动摇。

第四，毛泽东强调要将人民群众是否满意作为社会主义工作的评价标准。毛泽东认为人民群众是检验真理的根本标准，推动了真理性与人民性的统一。“只有千百万人民的革命实践，才是检验真理的尺度。”① 人民群众的实践是评价党的工作的客观尺度，党所制定的路线、方针和政策，归根到底要在人民群众的实践中得到检验。同时，毛泽东将是否具有人民立场视为政治进步的衡量标准。衡量一个人是革命的，或不革命的，或反革命的，唯一的标准“就是看他愿意不愿意、并且实行不实行和广大的工农群众结合在一块”②，只有站在人民的立场上，才是政治进步，站在反对人民的立场上，则不是。毛泽东始终坚持奉献“小我”，成全“大我”，这与全心全意为人民服务的价值观高度融合。

综上，在毛泽东对社会主义探索过程中，人民群众是价值创造、价值受益、价值评价的统一。人民群众既推动了社会历史发展，是价值创造主体；也是社会发展成果的享有者，是价值受益主体；还是衡量社会进步尺度的标准，是价值评价主体。

3. 在社会主义和资本主义关系的把握中捍卫社会主义原则

在中国这样一个资本成长先天不足、后天畸形发展的国家，如何认识和处理好社会主义与资本主义的关系，是一个重大历史课题。在中国革命和建设的历程中，以毛泽东同志为主要代表的中国共产党人从中国国情出发，借鉴并超越了苏联经验，对社会主义与资本主义的关系进行了深刻探索，形成了一系列的理论认识成果，对中国社会主义建设发挥了重要的先导作用。

第一，中国的民主革命不仅是为发展资本主义扫清道路，也在为实现社会主义创造前提。毛泽东根据当时中国落后的社会生产力的局面，认识

---

① 《毛泽东选集》第2卷，人民出版社1991年版，第663页。

② 同上书，第566页。

到资本主义可以促进国家生产力的发展，改善落后生产力，因此，他提出发展资本主义，进而以资本主义的发展促进社会建设，为民主革命的胜利和社会主义社会建设积累条件，这样在一定时期内，资本主义的发展是有利于国家发展的。同时，毛泽东还认为，新民主主义革命胜利后建立的不是资本主义社会，让资本主义在中国的发展是有限度、有条件的，允许资本主义发展的是有利于国计民生的事业，即“一定要让私人资本主义经济在不能操纵国民生计的范围内获得发展的便利”①，这明确了资本主义的发展范围，明确了其目的是要推动社会主义的发展。

第二，对资本主义进行社会主义改造，利用资本主义的手段发展社会主义。新中国成立后，毛泽东明确了国家资本主义的作用，指出“国家资本主义是改造资本主义工商业和逐步完成社会主义过渡的必经之路”②，进而提出了“两步走”的策略，首先是鼓励私人资本发展为国家资本主义，其次是由国家资本主义转变为社会主义，以此平稳地实现对资产阶级的和平赎买，将私人资本主义经济转变为社会主义经济。

第三，在国际上既要同资本主义国家进行交往，吸收资本主义国家的积极成果，也要防止西方国家对中国社会主义的“和平演变”。中国共产党同资本主义国家交往的态度一直是开放、明确的。在新中国成立前，毛泽东就表示：“我们必须尽可能地首先同社会主义国家和人民民主国家做生意，同时也要同资本主义国家做生意。”③在新中国成立后的社会主义建设时期，毛泽东也提出要积极吸收西方国家的优秀成果，“一切民族、一切国家的长处都要学……但是，必须有分析有批判地学，不能盲目地学，不能一切照抄，机械搬用”④，这就明确了中国学习西方资本主义要批判地学，要将西方的积极成果与中国社会实际相结合，为我所用。毛泽东

① 《毛泽东选集》第3卷，人民出版社1991年版，第1061页。

② 《毛泽东文集》第6卷，人民出版社1999年版，第291页。

③ 《毛泽东选集》第4卷，人民出版社1991年版，第1435页。

④ 《毛泽东文集》第7卷，人民出版社1999年版，第41页。

在《论十大关系》的最后部分提出了中国如何处理和外国的关系，破除了向国外学习上的关门主义。同时，毛泽东也提出中国虽然要积极吸收资本主义国家的长处，但是要处理好对外开放与独立自主的关系，强调在对外开放的同时要注意西方对社会主义的演变，进而采取了一系列的措施以保证社会主义建设的纯洁性，如：不断推进反腐败措施等以加强党的干部建设、将党的接班人问题置于党和国家生死存亡的高度来认识、加强社会主义意识形态建设，等等。

（二）方法论

1. 坚持实事求是，将科学社会主义基本原理与中国国情相结合

如何在中国这样一个半封建半殖民地性质的落后国家推翻三座大山、建立社会主义社会，这是毛泽东在革命实践中面临的首要问题。毛泽东最重要的方法论贡献就是坚持实事求是，将科学社会主义基本原理与中国国情相结合，设计了一条符合中国国情的新民主主义革命道路和社会主义道路。

首先，中国搞社会主义必须要坚持马克思列宁主义。在《实践论》中，毛泽东对马克思主义理论的科学性进行了分析，“马克思列宁主义之所以被称为真理，也不但在于马克思、恩格斯、列宁、斯大林等人科学地构成这些学说的时候，而且在于为尔后革命的阶级斗争和民族斗争的实践所证实的时候”①，这说明马克思主义是科学的理论体系，不仅在于其理论的先进性，也是在实践中不断得到检验。但同时，马克思列宁主义不是一个封闭僵化的体系，而是随着实践的不断变化而不断发展、与时俱进的理论体系，“在实践中不断地开辟认识真理的道路”②。

其次，要将马克思列宁主义与中国实际国情相结合。毛泽东在《反对本本主义》中指出，“马克思主义的‘本本’是要学习的，但是必须同我

① 《毛泽东选集》第1卷，人民出版社1991年版，第292—293页。

② 同上书，第296页。

国的实际情况相结合”[①]，这为中国的新民主主义革命和社会主义革命奠定了鲜明的方法论原则，反对照搬照抄马克思列宁主义，要将其与中国实际国情紧密结合，反对对马克思列宁主义的教条化理解与应用。在《改造我们的学习》中，毛泽东强调，马克思列宁主义不是教义而是方法，只要与客观的革命实践结合起来，就能成为中国人民取得胜利的有力武器。毛泽东通过对国内半殖民地半封建社会的特殊性质、帝国主义及其代理人在中国的特殊关系的把握，提出了新民主主义革命道路，丰富了实现社会主义的路径。在社会主义革命与建设中，毛泽东指出，“我们的理论，是马克思列宁主义的普遍真理同中国革命的具体实践相结合”[②]，旗帜鲜明地反对学术界、经济界在学术研究中搞教条主义，要在实践的基础上，探索符合中国国情的社会主义道路。

再次，要在中国实践中丰富发展马克思列宁主义。毛泽东指出，我们学马克思列宁主义“要学的是属于普遍真理的东西，并且学习一定要与中国实际相结合”[③]，这就是对马克思列宁主义发展的中国化、民族化、时代化的具体要求。毛泽东在《要团结一切可以团结的力量》中强调了各国不能照抄中国经验，应该将马克思主义与本国特点相结合。这对其他国家探索社会主义建设道路具有鲜明的启示，中国的社会主义建设经验虽然丰富了马克思主义理论，可以为其他国家的发展提供参考，但是对中国经验的借鉴一定要与各国国情相结合，不能照搬照抄。

2. 提出了社会主义社会的矛盾学说，进而据此制定社会主义的各项政策

毛泽东通过对苏联社会主义建设的经验与教训的总结和对中国社会进行调查分析，在《论十大关系》《关于正确处理人民内部矛盾的问题》等著作中对于社会主义社会还将存在矛盾的思想进行了阐发，在科学社会主

---

① 《毛泽东选集》第1卷，人民出版社1991年版，第111—112页。

②③ 《毛泽东文集》第7卷，人民出版社1999年版，第42页。

义发展史上较为系统地论述了社会主义社会的主要矛盾问题，建立起中国社会主义的社会矛盾学说。

毛泽东关于社会主义矛盾的思想最初源于民主革命时期。在《中国社会各阶级的分析》一文中，毛泽东就提出了敌友关系的问题，“谁是我们的敌人？谁是我们的朋友？这个问题是革命的首要问题。”①这一论述蕴含着两种矛盾思想的最初萌芽。在延安整风时期，毛泽东针对党内“左”倾教条主义者在党内斗争中的错误做法提出“惩前毖后，治病救人”的方针，这就是针对不同性质的矛盾要有不同的解决方法。在《矛盾论》重新发表时，毛泽东作了部分的补充、删节和修改，在“对抗在矛盾中的地位”一节中，对两类矛盾问题作了阐述。②

毛泽东提出了社会主义社会基本矛盾的概念。1956 年，经毛泽东指导撰写的《关于无产阶级专政的历史经验》中指出，“社会的发展总是在不断的矛盾中进行的。社会主义社会的发展也是在生产力和生产关系的矛盾中进行着的”③。这一论断突破了斯大林对社会主义政治经济学中生产力与生产关系的错误认知，更为旗帜鲜明地提出了社会主义社会存在矛盾。1957 年，毛泽东指出：“在社会主义社会中，基本的矛盾仍然是生产关系和生产力之间的矛盾，上层建筑和经济基础之间的矛盾。”④这一论断原创性地提出了社会主义社会基本矛盾及其内涵，为分析社会主义矛盾学说提供了理论工具，也明确了其他任何矛盾属于非“基本矛盾”的范畴。

毛泽东区分了社会主义社会两类不同性质的矛盾，并提出不同性质的矛盾要用不同的方法解决。1956 年秋冬，由于社会主义改造出现的过急过粗的问题，城市和农村均发生了小范围的社会异动，这在一定程度上影响了社会稳定。面对社会主义改造的这一形势，如何处理和解决这些问题

---

① 《毛泽东选集》第 1 卷，人民出版社 1991 年版，第 3 页。

② 郑德荣：《毛泽东思想新论》，东北师范大学出版社 2006 年版，第 107 页。

③ 《建国以来重要文献选编》第 8 册，中央文献出版社 1994 年版，第 231 页。

④ 《毛泽东文集》第 7 卷，人民出版社 1999 年版，第 214 页。

成为摆在中国共产党人面前的一道难题。基于此，毛泽东提出了社会主义社会存在着敌我矛盾与人民内部矛盾这两类不同的矛盾。敌我矛盾具有对抗性，人民内部矛盾既有对抗性也有非对抗性。在社会主义条件下，大量的矛盾是人民内部的矛盾，执政党的任务是采取说服教育、团结—批评—团结的方法正确处理人民内部矛盾，团结尽可能多的力量建设我们的新国家。

中共八大系统阐述了中国社会主义社会的主要矛盾，提出中国的社会主要矛盾“是人民对于建立先进的工业国的要求同落后的农业国的现实之间的矛盾，是人民对于经济文化迅速发展的需要同当前经济文化不能满足人民需要的状况之间的矛盾”。这一论述不仅体现了中国共产党对社会主义经济建设与运行规律的把握，也体现了党对新民主主义革命特殊性的深刻认识，即以暴力革命带来生产关系的变革为先导，继而主张以大力发展生产力适应社会主义这一先进的生产关系，从而实现从特殊性向一般性的复归，这也是人类社会发展史上制度变迁的必由之路。

正是因为以毛泽东同志为主要代表的中国共产党人辩证认识了社会主义社会的主要矛盾，提出了中国的社会主义社会矛盾学说，才能基于此在经济、政治等方面提出了社会主义建设的相关举措，以推动社会主义事业的发展，在下文会展开论述。

3. 坚持独立自主与调动一切积极因素为社会主义服务相结合

从中国的实际情况出发建设社会主义，这不仅是实事求是的思想，也是独立自主的思想，还蕴含了群众路线的思想。独立自主，最根本地说就是要从中国实际出发，“把国内外一切积极因素调动起来，为社会主义事业服务”①。

在经济建设方针上，毛泽东提出了区别于苏联的工业化道路。苏联式的工业化道路以优先发展重工业为显著特点，但是这条道路对轻工业与农

① 《毛泽东文集》第7卷，人民出版社1999年版，第23页。

业不够重视，不利于国民经济和人民生活水平的持续性提高。党中央汲取了苏联等东欧国家社会主义建设的教训，提出正确处理农业、轻工业、重工业的思想，平衡好重工业、农业、轻工业的投资比例，调动各生产部门的积极性，不仅可以保障人民生活的需要，也可以使社会主义建设的基础更为稳固。

在民主政治方面，党领导下的多党合作与政治协商制度是社会主义建设的一个伟大创举。毛泽东多次强调中国共产党和各民主党派是“长期共存，互相监督”的关系，要发挥各民主党派参政议政的积极性，巩固社会主义建设的政治基础。这一制度体现了中国共产党从中国实际出发的独立自主的精神，为社会主义建设创造良好的国内环境。

在思想文化方面，毛泽东提出了“双百”方针，发挥知识分子的作用，重视科技，为社会主义建设创造良好的文化环境。毛泽东指出，“艺术上不同的形式和风格可以自由发展，科学上不同的学派可以自由争论”①，这有利于推动艺术界和科学界的进步，有利于促进中国思想文化的进步。

在国际外交层面，党中央始终坚持和平外交政策，巩固社会主义阵营，为社会主义建设创造有利的国际环境。一方面，毛泽东在《论十大关系》中强调要坚持独立自主，积极吸收国外的长处，抵制和批判外国资产阶级的腐败制度和思想作风，调动一切积极因素为我所用；另一方面，毛泽东强调要坚持和平发展，团结一切可团结的力量，建立国际和平统一战线，为社会主义建设创造良好的外部环境。

① 《毛泽东文集》第7卷，人民出版社1999年版，第229页。

第六章　中国特色社会主义的开创与发展

落后生产力的国家走向社会主义后，在实践中如何正确认识并不断发展社会主义，开辟一条使社会主义国家繁荣富强的道路？中国共产党进行了持续性探索，在改革开放的实践中开辟了中国特色社会主义道路。

邓小平在会见莫桑比克总统希萨诺时指出："我们过去照搬苏联搞社会主义的模式，带来很多问题。我们很早就发现了，但没有解决好。我们现在要解决好这个问题，我们要建设的是具有中国自己特色的社会主义。"① 在这里，邓小平明确指出了改革开放后建立的社会主义是不同于以往的模式的。改革开放以来，中国共产党对世界发展形势进行了科学分析，提出了"和平与发展"是当今时代主题的论断，在辩证把握"解放思想"与"实事求是"的关系中对社会主义进行再认识、再定位，着力解决"什么是社会主义，怎样建设社会主义"这个历史性课题，突破了传统观念的束缚和苏联模式的影响，对社会主义的认识实现了制度、政策、价值取向的有机统一，开创了中国特色社会主义，推动了科学社会主义基本原理的发展。

一、现实挑战与中国特色社会主义的提出

改革开放之初，中国共产党人对"什么是社会主义，怎样建设社会主义"的问题还缺乏系统认识。时代主题的转化、中国与世界发展的现实差

---

① 《邓小平文选》第 3 卷，人民出版社 1993 年版，第 261 页。

距、苏联解体等现实境遇要求我们开启社会主义改革，从自身国情出发开创中国特色社会主义道路，从而充分彰显社会主义的优越性。

（一）从实践出发展开对社会主义的认识

新中国成立后，中国共产党带领中国人民推进社会主义革命和建设进程，为中国特色社会主义道路的开辟奠定了政治前提与制度基础。在新中国成立初期，由于主客观条件的限制，中国共产党较为缺乏社会主义建设的经验，当时的苏联社会主义建设经验对于新中国的社会主义建设产生了较大影响。尽管借鉴了苏联经验后，我们在实践中取得了一些社会主义建设的成果，“一五”时期发展成就显著。但是苏联模式高度集中的政治经济体制的弊端很快暴露，对于国民经济的平衡运行与人民群众生产积极性的调动都带来了不良影响。这也启示我们，任何一种社会制度的建立都不能脱离这个国家所处的历史阶段和现实国情，必须与本国的生产力发展水平、生产关系状况、阶级结构特点、历史文化传统等相适应。简单照搬外国模式，必然要付出沉重代价。毛泽东在《论十大关系》的著作中就已经提出了“以苏为鉴”的观点，认为要找到一条符合中国情况的社会主义建设道路，但是由于受到“左”倾错误思潮的影响，突破苏联模式的任务并没有完成。尽管这一任务没有根本完成，但是却为中国特色社会主义的开创提供了思想准备。

马克思、恩格斯从来没有将他们的理论学说视为教条，而是主张在实践中对经典原理的应用“随时随地都要以当时的历史条件为转移”①，要将经典原理与特定的现实国情结合起来进行探索。邓小平强调“马克思主义必须是同中国实际相结合的马克思主义，社会主义必须是切合中国实际的有中国特色的社会主义”②，这就要求我们必须立足于中国的历史文化传统、社会主要矛盾、发展阶段、基本国情等，找到科学社会主义基本原理

① 《马克思恩格斯文集》第2卷，人民出版社2009年版，第15页。

② 《邓小平文选》第3卷，人民出版社1993年版，第63页。

同中国具体实际相结合的最佳结合点，推进社会主义事业发展。在中共十一届三中全会之后，中国共产党人通过对“什么是社会主义，怎样建设社会主义”问题的破解开启了中国特色社会主义的进程。

（二）根据时代主题的变化推进社会主义道路

每个时代都有其特定的时代主题与历史任务，而时代主题随着国际形势的变化而变化。正确把握时代主题及其变化，对于社会主义事业的发展具有重要意义。20世纪七八十年代，世界形势开始发生了重大变化，形成了有利于维护和平、促进发展的趋势。邓小平在科学把握世界发展大势的基础上，提出了“现在世界上真正大的问题，带全球性的战略问题，一个是和平问题，一个是经济问题或者说发展问题”①，从而明确了和平与发展的中心任务。中共十三大把邓小平的这一观点概括为“和平与发展是当代世界的主题”。时代主题的变化为中国特色社会主义的开创与发展提供了重要依据，相应也要推动社会主义工作重点的转变，即“从以阶级斗争为纲转到以发展生产力为中心，从封闭转到开放，从固守成规转到各方面的改革”②，从而不断激发社会主义的活力。这一时期新科技革命的发展、经济全球化趋势的彰显也对中国特色社会主义的发展提出了新的要求，中国共产党必须要用开放的眼光、全球的视野来谋划中国的发展。这就要求我们在推进社会主义道路的过程中积极吸收国外发展的有益成果，通过对外开放和国际合作迅速赶上时代发展，缩短中国同世界先进水平的差距。

（三）逐步体现社会主义的优越性

运用公有制、计划经济、按劳分配等方式开展社会主义建设，是很多社会主义国家在建国之初采取的做法，这种做法能够迅速地积蓄起国家发展的力量，在特定的历史阶段有其合理性与必要性。但是随着历史条件的

① 《邓小平文选》第3卷，人民出版社1993年版，第105页。

② 同上书，第269页。

变化，这种做法的弊端也会逐渐暴露，并制约社会主义的发展。

1978 年前后，一些党和国家领导人带团赴西欧、日本等地进行考察，认识到了中国与世界发展的客观差距，普遍认识到要加快中国的发展，缩小同发达国家的差距，体现出社会主义的优越性，为开创中国特色社会主义事业积累了思想上的共识。邓小平在会见捷克斯洛伐克总理时提出“我们也在搞社会主义，但事实上不够格”①，表明了当时的社会主义生产力水平还比较落后，社会主义相对于资本主义的优越性还没有显现，因此要以经济建设为中心，大力发展生产力，逐步体现社会主义的优越性。但是社会主义社会发展是一个循序渐进的过程，必须遵循特定发展阶段的条件。这就决定了中国共产党在推进中国特色社会主义道路时，不能一味地追求大而全，而是要在以经济建设为中心的前提下，统筹推进经济、政治、文化、社会、生态文明建设，妥善处理好改革发展稳定的关系。只有在社会主义初级阶段，遵循经济规律，建立与之相适应的各项制度体系，从而在动态的发展过程中不断推动社会主义社会的发展完善，最终实现经济社会发展水平与人民生活水平的提高，体现社会主义制度的根本优越性。

（四）审慎推进社会主义社会改革

恩格斯指出，“‘社会主义社会’不是一种一成不变的东西，而应当和任何其他社会制度一样，把它看成是经常变化和改革的社会”②，明确了对待社会主义社会发展的辩证态度。一方面，社会主义社会作为人类社会发展的一个特定阶段，同其他社会形态一样，它的发展有其自身的特点和规律，不能简单地理解为一成不变、凝固不动的；同时，社会主义社会又不同于其他社会形态，它的变化和改革不是自发的，而是自觉的，是以发展生产、不断满足人民群众日益增长的物质文化需要为目的的。另一方

① 《邓小平文选》第 3 卷，人民出版社 1993 年版，第 225 页。

② 《马克思恩格斯文集》第 10 卷，人民出版社 2009 年版，第 588 页。

面，社会主义社会的改革必须坚持社会主义的性质和方向，必须以马克思主义为指导，必须有利于巩固和发展社会主义制度，决不能偏离社会主义轨道、改变社会主义方向。社会主义苏联模式的经验与教训也有着深刻启示，即不能对社会主义社会持有一成不变的态度，而要与具体的时空条件相结合推动社会主义社会的改革，从而使社会主义能够不断焕发出新的生命力。但同时，要审慎把握社会主义改革的性质。在 20 世纪七八十年代，苏联共产党展开了对苏联模式的改革，但由于在改革过程中采取了一些背离马克思主义基本原理、社会主义性质的做法，最终导致改革的失败。因此，社会主义社会不随着具体时空条件的变化改革不行，但是改革背离了社会主义性质也不行。这就要求中国共产党人在开拓中国特色社会主义的过程中，不断提升执政能力与执政水平，审慎把握社会主义改革的力度与范围，平稳推进社会主义事业的发展。

综上所述，改革开放以来，中国共产党人实事求是地总结中国社会主义建设的历史经验，提出一系列新思想、新观点、新论断，开创性地回答了在中国这样一个经济文化比较落后的国家如何建设社会主义、如何巩固和发展社会主义的一系列基本问题，推动了中国特色社会主义道路的发展，丰富和发展了科学社会主义理论体系。

二、中国特色社会主义的创新性贡献

（一）社会主义本质论

以邓小平、江泽民、胡锦涛同志为主要代表的中国共产党人依据科学社会主义基本原理，对“什么是社会主义”这一问题作出了系统回答，论述了社会主义的本质。之前的马克思主义者都是明确了社会主义的基本特征，没有提出“社会主义本质”这一概念，但是，他们对社会主义基本特征的描绘为中国共产党人提出社会主义本质论奠定了基础。

1. 社会主义本质论

搞清楚什么是社会主义，是坚持和建设社会主义的前提。邓小平通过总结中国和世界社会主义建设的经验与教训，指出最重要的经验教训是要搞清楚“什么是社会主义，如何建设社会主义”[①]，进而对社会主义的本质作出了一系列的论述。

对邓小平社会主义本质论的理解不能仅仅围绕1992年的“南方谈话”展开，必须对邓小平探索社会主义的历程作整体性把握。第一，明确了社会主义的两条标准。1980年，邓小平会见几内亚总统杜尔时指出，“讲社会主义，首先就要使生产力发展，这是主要的。只有这样，才能表明社会主义的优越性。社会主义经济政策对不对，归根到底要看生产力是否发展，人民收入是否增加。这是压倒一切的标准”[②]。这明确了生产力的发展和人民生活水平的提高是社会主义的两条标准，是社会主义优越性的体现。第二，明确了社会主义的原则。1990年邓小平与几位中央负责同志谈话时提出了“社会主义原则，第一是发展生产，第二是共同富裕”[③]。这是对社会主义本质认识的进一步深化，这两个原则是相互统一的。发展生产是为人民生活水平的提高奠定物质基础；社会主义是人民生活水平的提高与共同富裕。第三，最终在1992年南方谈话中，邓小平指出了“解放生产力，发展生产力，消灭剥削，消除两极分化，最终达到共同富裕”[④]就是社会主义的本质。只有将邓小平探索社会主义本质论中提出的诸如“社会主义优越性”“社会主义原则”“社会主义本质”等概念，置于整体性的统一理解中，才能完整地领会邓小平的“社会主义本质论”的思想实质。

其一，邓小平的“社会主义本质论”明确了社会主义的物质基础、生产关系和价值目标。（1）从生产力这一物质基础的角度回答了“什么是社会主义”。共产主义是建立在坚实的物质基础之上的，社会主义承担着为

① 《邓小平文选》第3卷，人民出版社1993年版，第116页。

② 《邓小平文选》第2卷，人民出版社1994年版，第314页。

③ 《邓小平文选》第3卷，人民出版社1993年版，第172页。

④ 同上书，第373页。

实现共产主义创造物质基础的使命。邓小平对此的理解是："社会主义的任务很多，但根本一条就是发展生产力，在发展生产力的基础上体现出优于资本主义，为实现共产主义创造物质基础。"① 邓小平曾经强调说我们的社会主义还"不够格"，这个"不够格"指的是不够生产力的格，社会主义相较于资本主义的优越性还未凸显，因此社会主义要大力解放与发展生产力。正是基于此，邓小平将生产力置于社会主义本质的基础地位，使社会主义实践恢复到真正的科学基础之上，从而彰显了社会主义生产力的功能，明确了生产力是社会主义社会发展的唯物论前提，从物质基础上回答了"什么是社会主义"。(2) 从生产关系的角度回答了"什么是社会主义"。根据马克思主义的观点，私有制是产生剥削的根源，"消灭剥削，消除两极分化"也是从根本上消除私有制，就是要全面坚持社会主义公有制。正如邓小平所说的："只要我国经济中公有制占主体地位，就可以避免两极分化。"② 所以说，社会主义必须要坚持社会主义公有制，只有这样，才能为人民平等占有生产资料、享有各项平等的经济、政治权利创造前提，才能激发起社会发展的活力，促进生产力的发展。(3) 从价值目标的角度回答了"什么是社会主义"。邓小平认为共同富裕是"社会主义财富属于人民，社会主义的致富是全民共同致富"③。因此，这就要求在社会主义发展中要处理好两对关系，一是能否同时富裕，即"先富"与"后富"的关系；二是哪些方面共同富裕，即物质财富与精神财富的关系。首先，"先富"与"后富"的关系。邓小平认为，只要坚持生产资料公有制的主体地位，只要坚持共同富裕的原则，就可以运用具体政策妥善处理好"先富"与"后富"。其次，物质财富与精神财富要共同富裕。邓小平不仅强调要发展生产力提升人民的收入水平，也提出搞社会主义精神文明，"使我们

① 《邓小平文选》第3卷，人民出版社1993年版，第137页。

② 同上书，第149页。

③ 同上书，第172页。

的各族人民都成为有理想、讲道德、有文化、守纪律的人民”[①]。这体现了邓小平高度重视物质基础发展之上的人的解放，注重人民精神生活水平的提高和道德情操的培养。此外，邓小平关于共同富裕的思想是使全体劳动者逐步实现和达到“共同富裕”，是对前人的理论上的突破和创新，这明确了贫穷不是社会主义、平均主义不是社会主义、两极分化不是社会主义，从价值目标、物质财富的占有方式上论证了社会主义对原始共产主义与资本主义的超越性。因此，邓小平的“社会主义本质论”从价值目标上回答了“什么是社会主义”。

其二，邓小平的“社会主义本质论”体现了社会主义是本质与特征的统一，生产力与生产关系的统一、目标与过程的统一。（1）本质与特征的统一。邓小平的社会主义本质论将社会主义本质与特征结合起来，将生产力置于社会主义本质的基础性地位，明晰了社会主义本质与特征的区别，实现了对社会主义认识的深化。（2）生产力和生产关系的统一。邓小平明确了社会主义的本质要求就是要发展生产力，有了高度发达的生产力，社会主义还需要有合适的生产关系。“消灭剥削，消除两极分化，实现共同富裕”属于生产关系范畴，这一论断内在地将社会主义公有制、社会主义按劳分配作为前提，只有坚持公有制和按劳分配，并使它们和生产力的发展要求结合起来，才能为实现共同富裕创造条件。（3）目标和过程的统一。邓小平的社会主义本质论是一个循序渐进、逐渐展开的论述。社会主义本质的实现，首先要解放与发展生产力，为消灭剥削关系和两极分化创造条件，才能实现共同富裕。“共同富裕”是社会主义的目标，在实现这一目标的过程中，要不断地解放与发展生产力，为实现这一目标创造条件。

综上，邓小平关于“社会主义本质”的论述虽然与马克思、恩格斯关于社会主义本质的论述不同，但是精神实质是一致的。邓小平是将生产

① 《邓小平文选》第2卷，人民出版社1994年版，第408页。

力、生产关系、价值目标三者结合起来论证社会主义的本质，为我们解答“什么是社会主义”这一重大问题提供了重要参考。

2. 进一步丰富对社会主义的认识

随着社会主义实践的不断发展，中国共产党人对社会主义本质的认识日益深化。江泽民进一步丰富了对“什么是社会主义”的认识。

第一，社会主义必须要有先进的生产力。生产力的发展要与时俱进。当时一些发达国家科技发展迅速，科技水平不断提高。社会主义国家要赶超资本主义国家、不断缩小与资本主义国家的差距，必须要提升科技水平，将科技成果转化到先进生产力水平中去。江泽民强调了生产力的基础性作用，明确了中国共产党领导的社会主义要发展先进的生产力，提升生产力发展水平，从政治与经济的角度深化了对“什么是社会主义”的认识。

第二，社会主义必须要有先进的文化。先进的文化是由先进的生产力决定的，同时也可以为生产力的进一步发展提供思想引领与科技支持。社会主义要解放和发展生产力，必须要发展先进的文化。一方面经济发展是社会发展和精神文明建设的物质基础，另一方面精神文明的进步为物质文明的发展提供了动力，这从经济基础与上层建筑相互作用的角度深化了对“什么是社会主义”的认识。

第三，社会主义必须要维护和发展好人民群众的根本利益。发展先进的生产力、先进的文化的根本目的是要不断满足人民群众的各项利益，为人民群众的全面发展创造条件。基于此，江泽民进一步提出了社会主义的本质要求是促进人的全面发展。

3. 提出人的全面发展是社会主义的本质要求

马克思、恩格斯对未来社会的设想是在共产主义高级阶段中，每个人会得到自由而全面的发展。但是在实践中，如何推动与实现这一进程，马克思主义经典作家没有提出明确的答案。随着经济社会的发展，江泽民进一步提出人的全面发展是社会主义新社会的本质要求，明确社会主义的发展“既要着眼于人民现实的物质文化生活需要，同时又要着眼于促进人民素质的提高，也就是要努力促进人的全面发展”[①]。人的全面发展是马克思、恩格斯设想的在共产主义高级阶段人的存在状态，但是把人的全面发展作为社会主义社会本质要求而提出具有很强的创新性。同时，江泽民也对人的全面发展的条件作了论述，强调了“推进人的全面发展，同推进经济、文化的发展和改善人民物质文化生活，是互为前提和基础的”[②]。这些论断从以下三方面丰富了对“什么是社会主义”本质的认识。

第一，人的全面发展原来只是共产主义社会高级阶段的特征，但现在也是社会主义社会阶段的本质特征，是社会主义的最终价值目标，这是对社会主义本质的进一步深化。这对社会主义社会中人的存在状态作了明确界定，也是划分社会主义社会与资本主义社会界限的依据。第二，推进人的全面发展以前是未来社会所具有的价值目标，现在也是建设社会主义社会的价值目标，要将实现这一价值目标与当前推进社会主义社会建设结合起来，要在更高层次上解放与发展生产力，为实现人的全面发展创造条件。第三，社会主义建设与人的全面发展互为促进。在当时的条件下，社会主义建设要在经济、政治、文化方面不断取得建设成就，即以“三个文明”为实现人的全面发展提供物质、政治和文化前提，有利于促进人民素质的提高。而人的全面发展，也为社会主义建设提供了智力支持和人力资源，有助于推动“三个文明”建设。总之，“人的全面发展是社会主义的本质要求”这一论述明确了社会主义社会中人的存在状态，论证了社会主义社会建设与人的全面发展互为条件，推动了对社会主义本质认识的深化。

4. 提出构建社会主义和谐社会

马克思、恩格斯在创立科学社会主义时，认为未来社会中阶级对立、

---

① 《江泽民文选》第 3 卷，人民出版社 2006 年版，第 294 页。

② 同上书，第 295 页。

城乡对立、脑力劳动和体力劳动的对立将不复存在。人与人之间、人与自然之间的矛盾得到“和解”，社会在整体上实现了和谐。根据经典作家的这一思想，和谐是未来社会存在的状态，是未来社会的本质特征和根本要求。在未来社会中，人与人、人与自然、人与社会之间的对立将会消失，社会在整体上实现了和谐。

胡锦涛依据中国特色社会主义事业的各项发展情况，提出了“社会和谐是中国特色社会主义的本质属性”①这一论断，将马克思主义关于未来社会的本质规定具体化到当前的中国特色社会主义社会中，是社会主义价值目标在社会层面上的反映。这一论断不仅丰富了社会主义的本质规定，而且强调了人与社会关系的统一，丰富了社会主义社会的价值目标，是社会主义价值目标在社会领域中的反映；同时将社会建设这一领域纳入社会主义建设之中，为全面建设好社会主义、解决社会主义社会中各项矛盾、实现社会主义的价值目标奠定了基础。

此外，随着中国经济发展水平的提高，一些原来没有暴露出来的问题显现出来，人民之间的利益冲突问题凸显，人与人、人与自然、人与社会问题表现得越来越复杂。基于此，党中央提出构建社会主义和谐社会的目标要求，这深化了对“什么是社会主义”的认识，推动了科学社会主义理论的发展。

（二）社会主义初级阶段论

从十月革命后列宁对社会主义发展阶段的初步探索，和后来苏联在社会主义建设中的失误，再到毛泽东对社会主义发展阶段的再探索以及探索中的失误，这一实践过程中，均不同程度地按照马克思、恩格斯的设想确立了社会主义基本制度，实行符合共产主义原则性的要求，但是却造成了一定失误。这些失误的重要原因是未能正确把握本国社会主义所处的发展阶段。中国共产党立足于中国实践，提出了“我国仍然处于并将长期处于

① 《胡锦涛文选》第2卷，人民出版社2016年版，第539页。

社会主义初级阶段”① 的重要论断，为中国建设社会主义提供了依据。

1. 社会主义初级阶段理论的形成与发展

叶剑英在庆祝中华人民共和国成立 30 周年大会上的讲话中指出，“社会主义制度还处在幼年时期”②，这是改革开放后新时期中国共产党首次对社会主义发展状态作出描述。中共十一届六中全会通过的《关于建国以来党的若干历史问题的决议》中首次提出了“我们的社会主义制度还是处在初级的阶段”这一论断，标志着中国共产党对这一问题有了初步的认识。1982 年中共十二大报告进一步指出，“我国的社会主义社会现在还处在初级发展阶段，物质文明还不发达”③，这里明确了物质文明不发达是社会主义社会初级阶段的特征，说明了划分初级阶段的标志是生产力标准。1986 年，中共十二届六中全会强调了社会主义初级阶段不仅要实行按劳分配和发展社会主义的商品经济，而且要在公有制的基础下发展多种经济成分。④ 这就明确了社会主义初级阶段的基础性作用，在此阶段上，要将“一大二公三纯”的单一所有制经济发展到以公有制为主体、多种所有制经济共同发展的基本经济制度，同时采取与之相适应的分配方式，进而鼓励一部分人先富起来，最终实现共同富裕，这将社会主义本质论与社会主义初级阶段理论有机地结合在了一起，体现了高度的理论自觉。

随着中国共产党人对社会主义认识的深化，邓小平在中共十三大召开前夕指出：“社会主义本身是共产主义的初级阶段，而我们中国又处在社会主义的初级阶段，就是不发达的阶段。”⑤ 邓小平的这一论述明确了中国

---

① 胡锦涛：《在纪念中国人民抗日战争暨世界反法西斯战争胜利 60 周年大会上的讲话》，《人民日报》2005 年 9 月 4 日。

② 《三中全会以来重要文献选编》(上)，人民出版社 1982 年版，第 220 页。

③ 《十二大以来重要文献选编》(上)，人民出版社 1986 年版，第 26 页。

④ 《改革开放三十年重要文献选编》(上)，中央文献出版社 2008 年版，第 212 页。

⑤ 《邓小平文选》第 3 卷，人民出版社 1993 年版，第 252 页。

的社会主义所处的历史阶段，为社会主义初级阶段理论的形成奠定了基础。最终中国共产党在中共十三大报告中对社会主义初级阶段第一次进行了系统论述，指出了社会主义初级阶段的两层含义。第一，我国社会已经是社会主义社会。第二，我国的社会主义社会还处在初级阶段。① 同时指出，“我国从五十年代生产资料私有制的社会主义改造基本完成，到社会主义现代化的基本实现，至少需要上百年时间，都属于社会主义初级阶段”②，交代了社会主义初级阶段的历史跨度与长期性。

江泽民在中共十五大报告上指出，“我们讲一切从实际出发，最大的实际就是中国现在处于并将长期处于社会主义初级阶段”③，要以此为依据制定基本纲领，并描绘了社会主义初级阶段的基本特征。胡锦涛重申了社会主义初级阶段的长期性，并在中共十七大报告中分析了中国在新世纪新阶段各方面的阶段性特征，对社会主义初级阶段的历史任务作出了新的分析：即一方面要解放和发展生产力，增强全社会的财富；另一方面要实现社会公平和正义，促进社会和谐。

2. 社会主义初级阶段理论的科学内涵

从社会主义社会的基本矛盾而言，这一理论从生产力、生产关系、上层建筑三位一体的角度对中国社会主义所处的历史阶段进行了定位。从生产力角度而言，中国当前的生产力水平还不够高，社会主义制度的物质基础较为薄弱，决定了中国处于社会主义的初级阶段。从生产关系角度而言，中国的剥削制度已经被消除，但是由于生产关系是建立在落后的生产力基础之上，还存在着不完善性，公有制和按劳分配虽然居于主体地位，但是多种所有制经济和多种分配形式并存的格局仍然存在。从上层建筑角度而言，虽然民主政治建设和社会主义精神文明建设取得了

① 《十三大以来重要文献选编》(上)，人民出版社1991年版，第9页。
② 同上书，第12页。
③ 《十五大以来重要文献选编》(上)，人民出版社2000年版，第14页。

一定的进展，但是社会整体的民主化水平和精神文化生活水平还不够高，还需要长期努力才能实现。社会主义初级阶段的理论，既体现生产力和生产关系之间矛盾的要求，也体现了经济基础和上层建筑之间矛盾的要求。

从唯物辩证法的角度而言，这一理论从定性和定量两个角度衡量了中国社会主义社会的发展水平。从定性角度而言，这一理论明确了中国是社会主义社会，而不是过渡时期的社会。根据马克思主义基本原理，一个社会的性质及其不同的社会发展阶段，是由这一社会内在的主要矛盾和占有统治地位的生产关系决定的。而当前的中国，社会主义制度已经建立，占统治地位的生产关系是以公有制为基础，以按劳分配为主；剥削制度被废除；坚持马克思主义在意识形态的指导地位，这些特征都鲜明地表明了中国已经进入了社会主义社会，而不是过渡性的社会主义社会。从定量角度而言，社会主义初级阶段是相对于资本主义阶段和共产主义第一阶段而言的。中国社会主义社会的整体发展水平还不够高，生产力还不发达，不仅没有达到资本主义国家的生产力的水平，也没有达到马克思、恩格斯设想的社会主义的生产力水平，是“不够格”的社会主义。不发达的社会生产力和经济发展水平决定了中国处于社会主义的初级阶段。

中国的国情决定了社会主义初级阶段具有长期性。根据马克思、恩格斯的设想，社会主义是从发达资本主义进入的，资本主义为社会主义的发展已经创造好了物质基础和技术储备，社会主义生产力水平要比资本主义更高。而中国是从半殖民地半封建社会中发展而来，生产力水平远远落后于资本主义国家。这种落后还表现在社会制度和社会生活的方方面面，比如，社会主义经济制度还不成熟，社会主义民主政治程度还不够高，还不可能完全杜绝资产阶级思想的影响，等等。可见，特殊的国情构成了中国必须经历一个很长时期的社会主义初级阶段的前提。正是在这个意义上邓小平指出：“用一百年时间把我国建设成中等水平的发达国家，那就很了不起！”[①] 应该说，邓小平的这一论述不仅考虑了现代化建设的长期性，也表明了以邓小平同志为主要代表的中国共产党人对社会主义初级阶段的长期性的审慎态度。

3. 社会主义初级阶段理论的重要意义

社会主义初级阶段的提出不仅丰富和发展了科学社会主义基本原理，也为中国共产党制定各项政策提供了依据。由此，中国共产党在基本国情的认识上形成了新的自觉，并开辟出一条适合本国国情的中国特色社会主义道路。

（1）深化了关于社会主义阶段理论的认识

社会主义发展阶段问题，苏联在社会主义建设中不仅没有解决，反而犯了脱离实际的错误。以邓小平同志为主要代表的中国共产党人通过总结历史经验教训和结合中国实践，提出了社会主义初级阶段这一理论。这一理论第一次提出和阐明了经济文化落后的国家进入社会主义后要经历的发展阶段问题，明确了生产力是社会主义阶段划分的重要标准。社会主义初级阶段理论肯定了列宁、毛泽东关于社会主义分阶段的发展思想，肯定了在这一阶段中发展商品经济的必然性和合理性，纠正了长期以来在社会主义发展阶段上的片面认识，标志着社会主义发展阶段理论逐渐转向科学。

此外，这一理论包含着对苏联社会主义建设的经验教训的总结，世界社会主义运动中要面临共性问题，即经济落后的国家进入社会主义后要经历一个不发达、不成熟的历史阶段，这个阶段要大力发展生产力。这一理论可以为其他社会主义国家发展生产力提供参考。

（2）为开辟中国特色社会主义道路提供了基础

社会主义建设具有“中国特色”的首要前提就是要明晰我们的社会主义立足在哪一发展阶段，并由此来确定社会主义的发展方向和路线。社会

① 《邓小平文选》第3卷，人民出版社1993年版，第383页。

主义初级阶段为开辟中国特色社会主义道路提供了基本依据。首先，这一理论为开拓中国特色社会主义道路提供了坐标基点，使我们明确了中国特色社会主义从哪里出发，向哪里前进。其次，一切从实际出发建设中国特色社会主义，就是要从仍处于社会主义初级阶段这个实际出发制定各项路线、方针、政策来建设社会主义，从而避免了我们的各项政策出现超越阶段、脱离实践方面的错误；同时要避免这些正确的路线、方针、政策在执行的过程中脱离实际、出现偏差，一切要从社会主义初级阶段出发。具体而言，因为中国处于社会主义的初级阶段，在坚持社会主义性质和方向的前提下，实行公有制为主体、多种所有制经济共同发展的基本经济制度，等等。

（三）社会主义经济体制的创造性发展

中国共产党人对社会主义市场经济体制的创造性发展具有较强的创新意蕴，它在理论上解决了社会主义所有制不能脱离生产力水平、社会主义要处理好和市场经济的关系等重大问题，对所有制结构、经济运行方式、分配方式进行了新的探索与突破。

1. 以公有制为主体、多种所有制经济共同发展

生产资料所有制的问题是经济制度最根本的问题。所有制作为社会经济关系的基础，是中国改革开放后经济发展的核心问题。以邓小平同志为主要代表的中国共产党人在总结中国、苏联的社会主义建设的经验教训的基础上，探索了适合中国国情的所有制结构。

第一，根据中国的生产力水平采取多种形式的所有制，允许非公有制经济的发展。在过去的历史阶段曾出现过忽视现实生产力发展水平，采取单一的公有制经济体制的情况，“多年的经验表明，要发展生产力，靠过去的经济体制不能解决问题”①。根据仍处于社会主义初级阶段的国情，中国的社会生产力水平仍然较低，且在不同地区、不同行业存在不均衡的现

---

①《邓小平文选》第3卷，人民出版社1993年版，第149页。

象。因此从历史经验维度与当前社会生产力水平较低的现实维度都决定了不可能采取单一的公有制，而要允许非公有制经济的发展。非公有制经济在一定时期内可以对社会经济的发展发挥重要作用，有利于提供资金、技术支持，调动人民参与社会主义建设的积极性，也可以解决就业问题，在当前阶段是有利于社会生产力发展的。

第二，要牢牢巩固公有制的主体地位不动摇。坚持公有制在经济成分中的主体地位，是社会主义本质在经济层面的体现。社会主义公有制为政治制度的稳定奠定了扎实的基础，只有始终坚持公有制经济的主体地位，才能排除非公有制经济对社会主义政治制度带来的冲击与威胁。此外，公有制的主体地位也是实现共同富裕的制度保证。只有坚持公有制的主体地位，才能在社会主义市场经济条件下为坚持按劳分配创造前提，才可以避免两极分化。

第三，要牢牢把握住非公有制经济的方向，是为了促进生产力的发展，推动社会主义建设。中国共产党人坚持发展非公有制经济，他们将非公有制经济的存在、作用与社会主义初级阶段不发达的生产力紧密结合在一起。在生产力水平较为落后的情况下，非公有制经济可以发挥其在技术、资金上的优势，有利于推动社会生产力的发展。同时，非公有制经济可以在一定范围内与公有制经济进行竞争，激发公有制经济的活力。加强非公有制经济的发展，要始终保证其社会主义方向，通过国家的宏观调控等手段保证非公有制经济满足社会主义政治制度、经济制度的要求，符合社会主义的价值取向。只有这样，非公有制经济才能成为“社会主义经济的有益补充，归根到底是有利于社会主义的”①。

综上可以看出，改革开放后中国共产党的领导人对所有制的思考，明确了中国发展非公有制经济的前提，构建了社会主义所有制理论创新的核心部分。

---

①《邓小平文选》第3卷，人民出版社1993年版，第373页。

2. 社会主义市场经济

社会主义与市场经济的关系问题，是科学社会主义发展史上争议颇多的问题。在改革开放以前，由于没有突破传统观念的束缚，对这一问题的解决最多只是加强一些市场调节的力度和作用，而不可能突破计划经济的框架。改革开放后，以邓小平同志为主要代表的中国共产党人在科学把握社会主义本质和社会主义初级阶段国情的基础之上，对市场经济与社会主义的关系作了卓有成效的探索。

（1）观念突破：社会主义可以搞点市场经济

邓小平在改革开放之初就系统地回答了社会主义可以搞市场经济的问题，他指出："我们是计划经济为主，也结合市场经济，但这是社会主义的市场经济。"①这一论断肯定了市场经济在社会主义条件下的重要作用，对于理论探索和改革进程都起到了非常重要的作用。1987 年中共十三大召开前，邓小平进一步指出："计划和市场都是方法嘛。只要对发展生产力有好处，就可以利用。"②这明确了市场经济只要可以促进社会主义生产力的发展，是可以推行的。

邓小平突破了过去将计划经济和市场经济等同于社会制度的观念，明确了它们都是经济手段，这为社会主义市场经济理论的提出奠定了基础。改革开放后，邓小平关于市场经济的一系列论述，都是将其置于"市场调节""市场手段"这一意义上来使用的，他关键的着眼点是以什么方式来推动社会主义生产力的发展，使社会主义能焕发出优越性。所以，邓小平多次强调资本主义也有计划、社会主义也有市场，计划与市场对经济活动的调节各有长处，都可以拿来为社会主义服务。邓小平关于社会主义可以搞市场经济的观念突破，使长期以来附加在市场经济范畴上的社会制度属性的误解得以消除，恢复了市场经济作为资源配置手段的本来面目。这就

① 《邓小平文选》第 2 卷，人民出版社 1994 年版，第 236 页。

② 《邓小平文选》第 3 卷，人民出版社 1993 年版，第 203 页。

为从根本上破解社会主义不能搞市场经济的思想禁区扫除了障碍，使社会主义市场经济建立在科学的基础之上。

（2）关键：市场经济应该服务于社会主义

市场经济本身不体现社会基本经济制度的本质特征，但是它与社会主义制度相结合形成的社会主义市场经济体制则必须要体现社会主义的特征。邓小平曾经指出，衡量社会主义市场经济是否违背了社会主义原则主要的判断标准是两条，“一条是公有制经济始终占主体地位，一条是发展经济要走共同富裕的道路，始终避免两极分化”①。也就是说，社会主义市场经济不仅要与社会主义制度相结合，充分发挥社会主义制度的优越性，又要充分利用市场在配置资源中的作用，促进生产力的发展。

所有制决定着市场经济的特点。虽然中国进入了社会主义初级阶段，但是生产力水平还不够高，因此不可能实行单一的公有制，必须有与多层次生产力水平相适应的非公有制经济作为补充。正是基于马克思主义关于生产力和生产关系相适应的基本原理，我们党才提出并建立了公有制为主体、多种所有制经济共同发展的基本经济制度。

社会主义市场经济与资本主义市场经济是市场经济与两种不同社会制度的结合，市场经济与不同的社会制度相结合就会呈现出不同的特征。社会主义市场经济中，市场经济是与社会主义制度结合在一起的，就必然要受社会主义制度的制约，就要反映社会主义制度的规律与要求。市场经济与社会主义结合最重要的就是两个方面，一个是要与作为主体的公有制相结合；一个是要以实现共同富裕为目标，离开了任何一个都不是社会主义市场经济。正是因为社会主义制度与市场经济有机结合，才使社会主义市场经济没有偏离社会主义的方向。

（3）难点：社会主义市场经济的二重性分析

第一，社会主义市场经济在生产目的上具有二重性。社会主义市场经

---

①《邓小平文选》第3卷，人民出版社1993年版，第149页。

济作为社会主义经济的运行机制，必然会受到社会主义制度的制约，服从社会主义的生产目的。在当时，社会主义的生产目的是满足人民日益增长的物质文化需要；而市场经济的生产目的是交换、创造价值。因此，社会主义市场经济在生产目的上的二重性之间会存在一定的矛盾，需要加以重视和解决。

第二，社会主义市场经济在发展取向上具有二重性。社会主义市场经济是建立在中国公有制为主体、多种所有制经济共同发展的基本经济制度上的，这就客观包含了两个不同的发展取向。公有制经济为主体的发展取向要求解放和发展生产力，实现共同富裕。非公有制经济为主体的发展取向，其中有的是和中国社会主义发展要求一致的，如平等、互利、效率等；但有的也是不一致的，如唯利是图、金钱至上、重视个人忽视社会，等等。

正是由于社会主义市场经济机制存在二重性，必须要以社会主义的基本经济制度、分配制度为支撑以及采取宏观调控等措施，使社会主义市场经济朝向有利于社会主义生产力的方向发展。

（4）核心：实行社会主义市场经济体制必须将社会主义的优势与市场经济的长处有机结合

社会主义市场经济的二重性决定了在社会主义市场经济体制运行的过程中，要充分发挥社会主义与市场经济的长处，同时克服市场经济的不足。邓小平强调，搞市场经济，也要有宏观管控。政府的宏观调控可以立足全局，从整体与全局的角度对社会资源进行合理配置，克服企业和市场的局限性和盲目性。江泽民也强调："建立社会主义市场经济体制，必须从充分发挥市场机制作用和加强宏观调控这两个方面共同努力。"① 而要将两者有机地结合，充分发挥社会主义市场经济制度的制度效能具体要做到：

① 《十四大以来重要文献选编》(上)，人民出版社 1996 年版，第 555 页。

第一，坚持将社会主义市场经济与社会主义基本经济制度相结合。一方面，社会主义市场经济中要体现公有制的主体地位，发挥国有经济的主导作用，这是社会主义市场经济的根本特征，也是其与资本主义市场经济的主要区别；另一方面，社会主义市场经济不排斥非公有制经济，还会为非公有制经济的发展提供制度保障，激发非公有制经济的活力。只有这样，才能始终坚持社会主义的方向，避免私有化倾向，进而滑向资本主义。社会主义市场经济是在公有制的基础上形成和发展起来的，要为巩固和发展社会主义事业服务。

第二，坚持将社会主义市场经济与社会主义分配制度结合在一起。一方面，社会主义市场经济中要坚持按劳分配，体现社会主义的本质，这也是社会主义市场经济中的基本特征，是区分其与资本主义市场经济的重要标志；另一方面，市场经济决定了其要按照生产要素分配，初次分配要照顾到公平和效率的统一。只有这样，才能保障人民收入和生活水平的提高，使国家利益与个人利益达到统一，同时使收入差距控制在一定范围内，为实现共同富裕创造条件。

第三，坚持将社会主义市场经济与国家的宏观调控紧密结合。邓小平的思路不仅是要“发挥社会主义制度能够集中力量办大事的优势”①，也要发挥社会主义和市场经济两种优势的合力，“一个是宏观要控制得好，一个是微观要真正放得开”②。社会主义市场经济的宏观调控明显区别于计划经济主要运用行政手段的宏观调控，社会主义市场经济中主要是利用经济手段来调控，且政府的调控主要集中于宏观经济领域，始终确保社会主义的方向；微观经济活动则主要是由市场调节。此外，由于社会主义市场经济是以公有制为基础，政府掌握了坚实的物质和技术基础，有能力将调控措施执行到位，使宏观调控发挥作用，从而避免西方资本主义市场经济的

① 《邓小平文选》第 3 卷，人民出版社 1993 年版，第 377 页。

② 《邓小平年谱（1975—1997）》（下），中央文献出版社 2004 年版，第 1346 页。

弊端。

第四，坚持将社会主义市场经济与社会主义精神文明相结合。在市场经济条件下，市场作为资源配置的手段，必然要追求利益的最大化，金钱至上、唯利是图的现象时有发生。因此，要将社会主义市场经济与社会主义精神文明相结合，提升人民的思想道德水平，抵制极端个人主义、拜金主义、消费主义等各种不良思潮。

综上，市场经济在社会主义社会中就是运用市场的手段来配置资源，但是由于其隶属于社会主义社会，因此，其与资本主义在性质、服务对象、价值取向上有着根本的不同，社会主义市场经济“归根到底是社会主义的，是社会主义社会的”①。社会主义市场经济通过以公有制为主体、加强宏观调控等措施，克服市场经济的局限性，从而保证市场经济为社会主义服务。

3. 以共同富裕为目标进行分配

分配问题是社会主义建设中的一个核心问题。马克思主义创始人确立了未来社会是根据生产力发展程度实行按劳分配和按需分配的原则。在中国社会主义建设初期，由于受到生产力水平落后和消费品处于短缺状态的影响，按劳分配在实践中没有很好地执行下去。因此，在实践中如何运用合理的分配方式，既体现出社会主义的本质要求，也能充分调动劳动者个人的积极性，是中国共产党人需要解决的问题。

中国共产党对分配问题的探索与经济所有制、经济运行体制结合在一起。邓小平始终强调，在改革的过程中，要以经济建设为中心，在所有制问题上要在发展过程中充分利用各方面的资源，激发出非公有制经济的活力，在分配问题上，要允许通过诚实劳动拉开差距，以调动企业和个人的积极性，即“改革首先要打破平均主义，打破‘大锅饭’”②。同时，他提

① 《邓小平文选》第2卷，人民出版社1994年版，第236页。

② 《邓小平文选》第3卷，人民出版社1993年版，第155页。

出了共同富裕的目标。总体上而言，邓小平是把现实条件下发展经济的优先原则与共同富裕的未来目标紧密结合在一起，将分配制度建立在促进生产力完善的基点之上。随着改革开放的深入，中国社会物质财富日益丰富，城乡差距、居民收入差距问题凸显，邓小平更加强调要以分配手段防止两极分化的出现。可以看出，邓小平对分配制度的设计始终以坚持按劳分配为目标，反对两极分化。这一设计最终为我们确立按劳分配为主体、多种分配方式并存的分配制度提供了指导。

中共十五大提出在社会主义初级阶段实行按劳分配为主体的同时，应允许和鼓励资本、技术等生产要素参与分配的观点。中共十六大进一步提出要“确立劳动、资本、技术和管理等生产要素按贡献参与分配的原则”，完善了按劳分配为主体，多种分配方式并存的分配制度。中共十七大则把这一分配方式正式确立为制度目标，提出要“健全劳动、资本、技术、管理等生产要素按贡献参与分配的制度”①。

未来社会之所以能够实现人的自由全面发展，根本原因就是生产力高度发达，实现了生产资料的社会共同占有。在社会主义初级阶段，为了促进生产力的发展，实现社会主义市场经济和推行非公有制经济的发展，允许一小部分人因占有生产要素而获益。但是要把收入差距控制在一定范围内，则必须要坚持公有制为主体，实行以按劳分配为主的分配方式。这也正是中国共产党人始终坚持将公有制与共同富裕作为社会主义不可分离的原则的题中之义。

4. 中国特色社会主义经济体制的重要意义

第一，突破了传统观念的束缚，推动了科学社会主义基本原理的发展。社会主义市场经济理论的提出，突破了传统的思想观念，标志着人们对社会主义经济关系的认识提高到了一个新的水平，推动了中国社会主义

---

① 田克勤、李婧：《邓小平与中国特色社会主义》，中国人民大学出版社 2016 年版，第 230 页。

市场经济体制的建立。社会主义市场经济理论把“计划”和“市场”都作为经济运行的手段，而不再当作是区分社会主义和资本主义的本质特征。这一理论创新解除了长期以来抽象地争论姓“资”姓“社”的束缚，促进了思想解放。

第二，突破了传统的社会主义计划经济体制、所有制模式和分配制度，有利于推动中国特色社会主义建设。在以往的社会主义计划经济中，国家对企业统一指导，容易造成资源的不合理配置和效率的低下。中国特色社会主义经济体制的确立是对传统社会主义计划经济体制和资本主义市场经济体制的超越，是一种全新的创造，其不仅激发了社会主义的生产力，也有利于人民生活水平的提高，彰显了社会主义制度的优越性。

（四）从“两个文明”到“三个文明”

1. 建设社会主义精神文明

改革开放之后，中国共产党人从唯物史观出发，在把握物质文明建设和精神文明建设的辩证关系中，论述了社会主义精神文明建设的重要性，提出了建设社会主义精神文明。

（1）从社会主义本体论上明确了社会主义精神文明是社会主义的重要特征

第一，明确了社会主义精神文明是社会主义社会的重要组成部分。1981 年，中国共产党提出了“社会主义必须有高度的精神文明”① 的论断。社会主义社会作为一种社会形态，必然包含经济、政治、文化三大部分，其中经济发挥决定作用，影响着政治和文化；政治是经济的表现，可以为经济和文化提供保证；文化反映了经济和政治，并对其有反作用。这三方面相互影响，共同推动着社会的进步。所以社会主义必须要有精神文明这一范畴。因此，社会主义社会虽然要注重社会生产力的发展，但是仍然要

① 《中国共产党中央委员会关于建国以来党的若干历史问题的决议》，人民出版社 1981 年版，第 57 页。

有高度发达的精神文明，这样才是合格的。同时，从社会主义生产的目的来看，社会主义要通过精神文明满足人民的文化需要。从社会主义的本质来看，社会主义要逐步走向共同富裕，这个共同富裕包括物质财富的丰富与精神财富的丰富，两者缺一不可。只有两个文明都搞好，才是中国特色社会主义。

第二，明确了社会主义社会区别于其他社会形态的标志。中共十二大报告将社会主义精神文明视为“社会主义制度优越性的重要表现”①。社会主义精神文明建立在社会主义制度之上，必然会受到社会主义制度的制约，体现社会主义制度的价值取向和优越性。如：集体主义、人的自由全面发展等。而资本主义社会由于其本质是社会生产以资本增殖为目的，所以它们不可能具备社会主义的价值取向和精神文明，它们的价值取向是个人主义、重个体轻集体等。因此，建设社会主义精神文明有利于促进巩固和发展社会主义制度，增强社会主义的生命力。

（2）从社会主义目的论上明确了加强社会主义精神文明建设的现实意义

第一，社会主义精神文明建设的目的是促进生产力的发展，推动社会主义现代化建设。社会主义精神文明可以为社会主义现代化建设事业提供正确的方向保证，抵御国外社会思潮对中国社会主义现代化建设事业的冲击，可以减轻中国的社会主义现代化建设中社会转型的“阵痛”，减轻市场经济对人民思想道德水平带来的冲击；社会主义建设需要共产主义理想、道德与社会主义精神文明的指引，这样不仅可以为社会主义建设事业凝心聚力，也可以避免社会主义走弯路。

第二，社会主义精神文明建设的根本目标是促进人的全面发展。邓小平指出，“建设社会主义的精神文明，最根本的是要使广大人民有共产主

① 《十二大以来重要文献选编》(上)，人民出版社 1986 年版，第 26—27 页。

义的理想，有道德，有文化，守纪律”①。人民群众是社会主义现代化建设的主体，社会主义精神文明建设就是要为中国的现代化事业提供思想保证与智力支持。这一关键就是要培育社会主义新人，提升中华民族的素质。各国现代化的竞争，归根到底是高素质人才的培养和竞争。以江泽民同志为主要代表的中国共产党人在坚持这一论述的基础上，提出“我们要在发展社会主义物质文明和精神文明的基础上，不断推进人的全面发展”②，也就是说，社会主义精神文明建设不断为人的全面发展创造了条件，体现了中国特色社会主义建设重视人的因素，体现了社会主义基本制度对全体公民的思想觉悟、道德水准、科学素养、精神状态的要求。

（3）社会主义精神文明丰富和发展了科学社会主义基本原理中关于社会主义文化的认识

第一，将社会主义精神文明建设置于社会主义事业存亡的高度。物质文明和精神文明的发展程度，共同标示着人类社会文明的发展阶段。中国共产党人强调要将精神文明与物质文明并重，这“将关系到社会主义的兴衰和成败”③。在社会主义的文明体系中，物质文明和精神文明的发展与进步是社会主义社会发展的基础。在社会主义社会建设中，物质文明发展与精神文明建设缺一不可，否则都会影响到中国特色社会主义事业的存亡与兴衰。社会主义的优越性“不仅表现在它能够极大地解放和发展社会生产力，创造出高度的物质文明，而且表现在它能够消除资本主义和其他剥削制度所必然产生的种种贪婪和腐败现象”④。因此，中国共产党人不仅提出了重视科教事业，还提出了社会主义核心价值体系这一“兴国之魂”，以主导社会主义社会的思想与行为引领，把握社会主义的发展方向。

① 《邓小平文选》第3卷，人民出版社1993年版，第28页。
② 《江泽民文选》第3卷，人民出版社2006年版，第294—295页。
③ 《改革开放三十年重要文献选编》（上），中央文献出版社2008年版，第273页。
④ 《江泽民文选》第1卷，人民出版社2006年版，第357—358页。

第二，从唯物史观角度把握了社会主义物质文明和精神文明建设之间的关系。“物质生活的生产方式制约着整个社会生活、政治生活和精神生活的过程”①，即物质生产状况决定着精神生产状态。物质文明发展水平的高低决定着精神文明发展水平的高低；精神文明反映了物质文明的发展程度，同时也会通过一定的途径转化为现实的社会生产力，从而促进物质文明的发展和社会的进步。也就是说，社会主义物质文明和精神文明是相互依存和相互转化的，必须要注重两者的协调发展。

第三，丰富和发展了科学社会主义理论。马克思主义经典作家虽没有明确将社会文明划分为物质文明和精神文明，也没有直接提出社会主义精神文明，但是他们的一些论述却为中国特色社会主义精神文明建设思想的提出提供了参考和依据。社会主义精神文明建设是社会主义建设的重要组成部分，它强调社会主义社会要有高度发达的物质文明和精神文明，明确了社会主义建设的目标和方向，体现了中国共产党人对“什么是社会主义，怎样建设社会主义”这一问题的认识更为深入，推动了科学社会主义的发展。

2. 建设社会主义政治文明

改革开放以来，中国共产党人在解决“什么是社会主义，怎样建设社会主义”这个历史性课题时，提出了“建设社会主义政治文明”这一新论断，从理论和实践的结合中第一次初步回答了中国如何建设社会主义民主政治的问题，深化了对社会主义文明的认识。江泽民在2002年“5·31”重要讲话中正式提出“社会主义政治文明”，他指出：“发展社会主义民主政治，建设社会主义政治文明，是社会主义现代化建设的重要目标。”②毛泽东、邓小平等人在社会主义建设实践中对政治建设的探索为中国特色社

① 《马克思恩格斯文集》第2卷，人民出版社2009年版，第591页。

② 《江泽民论有中国特色社会主义》(专题摘编)，中央文献出版社2002年版，第304页。

会主义政治文明建设的提出提供了理论依据与实践基础。

（1）社会主义政治文明建设的目的：发展社会生产力，促进人的自由全面发展

改革开放以来，中国共产党历届领导人均强调了加强政治建设与社会主义建设的重要关系，如“没有民主……就没有社会主义的现代化”[①]“发展社会主义民主政治……是全面建设小康社会的重要目标”[②]这一系列的论述体现了中国共产党人并不是单独就社会主义政治文明而谈政治文明，而是将建设社会主义政治文明与发展社会主义紧密结合起来。

第一，明确了社会主义政治文明建设是实现社会主义现代化的重要政治保障。社会主义民主政治的发展与社会主义现代化事业的实现密不可分，只有这样才能为社会主义基本制度提供政治保障，促进经济秩序的平稳运行，推动中国特色社会主义事业的发展，进而实现现代化。

第二，明确了社会主义政治文明建设是促进人的全面发展的重要渠道。一方面，社会主义政治文明建设可以为切实保障人民群众的利益提供政治保障，能够体现社会主义的优越性；另一方面，随着改革开放进程的深入，中国共产党将培育公民的政治意识作为社会主义政治文明建设的重要手段，鼓励群众参政议政，积极参加基层选举，培育公民的政治责任感和法治精神。因此，社会主义政治文明建设可以保障公民的切实利益与培育公民意识，这有利于促进人的解放，推动人的自由全面发展。

（2）社会主义政治文明建设的重要内容

第一，从社会主义本体论的角度论民主。在改革开放伊始，邓小平就提出“没有民主就没有社会主义”[③]，这一观点和马克思主义创始人的思想高度一致。马克思、恩格斯在创立科学社会主义之时，就通过批判资产阶

①③ 《邓小平文选》第2卷，人民出版社1994年版，第168页。

② 江泽民：《全面建设小康社会　开创中国特色社会主义事业新局面——在中国共产党第十六次全国代表大会上的报告》，《人民日报》2002年11月18日。

级民主理论，创立了无产阶级民主理论，明确指出，“工人革命的第一步就是使无产阶级上升为统治阶级，争得民主”①，这明确了社会主义革命的目的是争得民主，同时指出要以民主为手段建立和巩固社会主义社会。邓小平的这一论断更鲜明地指出了民主与社会主义的关系。在新的历史条件下，这一论断揭示了民主与社会主义之间的内在联系，旗帜鲜明地指出了民主是社会主义的内在要素，缺少民主的社会形态不是社会主义，这为人民当家作主的社会主义制度的建立提供了更为充足的理论根据。值得一提的是，中国民主指的是实质民主，即切实保障人民群众的各项权益。

第二，不断推动社会主义民主制度化。改革开放以来，中国共产党人始终强调“加强社会主义法制，使民主制度化、法律化”②，提出并实施“依法治国”的战略，保障人民当家作主。这就不断推动法律、制度定型，促进中国特色社会主义民主政治的成熟。同时，将党的领导、人民当家作主、依法治国三者之间的关系有机统一了起来，从法律和制度上保障了党的路线、方针、政策的贯彻与实施，确保了人民的各项利益由法律和制度保障。

第三，政治体制改革要处理好政治稳定与经济发展的关系。在社会主义建设中，经济的发展对政治建设提出了新的要求，要处理好政治稳定和经济发展的关系。加强社会主义民主政治建设，推进政治体制改革的重要目的是要解决好其与社会主义经济发展之间的张力制约关系，破解经济发展中的政治机制束缚，激发经济活力。邓小平指出，“我们所有的改革最终能不能成功，还是决定于政治体制的改革”③，这明确了政治体制改革是社会主义改革的关键。中国共产党人在建设社会主义政治文明中，始终坚持将其与社会主义基本经济制度相结合，处理好政治稳定与经济发展的关系，以民主政治保障经济平稳发展，以经济发展保障民主政治建设，以推

① 《马克思恩格斯文集》第 1 卷，人民出版社 2009 年版，第 685 页。

② 《三中全会以来重要文献选编》(上)，人民出版社 1982 年版，第 11 页。

③ 《邓小平文选》第 3 卷，人民出版社 1993 年版，第 164 页。

动中国特色社会主义的平稳发展。

（3）社会主义政治文明建设的重要意义

① 坚持和发展了无产阶级专政学说

无产阶级专政学说是科学社会主义的重要内容。邓小平曾指出："毛泽东同志说过，对人民内部的民主方面和对反动派的专政方面的互相结合，就是人民民主专政。这实质上也就是无产阶级专政，但是人民民主专政的提法更适合于我们的国情。"[①] 毛泽东虽然提出了人民民主专政这一先进理念，但是他没有明确论及"人民民主专政"是否可以等于"无产阶级专政"。邓小平从中国的实际国情出发，对人民民主专政给予了肯定，明确了其就是中国版的"无产阶级专政"。中国共产党人在实践中进一步巩固和发展了人民民主专政，坚持和发展了无产阶级专政学说。

邓小平指出："无产阶级作为一个新兴阶级夺取政权，建立社会主义，本身的力量在一个相当长时期内肯定弱于资本主义，不靠专政就抵制不住资本主义的进攻。"[②] 邓小平将"坚持无产阶级专政"上升到"四项基本原则"的高度，视为"实现四个现代化的根本前提"[③]。明确了坚持人民民主专政的重要性。坚持人民民主专政，有利于加强社会主义意识形态建设，推进改革开放，发展生产力，直至消灭私有制、消灭剥削、消除两极分化，为实现共产主义创造政治条件。这体现了科学社会主义的本质要求。

② 丰富了社会主义文明的整体性、系统性、目的性的认识，推动了科学社会主义基本原理的发展

"社会主义政治文明"的提出体现了中国共产党人对社会主义社会发展规律认识的深化，从理论上回应了社会主义建设的实践对政治文明方面的要求。

第一，深化了对社会主义文明的整体性认识。改革开放以来，对社会

① 《邓小平文选》第 2 卷，人民出版社 1994 年版，第 372 页。

② 《邓小平文选》第 3 卷，人民出版社 1993 年版，第 365 页。

③ 《邓小平文选》第 2 卷，人民出版社 1994 年版，第 164—165 页。

主义文明的认识主要是从物质文明和精神文明两个维度展开，对政治建设的成果总结概括得较少。“社会主义政治文明”更清晰地明确了社会主义制度的文明属性，进一步丰富了社会主义文明的整体结构，表明了中国共产党对人类社会发展规律认识的深化。

第二，深化了对社会主义文明的系统性认识。中国共产党人不仅提出了社会主义的“三个文明”，而且论述了“三个文明”之间的关系。物质文明决定着政治文明和精神文明的发展，可以为政治文明和精神文明提供物质支持；政治文明和精神文明对物质文明发展具有反作用，政治文明可以为物质文明和精神文明提供稳定的政治保障，精神文明可以为物质文明和政治文明提供思想引领与智力支持。

第三，深化了对社会主义文明的目的性认识。社会主义物质文明、精神文明、政治文明建设是围绕着社会主义现代化进行的。中共十六大将“三个文明”视为全面建设小康社会的重要目标，这为社会主义建设提供了新的标准和目标。从理论上而言，社会主义社会必须要有发达的物质文明、精神文明、政治文明，三者缺一不可，体现了中国共产党人对社会主义认识的深化。从实践上而言，社会主义文明更加丰富，不仅可以推动中国特色社会主义的发展，也为人的自由全面发展创造条件。

（五）从“三位一体”到“五位一体”

中共十六大上提出了将社会更加和谐作为中国共产党奋斗的重要目标。中共十六届四中全会提出了构建社会主义和谐社会的任务，中国特色社会主义事业的总体布局“发展为社会主义经济建设、政治建设、文化建设、社会建设四位一体”①。中共十八大报告首次提出了“五位一体”总体布局。这推动了对“什么是社会主义、怎样建设社会主义”这一问题认识的深化，推动了科学社会主义的新发展。

---

① 胡锦涛：《在省部级主要领导干部提高构建社会主义和谐社会能力专题研讨班上的讲话》，《人民日报》2005 年 6 月 27 日。

1. 从社会层面深化了对社会主义的认识

（1）构建社会主义和谐社会的重大意义

第一，深化了对社会主义本质的认识。由于前文在社会主义本质论这一节已经对此有所交代，这里就不再赘述。

第二，在并列与包含的关系中把握“社会”在社会结构中的位置。在社会主义社会中，社会与经济、政治、文化既有并列关系，也有包含关系。一方面，从并列关系而言，社会主义现代化需要这几方面协调发展。另一方面，从包含关系而言，在社会主义社会，这几方面都要和谐发展，缺一个则不是社会主义社会。由“三位一体”到“四位一体”的转变，体现了中国共产党对社会发展、民生事业的重视，是对社会主义建设规律的深化。

第三，反映了中国共产党对社会主义价值的新思考。中国共产党对社会主义社会建设不断完善的过程，也是其对社会主义价值理念认识不断深化的过程。社会主义和谐社会是中国共产党对社会主义发展理念的新思考，将自由人的联合体、人的自由发展与“和谐”相对接，为中国特色社会主义建设提供精神动力与相应支撑，促进社会发展与人的解放，是科学社会主义的时代升华。

第四，以和谐社会推动小康社会建设。和谐社会是针对中国社会转型期矛盾凸显、社会发展面临的重大问题而提出的，旨在处理好社会转型过程中的矛盾和问题，妥善协调各方关系，促进社会和谐发展。同时，构建社会主义和谐社会也是建设小康社会的重大现实课题，应当据此制定阶段性的目标和任务。

（2）辩证把握了小康社会与社会主义现代化的关系

1979 年，邓小平在论及国家发展、科技创新时，明确提出了“中国式的现代化”概念；同年首次提出“小康”这一概念，将“小康”与“中国式的现代化”相结合；随着社会主义建设的实践不断发展，提出了“小康社会”的概念。随后的历届中国共产党领导人均坚持和发展了“小康社会”的观点，推动着社会主义现代化的建设。对“小康社会”进行分析，是我们理解中国社会主义的一个重要途径。

① 小康社会：中国社会主义现代化的必经阶段

邓小平立足于社会主义初级阶段的基本国情，在分析国内外形势的基础上，提出了社会主义现代化建设的“三步走”战略，其中第二步就是“1991 年到二十世纪末国民生产总值再增长一倍，人民生活达到小康水平”[①]，从而将建设小康社会与实现社会主义现代化结合在一起，由现代化有一定发展的小康社会再发展到实现社会主义现代化阶段的美好社会。立足邓小平提出“三步走”的语境，当时的“小康社会”是与中国经济发展水平较为落后、人民生活水平不高的社会历史条件联系在一起的。

中国特色社会主义要经历由落后生产力向先进生产力的发展过程，这也是中国走向现代化的过程。然而，社会主义现代化建设不是一蹴而就的，要立足于中国的基本国情，分阶段、有步骤地实现。基于此，中国共产党人在领导中国人民实现现代化的过程中提出了小康社会的奋斗目标，指明了小康社会是社会主义现代化建设的必经阶段。

② 全面建设小康社会：对社会主义现代化建设的深化

“从新世纪开始，我国将进入全面建设小康社会，加快推进社会主义现代化的新的发展阶段。”[②] 这是以江泽民同志为主要代表的中国共产党人对“小康社会”认识的新发展。

第一，“全面建设小康社会”的这一提法是与社会主义发展水平联系在一起的。当时，“三步走”战略的第二步已经完成，人民生活水平已经达到总体小康，此时再提出“全面建设小康社会”是有着充分的物质基础和事实依据的。因此，从这个角度看，“全面建设小康社会”是承接“小康社会”的任务，立足于生产力水平相对发展的基础上开启社会主义现代化建

① 《十一届三中全会以来党和国家重要文献选编》，中共中央党校出版社 2008 年版，第 196 页。

② 《十五大以来重要文献选编》(中)，人民出版社 2001 年版，第 1369 页。

设的新阶段，其在现代化建设的发展程度上高于邓小平的“小康社会”。

第二，“全面建设小康社会”是对邓小平“三步走”战略的向前延伸。根据经济社会的发展水平，中共十五大在重申坚持邓小平“三步走”战略的基础上，提出了“新三步走”战略，其中第一步就是“使人民的小康生活更加宽裕”[①]，这是对邓小平“三步走”战略的向前延伸与具体化。中共十六大进一步作出了“全面建设小康社会”[②]的战略部署，坚持、丰富和发展了邓小平的“三步走”的战略。

第三，“全面建设小康社会”在社会发展水平和发展方式上要高于邓小平的“小康社会”。这不仅仅体现在人民可支配收入、生活水平的提高，更体现在社会发展方面其他的高级需要得到凸显，比如说更加注重环境保护、社会和谐，推动社会主义社会发展得更为成熟。同时，在发展方式上，更加注重科学发展、全面协调可持续发展，逐步扭转城乡差别、地区差别，构建和谐社会。

值得关注的是，中国共产党对“小康社会”的认识也是不断深化的。中共十八大首次提出了“全面建成小康社会”的任务，这也为推动中国特色社会主义的发展、促进中国的现代化事业夯实了基础。

2. 从生态层面深化了对社会主义的认识

中共十七大报告将建设生态文明列入了全面建设小康社会的目标，中共十七届四中全会将生态文明提升到与经济建设、政治建设、文化建设和社会建设同等重要的战略地位，中共十八大上提出了“五位一体”的中国特色社会主义事业总体布局。

第一，辩证把握了生态文明与其他文明的关系，深化了对社会主义的认识。在改革开放以来的社会主义建设实践中，我们在很长一段时间内重视经济的发展，而忽视了生态环境把握，导致生态环境问题日益严重，这

① 《改革开放三十年重要文献选编》(下)，中央文献出版社 2008 年版，第 891 页。

② 同上书，第 1249 页。

逐渐成为制约经济发展的重要因素。也就是说，对生态文明的忽视可能会葬送物质文明建设的成果。这一严峻的现实需要人们思考物质文明与生态文明的关系。提出建设生态文明，有利于转变经济发展方式，推动物质文明协调健康发展；同时，物质文明的持续发展又会提升生态文明的建设水平。此外，生态文明为精神文明增添了新的时代意蕴，精神文明为生态文明提供了智力支持和精神动力。政治文明为生态文明提供了政治保证，生态文明促进了政治文明的发展与完善。

第二，将生态文明定位到社会主义初级阶段。一方面，生态文明是针对社会主义初级阶段的发展问题提出的，必须根据中国发展的阶段性特征，走科学发展道路，提升生态环境治理水平。另一方面，在马克思、恩格斯描绘的理想社会中，将会达到人与人、人与自然、人与社会的高度和谐。生态文明的提出，实质上也是以马克思、恩格斯对未来社会的设想为目标，不断地解决好人与自然的关系，对建设生态文明作出社会主义的回答，超越了“先污染、后治理”的传统工业化道路。

三、社会主义的中国特色日益彰显

（一）价值目标

1. 将“生产力标准”与“人民利益标准”统一起来

唯物史观将生产力的发展作为衡量社会进步的标准。但是有一个生产力的归属问题，即生产力为谁所有，唯物史观强调人民群众得到解放“不仅仅决定于生产力的发展，而且还决定于生产力是否归人民所有”①，因此，科学社会主义要注重将“生产力标准”与“人民利益标准”相统一。这在资本主义社会是不可能做到的。只有在社会主义社会，才能在消灭私有制、消灭剥削的前提下，促进社会生产力的发展，让广大人民群众共享劳动成果。

① 参见《马克思恩格斯文集》第2卷，人民出版社2009年版，第689页。

十一届三中全会后，中国共产党历届领导人始终强调社会主义的目的是要大力发展生产力，不断提高人民的生活水平，维护人民的利益。这可以从两个方面来理解。第一，强调要注重生产力的发展。当前，中国的社会主义仍然是“不够格”的社会主义，因此要坚持把发展生产力作为首要任务，缩小与资本主义国家生产力的水平差距，体现出社会主义解放生产力的优势。在这一过程中，中国共产党人不断强调解放生产关系，以促进生产力的发展。社会主义市场经济体制的确立、社会主义政治文明的提出、社会主义“五位一体”的总布局，都是以进一步解放生产关系来促进生产力的发展。第二，强调发展、维护好人民群众的根本利益。社会主义本质论强调把共同富裕作为发展生产力的目标，“三个代表”重要思想指出中国共产党要代表最广大人民的利益，科学发展观强调以人为本，中国特色社会主义建设不仅强调调动人民群众的积极性，尊重人民群众的社会主体地位与首创精神，还强调要不断增进人民的利益，做到发展为了人民，从而为人民群众自由全面的发展、人的解放创造条件。中国共产党正是将“生产力标准”与“人民利益标准”统一起来，彰显了历史唯物论与人民主体论的统一，符合人类社会的发展规律。

2. 坚持科学发展，建设全面发展的社会主义社会

第一，坚持科学发展。社会主义建设不是毫无规律的。中国共产党人在推动中国特色社会主义建设时，立足于社会实践，把握社会主义社会的运行规律，积极吸收西方社会建设的有益成果。科学发展观的提出就是这一典范，科学发展观强调用科学的世界观、方法论来解决社会主义社会的建设问题，以推动社会主义社会的建设、发展符合历史规律。

第二，社会主义社会是全面发展的社会。随着建设中国特色社会主义实践的不断推进，中国共产党对“什么是社会主义，怎样建设社会主义”这一历史课题思考得越来越深入，对中国特色社会主义社会的认识也越来越深化。从最初的“两个文明”再到“三个文明”，从“三位一体”到“五位一体”，体现了中国共产党不断深化对社会主义建设规律的认识。社

会主义经济、政治、文化、社会和生态建设是建设社会主义的题中应有之义，社会主义社会是全面发展的社会。同时，社会主义社会的全面发展也为人的全面发展创造了重要条件，有利于解决人与人、人与自然、人与社会之间的矛盾，构建和谐社会。

（二）方法论

1. 始终在坚持“解放思想”与“实事求是”的辩证统一中探索社会主义建设道路

邓小平从中国社会主义建设的经验教训中领悟到实事求是对于探索中国的社会主义道路的重要作用，强调一切从中国实际出发展开对社会主义道路的探索。为了更好地做到实事求是，邓小平提出要不断解放思想，将解放思想和实事求是结合起来。实事求是是解放思想的基础，解放思想是实事求是的途径，解放思想和实事求是在本质上是一致的。从而，邓小平指出了“解放思想、实事求是”是探索中国特色社会主义的基本方法，“只有解放思想，坚持实事求是，一切从实践出发，理论联系实际，我们的社会主义现代化建设才能顺利进行”①。中国共产党人从抛弃以往关于社会主义的种种错误认识，到准确把握社会主义的本质；从抛弃以往对中国社会主义发展水平的过高估计，到明确中国处于社会主义的初级阶段；从社会主义市场经济体制、“五位一体”总体布局的提出，都体现了遵循解放思想、实事求是的方法。

2. 在正确把握中国特色社会主义发展阶段的基础上建设社会主义

如何把握社会主义所处的发展阶段是科学社会主义史上的难题。苏联和中国的社会主义探索在这一问题上都不同程度地犯过错误。正确把握社会主义的发展阶段，是进行社会主义建设的前提。中共十一届三中全会以来，中国共产党人在解放思想、实事求是的基础上，明确了社会主义初级阶段的基本国情，进而据此提出了中国社会的主要矛盾和根本任务，有力

① 《邓小平文选》第 2 卷，人民出版社 1994 年版，第 143 页。

推动了中国特色社会主义的建设。

3. 推动科学社会主义基本原理与中国实践的有机统一，开辟中国特色社会主义道路

根据唯物辩证法，一般总是寓于特殊之中，通过特殊而显现出来。中国共产党人立足于在科学社会主义基本原理的一般规定性中把握“什么是社会主义”，同时从其他国家建设社会主义的经验和教训出发，探寻建设本国社会主义的道路，努力把握社会主义的一般规定性与特殊规律。

中国特色社会主义要符合科学社会主义的基本原理，具有社会主义的一般性特质；同时，又要立足于中国实践，反映中国的实际国情和时代发展的要求，具有鲜明的中国的特色，是科学社会主义的“一般”在具体的、历史的条件下的表现形式。基于这一认识，中国共产党人提出了“建设有中国特色的社会主义”这一总命题，立足于实践走出了一条新路——中国特色社会主义道路。

社会主义不是僵化的教条和固定的模式，社会主义的内在规定性要在实践中展开，对社会主义科学认识的获得必须要立足实践。中国共产党人始终强调在实践中把握科学社会主义与中国特色社会主义的一般与特殊的规律，一方面，以实践检验中国特色社会主义的道路、理论是否正确，是否体现了社会主义的优越性，以及时纠偏；另一方面，以中国特色社会主义实践去发展社会主义理论，从而推动科学社会主义理论的与时俱进。

第七章　新时代中国特色社会主义的新发展

中国特色社会主义进入新时代标识了社会主义发展新的方位。面对社会主义国家建设如何从大国向强国的转变，以习近平同志为核心的党中央关照到社会主要矛盾的变化并坚持求解，不断推动国家的发展进步；坚持中国特色社会主义的科学社会主义底色，立于中国特色社会主义这一条不断向前发展的道路的现实图景推进 21 世纪的马克思主义；将中国梦与世界梦共通共建共享，展现了新时代中国特色社会主义对科学社会主义的新贡献。

一、承前启后与中国特色社会主义进入新时代

中共十九大报告提出，“中国特色社会主义进入了新时代，这是我国发展新的历史方位”，从而明确了中国特色社会主义发展的新阶段。对“新时代”这一新的历史方位的把握，需要我们明确当前中国特色社会主义的“前世今生”、奋斗前景与具体的“走法”（社会经济内涵）。

（一）从时空方位把握新时代

分析新时代中国特色社会主义的时空内涵就是要把握新时代中国特色社会主义的发展历程，明确其“从哪里来”“现在何处”“走向哪里”。

第一，新时代中国特色社会主义“从哪里来”？中国特色社会主义的来源不仅仅是中国特色社会主义 40 多年的伟大实践，更是来源于中国对新民主主义革命和社会主义革命、建设道路探索的成功实践与经验。历代

中国共产党人对中国民族解放与国家独立、发展繁荣的道路探索为中国特色社会主义进入新时代奠定了前提。

第二，新时代中国特色社会主义“现在何处”？对这一问题的回答要从时间、空间两个维度进行回答。首先是时间维度，中国特色社会主义的“新时代，是承前启后、继往开来、在新的历史条件下继续夺取中国特色社会主义伟大胜利的时代”①，这是指中共十八大后我们党推动中国特色社会主义新发展的时期。这个新时代既与新中国成立以来、改革开放以来的发展一脉相承，又有新的特点，中国共产党的执政地位和执政能力不断提高，发展理念和发展方式不断优化，不断破除体制机制弊端，马克思主义的意识形态指导地位不断加强。其次是空间维度，这又可以从两个方面来说，一是中国特色社会主义处于“发展起来以后”的阶段，即从“富起来”向“强起来”转变的阶段；二是“新时代”中国特色社会主义的世界影响力不断增强，不断为人类发展作出贡献的阶段。

第三，新时代中国特色社会主义“走向哪里”？对于这一问题要从短期和长期两个方面来回答。从短期来看，新时代中国特色社会主义要在2020年实现全面建成小康社会、2035年基本实现社会主义现代化、21世纪中叶建成富强民主文明和谐美丽的社会主义现代化强国。从长期来看，新时代中国特色社会主义的最终目的只有一个，那就是走向共产主义。

（二）从经济社会内涵把握新时代

在把握好新时代中国特色社会主义的时空内涵的基础上，有必要明确当前新时代中国特色社会主义的具体“走法”，也就是揭示它的具体的经济社会内涵。

1. 以“全面生产”代替片面的物质生产

中国的社会主义制度确立后，整体上处于短缺经济阶段，因此，改革

① 习近平：《决胜全面建成小康社会　夺取新时代中国特色社会主义伟大胜利——在中国共产党第十九次全国代表大会上的报告》，人民出版社2017年版，第10—11页。

开放以后，中国特色社会主义大力鼓励非公有制经济的发展，就是为了解放与发展生产力，推动中国实现了由“站起来”到“富起来”的转变。

中共十八大以来，中国的内需已经基本饱和，经济进入了“经济新常态”阶段。基于此，习近平多次指出，“块头大不等于强，体重大不等于壮，虚胖不行”，这是强调中国要由“富起来”转向“强起来”，必须把虚胖的体质转为强健的体质。也就是说，中国要转变经济发展方式，由注重数量增长转向注重质量增长，由粗放型增长转向集约型增长，注重经济的全面增长。

在短缺经济时代，主要促进的是经济数量上的增长，因为要以经济建设为中心，大力满足人民群众日益增长的物质文化需要。中国特色社会主义进入新时代，就进入了马克思主义新唯物主义的语境，即“立脚点是人类社会或社会的人类”①。因此，一方面，就经济层面而言，不能仅仅再追求经济的增速，必须通过技术创新、产业升级等手段，提升经济发展质量；另一方面，就社会整体发展而言，不能再仅仅以经济建设为中心，必须推动政治、文化、社会、生态各方面的事业协调发展，推动政治事业、文化事业、社会事业、生态事业方面发展的生产在整个经济活动中占比越来越大，实现“全面生产”，真正推动社会由“虚胖”变为“强壮”。

2. 辩证认识中国社会主要矛盾发生转化

中共十九大作出了中国社会主要矛盾“已经转化为人民日益增长的美好生活需要和不平衡不充分的发展之间的矛盾”②的判断，对此可以从供给与需求两个方面来看。

第一，由“落后的社会生产”转变为“不平衡不充分的发展”。新中国成立初期到改革开放以前，中国的经济发展水平和人民生活水平整体上

---

① 《马克思恩格斯文集》第1卷，人民出版社2009年版，第502页。

② 习近平：《决胜全面建成小康社会　夺取新时代中国特色社会主义伟大胜利——在中国共产党第十九次全国代表大会上的报告》，人民出版社2017年版，第11页。

不高。随着中国特色社会主义道路的开辟，我们采取了一系列的手段解放和发展了生产力，经济发展水平和人民生活水平不断提高。这一实践成就决定了现阶段我们的中心工作不再是解决“落后的社会生产”，而是解决在实践中凸显的“不平衡不充分的发展”的问题。这一“不平衡不充分的发展”问题在实践中有明显的表现，如：不同地区、不同领域发展水平不均衡；社会主义民主法治水平、文化建设水平、社会治理水平、生态文明程度还不够高，等等。因此，在新时代需要大力破解“不平衡不充分”的发展难题。

第二，“美好生活需要”这一高级需要凸显。在中国的社会主义建设早期，主要要解决的是人民的物质需要满足的问题。随着中国特色社会主义进入新时代，人民已经不仅仅满足于物质需要，他们的政治需要、文化需要、社会需要、生态需要都进一步凸显出来，需要的质量和层次不断提升，已经超出了物质文化需要的范畴和层次。因此，要以破解“不平衡不充分的发展”的“全面生产”来满足人民对美好生活的需要。

3. 新时代的“变”与“不变”

习近平指出：“我国社会主要矛盾的变化，没有改变我们对我国社会主义所处历史阶段的判断，我国仍处于并将长期处于社会主义初级阶段的基本国情没有变，我国是世界最大发展中国家的国际地位没有变。”① 这为我们把握新时代的历史方位提供了参考。

第一，中国特色社会主义进入新时代与社会主义初级阶段的基本国情没有变。中国特色社会主义进入新时代，以及新时代的战略部署提出 2035 年基本实现现代化，都标识着社会主义发展水平的动态推进。虽然中国特色社会主义发展取得了很多的成就，但是尚未达到社会主义初级阶段发生“质变”的程度，我们还面临着发展不平衡不充分的问题，所以中国特色

① 习近平：《决胜全面建成小康社会　夺取新时代中国特色社会主义伟大胜利——在中国共产党第十九次全国代表大会上的报告》，人民出版社 2017 年版，第 12 页。

社会主义进入新时代所发生的变化仍然是在社会主义初级阶段中所发生的变化。这就意味着我们不仅要牢牢把握社会主义初级阶段这个最大的基本国情，还要把握中国发展过程中的具体进程和实际，才能制定正确的发展战略，才能制定出社会主义现代化强国建设的战略部署。

第二，发展中国家地位没有变与不断为人类作出更大贡献。虽然中国目前的经济社会建设取得了一定的成果，但是在国际地位上话语权还不够高。因此，必须要立足于中国特色社会主义进入新时代这个国情，一方面积极推动新时代中国特色社会主义建设，提升综合国力，彰显社会主义的生机与活力；另一方面，在发展过程中，以各种各样的形式将中国的成果惠及世界，构建人类命运共同体。这不仅可以帮助发展中国家走向现代化，也可以在与资本主义国家的比较中彰显自己的比较优势，引领社会主义的复兴。

二、新时代中国特色社会主义的时代要求

（一）背景："新时代"仍处在"马克思主义所指明的历史时代"

习近平指出："尽管我们所处的时代同马克思所处的时代相比发生了巨大而深刻的变化，但从世界社会主义500年的大视野来看，我们依然处在马克思主义所指明的历史时代。"① 这是习近平对我们所处的时代的总判断，也是新时代中国特色社会主义发展的时代背景。

1. 我们当前仍处于由资本主义向社会主义过渡的时代

时代的概念有广义和狭义之分。广义的时代概念是从历史观的维度进行判定，狭义的时代概念是从某个特定维度对某一阶段进行判定。马克思主义所说的历史时代，是以生产力和生产关系为基础，以经济的社会形态为标准，对大的历史时代进行判定。

马克思、恩格斯在《共产党宣言》中就指明了人类已经进入了"我们

---

① 《习近平谈治国理政》第2卷，外文出版社2017年版，第66页。

的时代，资产阶级时代”[①]，这就是资本主义占统治地位的大的历史时代。十月革命推动了社会主义由理论到实践的发展，“两个具有世界历史意义的时代，即资产阶级时代和社会主义时代”[②]。基于资本主义社会的基本矛盾，这个时代一开始就是资产阶级和无产阶级斗争，这一斗争的总趋势就是“两个必然”，即“资产阶级的灭亡和无产阶级的胜利是同样不可避免的”[③]。在实践中，资本主义历经兴衰，仍然在自我调整，具有一定的生命力；尽管社会主义实践已经有 100 余年的历史，中国特色社会主义给世界社会主义带来了生机和活力，但是从总体而言，社会主义仍然不占有优势。历史越往前发展，资本主义和社会主义之间的斗争越激烈。虽然资本主义目前占据主导地位，但是资本主义的基本矛盾没有改变；中国特色社会主义的发展和资本主义国家遭遇周期性危机都说明了人类社会的总体发展趋势没有改变，社会主义必然代替资本主义的历史必然性没有改变。

2. 马克思主义基本原理和科学方法至今没有过时

邓小平指出了人类社会的发展趋势，“封建社会代替奴隶社会，资本主义代替封建主义，社会主义经历一个长过程发展后必然代替资本主义。这是社会历史发展不可逆转的总趋势”[④]，明确了人类社会发展过程是不可逆转的。理论和实践证明了，马克思主义揭示的社会发展规律仍然存在于社会主义发展过程中，资本主义的矛盾仍然没有得到根本解决。因此，马克思主义基本原理和科学方法至今仍有时代价值，讨论的问题仍然存在，它们还可以为解决社会主义问题提供方案。另一方面，马克思主义是不断开放、发展的体系，随着社会发展和人类进步，在自我批判与社会批判的结合中，不断得到发展。正如社会主义代替资本主义的趋势没有发生改

① 《马克思恩格斯文集》第 2 卷，人民出版社 2009 年版，第 32 页。
② 《列宁全集》第 36 卷，人民出版社 2017 年版，第 208 页。
③ 《马克思恩格斯文集》第 2 卷，人民出版社 2009 年版，第 43 页。
④ 《邓小平文选》第 3 卷，人民出版社 1993 年版，第 382—383 页。

变，但是这一总体发展趋势在不同时期又有不同的特点，马克思、恩格斯、列宁、毛泽东、邓小平、江泽民、胡锦涛、习近平正是根据不同时期的特点，与时俱进地发展了科学社会主义。

3. 要在“大的历史时代”的广阔视野中把握中国特色社会主义“新时代”

综上分析，我们当今仍处于“马克思主义所指明的历史时代”，因此中国特色社会主义的“新时代”不是马克思主义在历史观上使用的“大的历史时代”，而是具体的时代概念。这两种时代概念具有辩证统一性，“大的历史时代”由具体的时代组成，具体的时代服务于“大的历史时代”，体现“大的历史时代”的性质。依据唯物史观作出的“大的历史时代”这一结论是正确的，再聚焦到“新时代”，是指中国特色社会主义经过长期发展进入了新的历史阶段。只有在“大的历史时代”的广阔视野中把握中国特色社会主义“新时代”，才能够判定中国特色社会主义的历史方位，分析中国特色社会主义进入新时代的意义之所在。

（二）核心：辩证把握中国特色社会主义与科学社会主义的关系

1. 前提：坚持科学社会主义原则的才是社会主义

（1）明确了判定社会主义的标准：是否坚持科学社会主义原则

习近平多次强调：“科学社会主义基本原则不能丢，丢了就不是社会主义。”① 这一论断就旗帜鲜明地提出了是否坚持科学社会主义基本原则是衡量社会主义的标准。坚持了科学社会主义基本原则，则是社会主义；反之则不是。

（2）科学社会主义基本原则要与各国实践相结合

科学社会主义和空想社会主义的最大区别就是其始终扎根于社会现实。科学社会主义基本原则是从人类社会发展规律角度提出的，揭示的是社会主义的一般特征，是共性、是普遍性，不是具体的方案。马克思、恩

① 《习近平谈治国理政》，外文出版社 2014 年版，第 22 页。

格斯只是提出了科学社会主义的设想，后人的实践应将这一设想与实际情况相结合。

习近平提出，“科学社会主义也绝不是一成不变的教条”①，“社会主义并没有定于一尊、一成不变的套路”②。这就明确了科学社会主义原则不是僵化的，科学社会主义原则是社会主义的普遍性；关键是要直面各国实践中的难题，将其与各国历史传统、现实国情相结合，照搬照抄其他国家的社会主义模式不会成功，这是社会主义的特殊性。社会主义没有统一的模式，必须要将其与各国国情相结合。只有坚持将社会主义的普遍性和特殊性相结合，才是真正坚持和发展科学社会主义。

（3）注意把握科学社会主义基本原则和其实现形式之间的关系

在现实中，一些别有用心的人士针对现实的一些具体做法而大肆鼓吹改革开放前后两个时期互相否定的错误观点，存在历史虚无主义的错误倾向。针对这一现象，习近平在2013年新进中央委员会的委员、候补委员学习贯彻党的十八大精神研讨班上的讲话中予以了明确回应，“我们党领导人民进行社会主义建设，有改革开放前和改革开放后两个历史时期，这是两个相互联系又有重大区别的时期，但本质上都是我们党领导人民进行社会主义建设的实践探索”③，这强调了两个时期具有一致性，都是中国共产党人对中国社会主义建设的探索，改革开放前的成就为中国特色社会主义的发展提供了基础。

这一问题实质上是要注意把握科学社会主义基本原则和其实现形式之间的矛盾。科学社会主义基本原则是可以解决社会主义发展过程中的难题的，但是不能教条地去应用。只有将科学社会主义基本原则与实践条件相结合，理解好社会主义特征与本质之间的关系，才能处理好科学社会主义

① 习近平：《在纪念马克思诞辰200周年大会上的讲话》，人民出版社2018年版，第26页。

② 同上书，第27页。

③ 《习近平谈治国理政》，外文出版社2014年版，第22页。

基本原则与其实现形式之间的内在张力。

2. 核心：解决好科学社会主义与中国特色社会主义的关系

中共十八大后，习近平就中国特色社会主义与科学社会主义的关系提出了一系列重要论述，为我们解决好科学社会主义与中国特色社会主义的关系问题提供了重要依据。

（1）科学社会主义是中国特色社会主义的“根”和“源”

虽然科学社会主义创立已经有 170 多年，但是其蕴含的科学社会主义基本原理仍然没有过时。科学社会主义基本原理是中国特色社会主义的内在质的规定性，从根本上规定了中国特色社会主义的性质和方向。正因为如此，“中国特色社会主义是社会主义而不是其他什么主义”[①]。中国特色社会主义之所以是科学社会主义，就是因为坚持了科学社会主义的基本原则，离开了科学社会主义，就没有中国特色社会主义。

（2）中国特色社会主义增添了科学社会主义的生机与活力

中国特色社会主义的开创与发展始终立足于中国实践。中国特色社会主义之所以具有旺盛的生命力，就在于能够做到将科学社会主义基本原理与中国实践相结合。习近平对世界社会主义 500 年历史作了六个时间段的划分，清晰地向我们展现了社会主义是怎么从空想到科学、理论到实践、一国到多国的，说明了中国特色社会主义的历史源头。这几个阶段是一脉相承的，都是科学社会主义基本原则同当时时代条件和各国国情相结合的产物，都是科学社会主义这棵大树上结的果实。习近平作出的“中国共产党领导中国人民取得的伟大胜利，使具有 500 年历史的社会主义主张在世界上人口最多的国家成功开辟出具有高度现实性和可行性的正确道路”[②]，中国特色社会主义进入新时代意味着“科学社会主义在二十一世纪

① 《习近平谈治国理政》，外文出版社 2014 年版，第 22 页。

② 习近平：《在庆祝中国共产党成立 95 周年大会上的讲话》，人民出版社 2016 年版，第 4 页。

的中国焕发出强大生机活力，在世界上高高举起了中国特色社会主义伟大旗帜”①等论述表明：中国特色社会主义汲取了前几个阶段的经验、教训，展现了旺盛的生命力，增添了科学社会主义的生机与活力，推动了科学社会主义的向前发展。

（3）坚持和发展中国特色社会主义就是坚持和发展科学社会主义

中国共产党人对中国特色社会主义的坚持与发展是一脉相承的，在坚持科学社会主义基本原理的基础上不断地结合时代条件深化发展，赋予其时代内涵。坚持科学社会主义的最好方式就是对它进行发展，习近平指出：“坚持马克思主义，坚持社会主义，一定要有发展的观点。”②马克思主义、科学社会主义的生命力在于其实践性，只有在实践中不断践行和丰富科学社会主义，才是对它最好的坚持和发展。习近平关于科学社会主义的论述着眼点在于坚持和发展中国特色社会主义，换言之，在新时代坚持和发展中国特色社会主义就是坚持和发展科学社会主义。

（三）主题：新时代要坚持和发展中国特色社会主义

在明确新时代中国特色社会主义与科学社会主义的关系后，有必要从理论和实践的结合中讲清楚新时代“为什么”以及“怎么样”坚持和发展中国特色社会主义，坚持和发展“什么样”的中国特色社会主义。

1. 新时代“为什么”要坚持和发展中国特色社会主义？

第一，如前文分析，新时代仍处于马克思主义指明的时代，马克思主义仍然是指导实践的科学理论，马克思主义基本原理没有过时，科学社会主义没有过时。因此立足新时代，坚持科学社会主义就是要坚持和发展中国特色社会主义。

第二，中国取得一系列发展成就的重要原因就是坚持了中国特色社

① 习近平：《决胜全面建成小康社会　夺取新时代中国特色社会主义伟大胜利——在中国共产党第十九次全国代表大会上的报告》，人民出版社2017年版，第10页。

② 《习近平谈治国理政》，外文出版社2014年版，第23页。

会主义，“只有社会主义才能救中国，只有中国特色社会主义才能发展中国”①。中国的发展成就彰显了中国特色社会主义的优势，坚持和发展中国特色社会主义是中国共产党人在实践中摸索出来的重要经验。

第三，科学社会主义之所以是科学，不仅在于其对未来社会构想的科学性，还在于其鲜明的实践性，其能够将设想不断地变为现实。立足新时代，只有坚持中国特色社会主义，才能够建成社会主义现代化强国和实现中国梦。

2. 新时代坚持和发展“什么样”的中国特色社会主义？

第一，理论维度。中国特色社会主义是“两大逻辑”的辩证统一。立足新时代，要求我们要进一步将科学社会主义基本原理与新时代中国发展实践中面临的问题相结合，以社会主义优势破解中国社会发展过程中的难题。

第二，本体维度。习近平在纪念红军长征胜利 80 周年大会上强调了中国特色社会主义文化的重要性，并在更完整的架构下探讨了中国特色社会主义的内涵问题，随后在中共十九大上重申。中国特色社会主义是道路、理论、制度、文化的统一，道路提供了实现的路径，理论提供了实现的指南，制度提供了实现的保障，文化提供了实现的力量，四者共同统一于中国特色社会主义实践中，是中国特色社会主义不断发展的保障。因此，新时代要坚持和发展道路、理论、制度、文化相统一的中国特色社会主义。

第三，现实维度。习近平牢牢抓住这个问题的核心，在中共二十大上作出了“十个明确”的清晰回答，系统回答了新时代坚持和发展中国特色社会主义的一系列重大的基本问题。这“十个明确”紧密结合了中国实际国情，深刻体现了中国特色社会主义的内在要求，丰富了科学社会主义的理论宝库。

---

①《习近平谈治国理政》，外文出版社 2014 年版，第 22 页。

3. 新时代“怎样”坚持和发展中国特色社会主义？

第一，坚持将科学社会主义基本原理与中国实际相结合。科学社会主义基本原理不是教条，其只有与实践结合才有生命力。因此，新时代坚持和发展中国特色社会主义必须将科学社会主义基本原理与新时代的中国实践相结合，在理论与实践的结合中发现新情况、解决新问题、总结新经验，不断吸收人类文明的积极成果。

第二，始终坚持中国共产党的领导，高度重视人民的力量。一方面，中国共产党要将自我革命和社会革命相结合，不断提升执政能力，为中国特色社会主义事业提供政治保证。另一方面，必须发挥人民的力量。人民群众是历史的创造者，具有无穷的智慧和力量。“必须紧紧依靠工人阶级发展中国特色社会主义”①，这样新时代中国特色社会主义才有广泛的政治基础和力量之源。

第三，必须在各项实际工作中贯彻落实中国特色社会主义的基本方略。中国特色社会主义所立足的实践是不断变化发展的，因此必须制定科学的发展方略。习近平在中共十九大上用“十四个坚持”概括了坚持和发展中国特色社会主义的基本方略，回答了新时代怎样坚持和发展中国特色社会主义这一问题，丰富和发展了科学社会主义的思想理论和政策体系。

三、新时代中国特色社会主义的发展创新

（一）继承和发展了对社会主义本质的认识

中共十八大以来，习近平围绕社会主义的本质提出了一系列论断，深化了对社会主义本质的认识。

1.“共享是中国特色社会主义的本质要求”

中国特色社会主义是将解放、发展生产力与共同富裕相结合。习近平高度注重生产力的作用，强调“把发展作为党执政兴国的第一要务，坚持

① 《习近平谈治国理政》，外文出版社 2014 年版，第 45 页。

解放和发展社会生产力”①。同时，习近平进一步指出，“共享是中国特色社会主义的本质要求”②，这就将共享提升到社会主义本质要求的高度，丰富了对社会主义本质的认识。具体可以从以下几个方面来理解：

第一，共享体现了马克思列宁主义关于未来社会建设的本质要求。马克思、恩格斯的社会主义观强调，共产主义社会的实质就是社会成员共享发展成果，要“各尽其能，按需分配”③。列宁指出：“共同劳动的成果不应该归一小撮富人享受，应该归全体劳动者享受。”共享的论述体现了马克思列宁主义关于未来社会特征的描述，对“什么是社会主义”这一问题的回答更为深刻，推动了中国特色社会主义的发展。

第二，共享进一步彰显了社会主义制度的优越性。人类社会发展不可能实现同时、同步富裕，只有始终坚持共享，才能解决好这一问题。中共十八大以来，以习近平同志为核心的党中央高度注重发展生产力、注重共享发展成果，不断地为人民的美好生活创造物质条件和提供制度保障。坚持共享发展理念，可以有效地防止地区间发展不平衡、居民收入两极分化，更好地保障社会成员平等地享有各项权利，推动实现共同富裕，体现社会主义的优越性。

第三，共享从经济基础与上层建筑相统一的角度深化了对社会主义本质的认识。之前中国共产党领导人对社会主义本质的探索是基于社会主义初级阶段的基本国情和改革开放而展开的，更侧重于从生产力和生产关系的角度来探讨社会主义本质，那么共享则是从经济基础和上层建筑的角度深化了对社会主义本质的认识。共享发展理念的实现需要有制度的保障，习近平强调始终保持党和人民群众的血肉联系，强化制度建设，为人民的各项权益提供制度保障，促进广大人民群众共享发展成果，这就是以

① 习近平：《决胜全面建成小康社会　夺取新时代中国特色社会主义伟大胜利——在中国共产党第十九次全国代表大会上的报告》，人民出版社2017年版，第29—30页。

② 《十八大以来重要文献选编》(中)，中央文献出版社2016年版，第793页。

③ 《马克思恩格斯选集》第3卷，人民出版社2012年版，第365页。

制度建设保障共享发展理念的实现，从而实现了经济基础与上层建筑的统一。

2. “中国共产党的领导是中国特色社会主义最本质的特征”

中共十八大以来，习近平多次强调了中国共产党对于中国特色社会主义建设的重大意义。2014 年，习近平提出“中国共产党的领导是中国特色社会主义最本质的特征”①。在中共十九大上，习近平指出“中国特色社会主义最本质的特征是中国共产党领导，中国特色社会主义制度的最大优势是中国共产党领导”②。习近平的这些论断从无产阶级政党与社会主义关系的角度深化了对社会主义本质的认识。

坚持中国共产党的领导是中国特色社会主义与其他主义的区别。马克思主义经典作家普遍认为无产阶级政党肩负着推翻资产阶级统治的重任。苏联社会主义建设的失败与苏联共产党建设不力、丧失执政地位有密切联系。而具体到中国，中国共产党的执政关乎中国特色社会主义事业的成败，中国特色社会主义取得一系列成就的重要原因就是坚持了中国共产党的领导，中国共产党不断提高执政能力引领中国社会主义现代化建设。

中国共产党始终坚持以马列主义为指导，以“为中国人民谋幸福，为中华民族谋复兴，为世界人民谋大同”为奋斗目标，制定出实现社会主义现代化的路线图。中共十八大以来，中国共产党的建设不断加强，不断通过党的自我革命保持自身先进性、纯洁性，提升中国共产党的执政能力和执政水平。同时，无产阶级政党之所以具有先进性，与其能够把握社会发展规律密不可分。中国共产党高度重视人民群众的历史作用，坚持“以人民为中心”的发展思想，实现了发展主体与发展动力的统一，在党的建设与社会发展的统一中推动社会主义的发展。

① 习近平：《在庆祝全国人民代表大会成立 60 周年大会上的讲话》，人民出版社 2014 年版，第 6 页。

② 习近平：《决胜全面建成小康社会　夺取新时代中国特色社会主义伟大胜利——在中国共产党第十九次全国代表大会上的报告》，人民出版社 2017 年版，第 20 页。

（二）新发展阶段的新坐标

社会主义发展阶段理论是科学社会主义理论的重要组成部分。改革开放以来，我们党在总结社会主义建设正反两方面经验的基础上，提出了“社会主义初级阶段”这一重大理论概括，深化了对中国基本国情的认识，丰富发展了马克思主义。进入新时代，以习近平同志为核心的党中央立足新的历史方位，提出“新发展阶段”的论断，明确了新发展阶段是“全面建成小康社会、实现第一个百年奋斗目标之后，我们要乘势而上开启全面建设社会主义现代化国家新征程、向第二个百年奋斗目标进军”① 的阶段，显现了新发展阶段在社会主义现代化进程中的时间坐标，进一步深化了对社会主义发展阶段的认识。

1. 新发展阶段建立在过去的发展成就基础之上

新发展阶段的时间起点是建立在“全面建成小康社会、实现第一个百年奋斗目标之后”，这就有着鲜明的实践成就作为基础。其一，经济实力、科技实力、综合国力跃上新台阶。中国经济总量跃居世界第二，人均国内生产总值突破 1 万美元，进入中等偏上收入国家行列。其二，人民生活水平和社会文明程度达到新高度。中国共产党带领人民群众完成了全面脱贫攻坚、全面建成小康社会的任务，解决了绝对贫困的问题。社会基本公共服务均等化水平明显提升，基本养老、基本医疗、义务教育等实现广覆盖。其三，中华优秀传统文化得到创造性转化，社会主义核心价值观深入人心，中华民族凝聚力进一步增强。其四，生态文明建设实现新进步。中国已成为全球生态文明建设的重要参与者、贡献者、引领者，为应对全球气候变化作出了重大贡献。其五，改革开放迈出新步伐。重要领域和关键环节改革取得决定性成果，供给侧结构性改革持续推进，要素市场化配置改革不断深化。对外开放持续扩大，共建“一带一路”成果丰硕，构建面向全球的高标准自贸区网络加快推进。中国日益成为世界经济增长的主要

① 《习近平著作选读》第 2 卷，人民出版社 2023 年版，第 398—399 页。

稳定器和动力源。这些新的发展成就彰显了中国特色社会主义事业的生机与活力，相应地也构成了社会主义建设进入新发展阶段的基础。

2. 新发展阶段仍处于社会主义初级阶段，但标识着社会主义初级阶段的动态发展

习近平指出的，新发展阶段“是社会主义初级阶段中的一个阶段，同时是其中经过几十年积累、站到了新的起点上的一个阶段”①，明确了新发展阶段与社会主义初级阶段的关系。一方面，虽然新发展阶段呈现出一系列与以往阶段不同的新特点，但这并没有改变中国仍处于社会主义初级阶段的基本定位。这主要是因为中国面临的一些主要矛盾和挑战依然存在：一是人均 GDP 与发达国家相比差距依然明显，发展的不平衡不充分问题在一定程度上制约了对人民美好生活需要的满足；二是自主创新能力不强仍是制约中国产业迈向全球价值链中高端的“瓶颈”；三是城乡区域发展差距和收入分配差距依然较大，全面实现共同富裕任重道远；四是生态环境保护结构性、根源性、趋势性压力总体上尚未根本缓解，推进绿色低碳发展的任务艰巨；五是一些重点领域改革还没有取得根本性突破，各类体制机制障碍有待进一步破除。可以预见，要从根本上解决这些问题，全面实现社会主义现代化，仍需要付出长期艰苦努力。另一方面，尽管新发展阶段没有改变社会主义初级阶段的根本属性，但昭示着社会主义初级阶段内涵的不断丰富和发展。当前所取得的发展成就与我们在改革开放之初时推进社会主义建设的基础已经发生了较大变化，这一系列变化不仅促使社会主义初级阶段呈现出许多新的内容和特点，也彰显了社会主义初级阶段是一个动态的、积极向前的量变积累和发展变化的过程。

由此可见，新发展阶段与社会主义初级阶段并不矛盾，而是社会主义初级阶段不断发展的客观要求和必然结果。一方面，新发展阶段的提出是建立在社会主义初级阶段长期性基本判断的基础之上的，体现了我们党对

---

①《习近平著作选读》第 2 卷，人民出版社 2023 年版，第 399 页。

社会主义建设规律的科学把握，是对“初级阶段”这一重大理论的坚持和运用。另一方面，新发展阶段的提出又丰富了社会主义初级阶段的时代内涵，揭示了社会主义初级阶段内生的动态性和发展性。

（三）实现中国梦

中共十八大以来，习近平首次提出并多次强调中国梦这一理念，这不仅是将科学社会主义基本原理与中国特色社会主义道路相结合，更是明确了中国特色社会主义的发展目标与方向。

1. 中国梦体现了社会主义的发展趋势和客观规律

中国梦是习近平在把握世界社会主义运动和中国社会主义建设规律的基础上提出的，蕴含着科学社会主义的基本原理。科学社会主义之所以科学，不仅仅在于其理论的科学性，更在于不断地以实践去实现、丰富理论。新时代中国特色社会主义属于科学社会主义，习近平提出中国梦的奋斗目标，是要以当前的实践去实现中国梦。中国梦设想了中国社会主义的发展方向和发展内容，强调其要在坚持中国特色社会主义道路中实现，需要发挥人民群众的力量，从而将理论目标与现实路径相结合，这体现了科学社会主义的本质。

中国共产党在以中国道路实现中国梦的征程中，不断地以科学社会主义基本原理推进社会主义建设，取得了一系列的理论成果，如：实现中国梦必须坚持党的领导，保证前进的方向；实现中国梦必须坚持和完善中国特色社会主义制度；实现中国梦必须建设社会主义生态文明，建设美丽中国；实现中国梦必须坚持和平发展；等等。这些成果深化了对“什么是社会主义，怎样建设社会主义”这一问题的回答，体现了中国共产党对社会主义发展趋势和建设规律的把握。

2. 中国梦将科学社会主义演进经验落实在中国特色社会主义实践中

“实现中国梦必须走中国道路。”[①] 科学社会主义的演进历程表明，实

① 《习近平谈治国理政》，外文出版社 2014 年版，第 39 页。

现社会主义必须找到正确的道路。马克思、恩格斯找到了发达国家通往共产主义的道路，列宁赋予了社会主义道路民族形式，中国共产党则带领中国人民开辟了中国特色社会主义道路，并在实践中取得了社会主义建设的重大成就。中国特色社会主义的实践证明了中国道路是实现中国梦的唯一正确道路。

“实现中国梦必须弘扬中国精神。”① 科学社会主义的演进历程表明，实现社会主义必须有积极向上的精神面貌。马克思、恩格斯高度重视人民群众的科学文化素质和精神状态，强调通过教育等手段提升人民的道德素质和文化素养。以习近平同志为核心的党中央在中国特色社会主义实践中，强调了以社会主义核心价值观引领社会风尚，为社会主义建设提供道德支撑；同时，不断丰富民族精神和时代精神的内涵，为中国特色社会主义建设提供精神引领。

“实现中国梦必须凝聚中国力量。”② 科学社会主义的演进历程表明，建设社会主义必须要发挥人民群众的作用。科学社会主义之所以能够转化为改造世界的巨大力量，就是始终与人民群众相结合，高度重视人民群众的历史主体地位。中国梦正是坚持了科学社会主义的这一要求，强调发挥人民群众的作用，凝聚一切力量实现奋斗目标。同时，中国梦强调将个人梦与国家梦相结合，在实现国家发展的同时将发展成果惠及每一位民众，进而促进个人的全面发展。

（四）“五位一体”总体布局和“四个全面”战略布局

新时代中国特色社会主义的建设突出特点是强调“五位一体”总体布局和“四个全面”战略布局，对两大布局的理解是分析新时代中国特色社会主义中社会建设的关键。

1.“五位一体”总体布局与人的全面发展

中共十八大后，习近平进一步强调和坚持了“五位一体”总体布局。

①② 《习近平谈治国理政》，外文出版社 2014 年版，第 40 页。

“五位一体”总体布局表明了新时代的中国特色社会主义建设不能再仅仅强调经济层面，还要注重政治、文化、社会、生态层面的协调发展；从个人层面而言，不能仅仅再关注物质需要的满足，还要关注人的社会关系的生产和精神生产，实现全面发展。因此，新时代中国特色社会主义建设要强调“五位一体”的综合、协调发展和每个人的自由全面发展。

第一，中国特色社会主义总布局的维度。“五位一体”总体布局是一个有机整体，旨在将中国建设成现代化强国。在经济建设层面，始终坚持解放与发展生产力。中共十八届三中全会首次提出“使市场在资源配置中起决定性作用”①的论断，对社会主义与市场关系的认识进一步深化。进一步深化改革和对外开放，吸收资本主义的文明成果。针对经济新常态，提出五大发展理念，转变发展方式，转换增长动力，进一步解放生产力。在政治建设层面，全面从严治党，提升中国共产党的执政能力和执政水平，真正体现中国共产党的执政优势。加强中国特色社会主义制度建设，发挥制度优势，增强治理效能，提升社会主义的治理水平。在文化建设方面，牢牢掌握马克思主义意识形态话语权，落实落细社会主义核心价值观，树立中国特色社会主义“四个自信”。在社会建设方面，大力加强民生事业的发展和保障力度，促进社会公平正义，实现以人民为中心的发展，促进民众美好生活的实现，全面建成小康社会。在生态建设方面，坚持绿色发展，转变发展理念，强调人与自然和谐共生，建设社会主义生态文明。

第二，人的全面发展维度。原来中国社会的主要矛盾是在“两个文明”的语境中提出的，主要满足基本的物质文化需要。但是随着中国特色社会主义进程的深入，政治文明、社会文明、生态文明的重要性进一步凸显，“文化需要”的内涵则不足以体现这些要求。中国特色社会主义进入新时代，人的全面发展的需要凸显出来。中共十九大提出的社会主要矛盾

① 《习近平谈治国理政》，外文出版社 2014 年版，第 77 页。

更注重人民群众的各方面需要，把原来的两个文明到五个文明的进程深化整合为“五位一体”的总体要求，并从实现中国梦的高度要求落实“五位一体”总体布局，所提出的第二个百年奋斗目标的“两步走”战略均对这些方面提出了不同的发展要求，为人的全面发展创造条件。

2.“四个全面”战略布局和社会主义现代化建设

2015年，习近平首次明确提出“协调推进‘四个全面’战略布局”①。“四个全面”的战略布局直面中国社会主义建设中的难题，提出了针对性的破解路径，推动了中国特色社会主义新的发展。2020年，在中共十九届五中全会上，习近平对“四个全面”进行了新的表述，“全面建成小康社会”改为“全面建设社会主义现代化国家”。这一表述的更新表明了以习近平同志为核心的党中央对社会发展阶段和社会主义建设规律的科学把握，体现了新时代中国特色社会主义建设进程的深入，彰显了中国共产党人立足于实践基础上的理论创新。

“四个全面”战略布局是与时俱进和协调推进的。首先，“四个全面”战略布局是与时俱进的。由“全面建成小康社会”更新为“全面建设社会主义现代化国家”体现了全面建成小康社会只是建设社会主义现代化国家的一个阶段，随着小康社会的建成，下一步的方向就是要朝着建成社会主义现代化国家努力。新时代中国特色社会主义进程的不断深入，所提出的要求也会动态提升。第二，“四个全面”战略布局是协调推进的。全面建成小康社会、全面建设社会主义现代化国家是目标、是方向，全面深化改革为实现这一目标提供了动力，全面依法治国为实现这一目标提供了法律制度保障，而全面从严治党则为实现这一目标提供了主心骨力量和领路人的先锋作用。“四个全面”中的“每一个全面”相辅相成，缺一不可。

① 习近平：《在纪念陈云同志诞辰110周年座谈会上的讲话》，《人民日报》2015年6月13日。

3.“五位一体”和“四个全面”的两大布局统一于新时代中国特色社会主义建设中

习近平提出：“‘五位一体’和‘四个全面’相互促进、统筹联动……协同推进人民富裕、国家强盛、中国美丽。”① 这为新时代中国特色社会主义的建设提供了重要的理论指导。两大布局都是围绕新时代的战略部署和发展要求展开，内在统一于新时代的实践中，统一于实现中国梦的征程中。

第一，这两大布局具有内在统一性。首先，两大布局的基础和目标导向一致。两者都植根于中国特色社会主义的伟大实践，立足于社会主义初级阶段的基本国情，统一于小康社会建设和社会主义现代化强国建设，推动中国特色社会主义向共产主义发展。其次，两大布局在价值取向上具有一致性。“五位一体”总体布局立足于社会发展整体，不仅仅强调保证人民的经济利益，更强调保障人民群众的政治、文化、社会、生态方面的利益。“四个全面”战略布局也是强调中国共产党要始终坚持为人民服务，坚持小康社会和社会主义现代化强国建设，以深化改革促进社会生产力的发展，以依法治国保障社会的顺利运行和人民的各项权益。再次，两大布局蕴含着相同的方法论。两大布局的提出和完善体现了中国共产党人对社会主义社会建设规律的认识的深化，体现了马克思主义唯物辩证法的世界观和方法论的统一，“体现了唯物辩证法在解决我国发展问题上的方法论意义”②。

第二，这两大布局互为补充、互为促进。“五位一体”总体布局和“四个全面”战略布局互为支撑。“五位一体”侧重于社会关系和社会生活内容层面，需要“四个全面”这一抓手来落细落实，推动“五位一体”建设

① 习近平：《在庆祝中国共产党成立95周年大会上的讲话》，人民出版社2016年版，第15页。

② 习近平：《在省部级主要领导干部学习贯彻党的十八届五中全会精神专题研讨班上的讲话》，《人民日报》2016年5月10日。

的具体展开；“四个全面”战略布局的指向和内在要求是“五位一体”建设。这两大布局的内在联系表明了中国共产党越来越突破了单纯以经济建设为中心的发展模式，注重社会发展的“全面”性，优化了社会主义社会的建设路径，推动了新时代中国特色社会主义的发展进程。两大布局体现了中国特色社会主义将基本国情与社会主义建设规律的结合，并将其内化为建设中国特色社会主义的现实行动，进而实现完善顶层设计与“摸着石头过河”的辩证统一。

（五）推动构建人类命运共同体

中共十八大报告中明确提出了“人类命运共同体”的理念①。中共十八大以来，习近平不断发展和完善了这一理念，中共十九大提出“坚持推动构建人类命运共同体”②，并将其作为新时代中国特色社会主义的基本方略。同时，人类命运共同体内涵也在现实的发展中不断深化，如：中非命运共同体、海洋命运共同体、人类卫生健康共同体等。这深化了我们对科学社会主义、中国特色社会主义的认识。

第一，构建人类命运共同体是推动中国特色社会主义发展的必然选择。历史经验表明，中国在改革开放以来取得的一系列成就与开辟了中国特色社会主义道路密不可分。中国特色社会主义道路形成于和平与发展的时代中，积极利用和平发展的外部环境发展自身，并以自身的发展和实际行动维护好外部的环境。立足于新时代，构建人类命运共同体是坚持和平发展、中国特色社会主义建设的必然选择。中共十八大以来，中国积极统筹国内国际两个大局，始终坚持和平发展道路，为中国特色社会主义的发展营造了良好的外部环境，为人类的和平与发展、维护国际秩序稳定作出了重要贡献。

---

①　胡锦涛：《坚定不移沿着中国特色社会主义道路前进　为全面建成小康社会而奋斗——在中国共产党第十八次全国代表大会上的报告》，《人民日报》2012 年 11 月 18 日。

②　习近平：《决胜全面建成小康社会　夺取新时代中国特色社会主义伟大胜利——在中国共产党第十九次全国代表大会上的报告》，人民出版社 2017 年版，第 25 页。

第二，构建人类命运共同体强调将中国的发展成果惠及世界。首先，中国是最大的发展中国家，办好自己的事、推动中国持续稳定发展就是对世界作出的最大贡献。其次，中国高度重视与世界人民的共同利益，“中国人民的梦想同各国人民的梦想息息相通”①，以构建人类命运共同体的形式将中国梦与世界梦共享共通共建，将中国的发展成果惠及世界。再次，中国开拓了一条既能保持国家独立、又能实现国家发展的现代化道路，凸显了中国发展道路的优越性，对世界各国的发展道路的选择具有吸引力，可以为其他国家选择发展道路所借鉴。

第三，构建人类命运共同体体现了科学社会主义的价值追求。科学社会主义的价值追求是要实现人的解放、建立自由人的联合体。构建人类命运共同体强调世界各国人民利益与共，各国之间团结合作、利益共享、共同发展，不断地改善人类的发展环境，推动人类社会的发展。人类命运共同体这一理念不仅融合了中华传统文化中对“大同”理想的追求，也发展了马克思主义的“共同体”思想，是对科学社会主义的具体实践与时代表达。面对当前世界发展形势，习近平呼吁“各国人民同心协力，构建人类命运共同体，建设持久和平、普遍安全、共同繁荣、开放包容、清洁美丽的世界”②，这一论述鲜明地指出了构建人类命运共同体的目标和内涵，旨在为人类的发展创造更好的条件，体现了科学社会主义的价值追求。

四、新时代中国特色社会主义的发展特点

（一）价值目标

1. 坚持以经济建设为中心与以人民为中心相结合

立足于新时代的实践，习近平高度重视人民的地位与作用，在中共

① 习近平：《决胜全面建成小康社会　夺取新时代中国特色社会主义伟大胜利——在中国共产党第十九次全国代表大会上的报告》，人民出版社 2017 年版，第 25 页。

② 同上书，第 58—59 页。

十九大上指出，“必须坚持以人民为中心的发展思想，不断促进人的全面发展、全体人民共同富裕”①，“必须坚持人民主体地位，坚持立党为公、执政为民，践行全心全意为人民服务的根本宗旨，把党的群众路线贯彻到治国理政全部活动之中，把人民对美好生活的向往作为奋斗目标，依靠人民创造历史伟业”②。2020 年，习近平在参加十三届全国人大三次会议内蒙古代表团审议时强调“人民至上”的理念③。这些论述是以人民为中心的发展的集中体现，关注到人民群众的主体性地位，回答了新时代中国特色社会主义“依靠谁发展”“为了谁发展”的问题。

中共十八大以来，中国特色社会主义事业取得了历史性变革，相应地，人民群众的需要也发生了转变。人民群众不再仅仅满足于吃得饱、穿得暖，其他各方面的需要也凸显了出来，据此，习近平在中共十九大报告上提出了社会主要矛盾发生了转变的论断。需要明确的是，虽然社会主要矛盾变了，但仍要以经济建设为中心，大力解放和发展生产力，这样才能为满足人民群众的各项需要创造物质基础。离开经济基础谈以人民为中心，则是空中楼阁，会出现空想社会主义的情况。新时代，人民群众的需要层次更高。坚持以人民为中心，就是要不断地激发改革活力，以经济增长满足人民群众的美好生活的需要。新时代社会主要矛盾变化的求解，实质上是超越了原来仅仅塑造经济人的阶段，使中国社会走向把经济人、政治人、社会人、文化人这种割裂的、碎片状态的人重新还原到马克思所说的“整个的人”的阶段，真正体现促进人的全面发展。

坚持以经济建设为中心与以人民为中心相结合在新时代体现得淋漓尽致。如：建设中国特色社会主义“五位一体”的总体布局不仅体现了

---

① 习近平：《决胜全面建成小康社会　夺取新时代中国特色社会主义伟大胜利——在中国共产党第十九次全国代表大会上的报告》，人民出版社 2017 年版，第 19 页。

② 同上书，第 21 页。

③《坚持人民至上　不断造福人民　把以人民为中心的发展思想落实到各项决策部署和实际工作之中》，《人民日报》2020 年 5 月 23 日。

中国特色社会主义全面发展的要求，又旨在满足人民群众的整体性需求。在“四个全面”中，就是旨在通过激发改革动力，以先进性的政党引领人民在建成小康社会、现代化国家中实现经济社会的迅速发展，以法律、制度解决好人民群众关心的问题，维护人民当家作主的主体地位。这充分体现了科学社会主义的本质要求：解放和发展生产力，促进人的全面发展。

2. 坚持共产主义的远大理想和中国特色社会主义共同理想相统一

中共十八大后，习近平反复强调了理想信念的重要性，要“牢固树立共产主义远大理想和中国特色社会主义共同理想”①。中国共产党人之所以能够百炼成钢，就是因为志存高远，始终坚持共产主义的远大理想。立足新时代的新征程，需要我们把握好远大理想和共同理想的辩证关系。

第一，实现共产主义远大理想是人类社会发展的趋势，是中国特色社会主义共同理想的依据和目标。马克思、恩格斯的社会主义观中所提出的共产主义，是建立在对历史和现实科学分析基础之上的，不仅有对资本主义现实的客观批判，更有对人类社会发展过程的科学分析，体现了人类社会发展的客观趋势，具有高度的科学性。共产主义远大理想为中国特色社会主义共同理想提供了依据和目标。我们依据共产主义和社会主义理想确立了中国特色社会主义道路、理论、制度，这样整个逻辑才成立。如果前提都不要了，就完全变成了实用主义。共产主义远大理想仍是我们分析与解决社会问题的利器。任何曲解中国特色社会主义与共产主义关系的论调都是错误的，需要予以解释、澄清、反驳。中国特色社会主义的性质是科学社会主义，目标就是共产主义。不能离开目标空谈主义，这样容易迷失前进的方向。

第二，实现中国特色社会主义共同理想是实现共产主义远大理想的过

① 本书编写组编著：《党的十九大报告辅导读本》，人民出版社 2017 年版，第 42 页。

程，中国特色社会主义事业是共产主义实践的当代展开。无论多么远大、科学的理想，如果不能付诸行动，那还是空想。中国特色社会主义共同理想是在建设中国社会主义过程中与共产主义远大理想相结合的产物，是共产主义远大理想在当代的具体实践。新时代中国特色社会主义始终坚持以人民为中心的发展思想，不断创造美好生活，逐步实现人的自由全面发展，这就是共产主义远大理想在新时代的落实。这也以实践回应了“共产主义渺茫论”“共产主义没有经过实践检验”的错误观点。

立足于新时代中国特色社会主义建设，就是要坚持远大理想和共同理想的统一，并且要将这一统一落实到个体的行动中去。习近平多次强调加强党员的理想信念教育，将理想信念教育作为思想建设的重要任务。只有这样，才能提高党员的思想道德觉悟和各项能力，发挥好党员的先锋模范作用，才能号召广大人民群众，才能不断推动中国特色社会主义事业前行，实现中国特色社会主义共同理想和共产主义远大理想。

（二）方法论

1. 不断实现理论创新和实践创新良性互动

新时代中国特色社会主义的新成就是立足于新时代的实践，是在理论和实践的双向互动中形成与发展的，并不断推动中国特色社会主义的前行，对科学社会主义作出新贡献。

中共十八大以来，国内外形势变化和国内各项事业的发展迅速，在中国特色社会主义实践过程中，形成了实现中国梦、“四个全面”战略布局等一系列战略部署，这为新时代中国特色社会主义的理论创新提供了实践依据。以习近平同志为核心的党中央基于这些实践，辩证地把握了“变”与“不变”的关系，实现了对社会主义实践认识的新突破、对社会主义实践规律的新揭示，实现了理论创新，体现了对科学社会主义的理论创新与实践坚持。

实践是理论的源泉，理论对实践有巨大的反作用。习近平关于中国特色社会主义的论述既有理论上的突破创新，又有实践工作中的方法指导与策略部署，实现了理论与政策的统一，是理论创新与实践创新的突出体现。中共十八大以来，中国特色社会主义事业之所以能够取得历史性变革，不仅仅是中国共产党和中华民族人民奋斗的结果，更是党的理论创新指导的结果。如："十个明确"和"十四个坚持"；构建人类命运共同体，实现中国梦与世界梦的互联互通共享；等等。

2. 尊重客观规律与发挥人的主观能动性相结合

尊重客观规律与发展人的主观能动性是重要的马克思主义基本原理和方法论。客观规律是人的主观能动性发挥的基础，人的主观能动性的发挥必须服从于客观规律。只有在实践中，正确认识和把握了客观规律，再以人的能动性发挥为条件，才能促进实践的成功。

改革开放以来，中国特色社会主义事业取得了巨大的成就，积累了丰富的方法论和实践工作中的经验与思考。以习近平同志为核心的党中央坚持了这一成功的社会主义建设经验，立足于新时代，坚持和深化了对社会主义规律性的认识，创新了马克思主义关于人民群众是历史创造者的观点，提出以人民为中心的发展思想，在实践中充分体现了尊重客观规律与发挥人的主观能动性相结合。如：立足于社会主义发展规律提出中国梦，强调中国梦符合历史发展的潮流，重视人的主观能动性，强调中国梦必须依靠人民来实现；"五位一体"总体布局符合社会主义社会建设的客观规律，体现了对人民利益的全方位维护，同时注重发挥人的主观能动性，号召人民群众参与到社会建设中。

总之，既尊重客观规律性，也注重发挥主观能动性，是新时代中国特色社会主义发展的亮点。全面建成社会主义现代化强国和实现中华民族的伟大复兴与坚持这一方法论密不可分。

3. 辩证把握社会主义的民族色彩与世界意义

"只有民族的才是世界的，只有引领时代才能走向世界。"① 新时代中

① 《习近平谈治国理政》第2卷，外文出版社2017年版，第66页。

国特色社会主义既是中国的，立足于中国国情，反映了中国的社会主义建设规律，也是世界的，反映了社会主义国家建设的规律，为发展中国家实现现代化提供了路径参考。

民族性与世界性的统一，体现了矛盾普遍性与特殊性的辩证关系原理。科学社会主义的发展历程表明，科学社会主义基本原理不能当作教条，只有与各国实践相结合，才会有生命力。科学社会主义基本原理反映了社会主义社会发展的一般规律，这是矛盾的普遍性；每个国家的国情、特点都不相同，这体现了矛盾的特殊性。只有将两者结合起来，才能找到适合发展的道路。

新时代中国特色社会主义鲜明体现了民族色彩和世界意义的有机结合。一方面，立足于新时代的实践与历史方位，力求解决中国特色社会主义发展面临的现实问题，旨在实现中国梦，具有民族色彩与特殊性。另一方面，其还有着宽广的全球眼光，主张以解决中国问题为解决全球问题作出贡献；主张社会主义的发展不具有统一的模式，也不向外强推中国特色社会主义的发展道路，鼓励世界各国依据本国国情选择合适的发展道路；关注人类发展大势，构建人类命运共同体，为人类社会发展作出贡献，为后发国家走向现代化道路提供了参考，也具有世界意义与一般性。这是对马克思主义矛盾学说的坚持与当代应用，具有鲜明的马克思主义理论品格。

五、新时代中国特色社会主义的重要意义

习近平以三个“意味着”高度凝练了新时代中国特色社会主义的重大意义：“中国特色社会主义进入新时代，意味着近代以来久经磨难的中华民族迎来了从站起来、富起来到强起来的伟大飞跃，迎来了实现中华民族伟大复兴的光明前景；意味着科学社会主义在二十一世纪的中国焕发出强大生机活力，在世界上高高举起了中国特色社会主义伟大旗帜；意味着中国特色社会主义道路、理论、制度、文化不断发展，拓展了发展中国家走

向现代化的途径，给世界上那些既希望加快发展又希望保持自身独立性的国家和民族提供了全新选择，为解决人类问题贡献了中国智慧和中国方案。”① 这三个“意味着”指明了中国特色社会主义进入新时代彰显了民族复兴的光明前景、开辟了社会主义在当代中国的新境界、彰显了中国道路的世界贡献，对中华民族发展、科学社会主义发展、人类社会发展等都具有深远意义。

（一）彰显了中华民族伟大复兴的光明前景

近代以来，一代又一代中华民族的仁人志士为实现中华民族伟大复兴而殚精竭虑、长期奋斗。中国共产党领导的革命、建设与改革的百余年奋斗之路，充分揭示了社会主义道路就是实现民族复兴的必由之路，中国特色社会主义进入新时代的历史方位是民族复兴这一伟大进程的新的里程碑。

自鸦片战争以来，中国人民不断探索着民族复兴之路。经过深入研究并对比多种学说和思想，中国的革命先驱选择了马克思主义，认定它为解放和复兴民族的有力工具，同时确认社会主义为国家振兴的正确道路。中华人民共和国成立后，在中国共产党的领导之下，中国人民立足于新起点，通过社会主义革命在这片拥有数千年悠久历史的土地上建立了先进的社会主义制度。中国共产党和中国人民经过近三十年的不懈努力，在社会主义革命和建设中取得重大成就，积累了开创中国特色社会主义的宝贵经验，并为此做好了理论和物质的准备，为实现中华民族的伟大复兴奠定了坚实基础，迈出了坚定的步伐。

自中共十一届三中全会以来，中国进入了改革开放和社会主义现代化建设新时期。在过去 40 余年的历程中，中国共产党致力于解放思想、贴近国情、遵循既定路线、关注发展任务、完善规划布局、坚持价值追求，

① 习近平：《决胜全面建成小康社会　夺取新时代中国特色社会主义伟大胜利——在中国共产党第十九次全国代表大会上的报告》，人民出版社 2017 年版，第 10 页。

不断探索和解答什么是社会主义，如何建设、巩固和发展社会主义等重大问题，并在理论及实践层面取得了历史性的成就，包括：坚持并发展了具有中国特色的社会主义道路和理论体系，完善并优化了中国特色社会主义制度，形成并创新了中国特色社会主义文化。中国特色社会主义事业的持续发展引领了中国当代社会的深刻变革，社会生产力、国家综合实力及民众的生活水平都实现了史无前例的提高，民族复兴的伟业正不断向前推进。

进入新时代，中国共产党人继承先辈们对民族复兴的孜孜追求，不断以中国社会主义事业的发展为实现强国建设创造条件，中华民族伟大复兴迎来了新的里程碑。在“三步走”战略已实现前两步的基础之上，中国共产党进一步明确了第三步的战略目标，并将其具体化为两个阶段。中国全面建成小康社会，彻底消除了长期存在的绝对贫困问题，实现了第一个百年奋斗目标，同时开启了迈向第二个百年奋斗目标的新征程。“从二〇二〇年到二〇三五年基本实现社会主义现代化；从二〇三五年到本世纪中叶把我国建成富强民主文明和谐美丽的社会主义现代化强国。”①这一战略规划标志着中华民族在政治、经济、文化、社会、生态等全面复兴的道路上迈出坚实步伐，距离中华民族伟大复兴的目标正无比接近。

（二）开辟了科学社会主义在当代中国的新境界

马克思、恩格斯在《共产党宣言》的一篇序言中曾指出，“不管最近25年来的情况发生了多大的变化，这个《宣言》中所阐述的一般原理整个说来直到现在还是完全正确的……这些原理的实际运用，随时随地都要以当时的历史条件为转移”②，这鲜明体现了马克思主义基本原理的科学性和科学社会主义的真理性。在后世的国际共产主义运动中，第二国际之所

① 习近平：《高举中国特色社会主义伟大旗帜　为全面建设社会主义现代化国家而团结奋斗——在中国共产党第二十次全国代表大会上的报告》，《人民日报》2022年10月26日。

② 《马克思恩格斯文集》第2卷，人民出版社2009年版，第5页。

以破产，就在于一些革命家和理论家背离了这一基本原则，陷入了“机会主义”“保守主义”的泥潭。与之相反，列宁探索出一条首先进行政治革命继之以变革生产关系的制度变迁道路，并始终坚持马克思主义基本原理，试图通过新经济政策在生产关系变革的基础上实现生产力进步与劳动生产率提升、剩余增长的携手并进。但他的后继者又背离了“随时随地以当时的历史条件为转移”这一要求，最终导致了苏联亡党亡国和东欧剧变。在这之后，尤其在西方世界，“马克思主义破产论”“共产主义失败论”“历史终结论”等谬论一度甚嚣尘上，尤其对中国社会主义事业的唱衰声直至今日也不绝于耳。

然而，即使在国际共产主义屡遭挫折的时期，中国共产党对科学社会主义和共产主义的未来、对于中国特色社会主义事业的光明前景仍充满信心。邓小平就曾经说过：“社会主义经历一个长过程发展后必然代替资本主义。这是社会历史发展不可逆转的总趋势，但道路是曲折的。……一些国家出现严重曲折，社会主义好像被削弱了，但人民经受锻炼，从中吸取教训，将促使社会主义向着更加健康的方向发展。”① 自改革开放以来，中国共产党在坚持和发展中国特色社会主义的历程中，书写了科学社会主义在中国大地上的新篇章。特别是新时代以来，以习近平同志为核心的党中央，准确把握了当今世界及当代中国的发展趋势，紧密结合国家实际需求和人民期望，部署了众多重大的战略规划，制定并执行了多项重要的政策措施，推动了一系列关键的工作进展。这些努力解决了多个长期存在而未能解决的问题，完成了一些过去未能实现的重要工作，从而使中国的经济和社会发展取得了显著的成就。2013 年至 2023 年，中国 GDP 年均增长 6%，经济总量长期稳居世界第二，且占世界经济的比重从 12.3% 已经上升到 18% 左右，是世界经济增长的最大引擎，跟其他国家相比，中国发展的

① 《邓小平文选》第 3 卷，人民出版社 1993 年版，第 382—383 页。

成绩是令人信服的，可以说是风景这边独好。①

新时代中国特色社会主义取得了如此巨大的成就，彰显了其自身优越性的同时，也意味着科学社会主义正在当代中国迸发着无限的生机与活力。这不仅提升了社会主义在世界范围内的影响力与感召力，也为正在建设社会主义和希望走向社会主义的国家提供了有益的探索经验，有力地证明了马克思主义理论的科学性与真理性，以最鲜明的客观事实驳斥了西方话语中长期以来对马克思主义、社会主义以及中国发展的误读与抹黑。中国的成就与经验也表明，苏联解体、东欧剧变并非社会主义的终结。尽管苏联曾经在社会主义建设中取得了一定成就，但未能有效应对在日新月异的时代条件下如何建设社会主义的新的课题，最终导致了国家的解体，这些经验和教训也是国际社会主义发展的宝贵财富。中国共产党在坚持和发展中国特色社会主义的过程中，借鉴苏联经验，强调走自己的道路，通过不断地改革和创新，成功解决了如何建设社会主义的关键问题，实现了社会主义在当代的历史性飞跃。因此，在新时代的历史方位下，继续坚持和发展中国特色社会主义，就是对科学社会主义理论和实践的真正坚持。

（三）彰显了中国道路的世界意义

中国特色社会主义所取得的诸多发展成就，不仅推动了中国的现代化进程，也为世界发展贡献了力量，拓展了世界上其他发展中国家走向现代化的途径，为解决人类问题贡献了中国智慧、提供了中国方案。

第二次世界大战后，实现现代化成为全球所有国家的主要目标。在此背景下，由于西方国家在现代化进程中处于领先地位，西方中心论长期主导了国际上关于现代化的讨论。许多学者和政客主张，发展中国家若想打破贫困与落后的循环，必须遵循西方的发展轨迹，沿用欧美的经济增长模式。然而，这一理论在实际应用中，并未让众多发展中国家取得期待中的

---

①《GDP 十年翻番　我国经济实力实现历史性跃升》，中华人民共和国中央人民政府网，2023 年 12 月 15 日［引用日期：2024 年 5 月 10 日］。

成效。自 20 世纪 90 年代起，围绕西方现代化理论所展开的全球现代化路径经历了诸多重大变故，特别是在数次经济危机与金融危机的冲击下，一些试图复制欧美发展模式的国家遭遇了严重的困境。同时，西方发达资本主义国家内部也屡次遭遇发展危机，导致西方现代化理论的解释力与影响力逐渐减弱。这些实践案例都强有力地表明，建构一种统一的发展模式，实际上是一种不切实际的幻想。

一个国家选择什么理论作为指导、走怎样的道路，关键在于这一理论和道路能否切实解决这个国家正在面临和未来将要面临的实际问题。每个国家的现代化路径和条件都有其独特性，因此是否适合某种发展模式应由该国人民来决定。历史和现实均表明，只有社会主义才能救中国，而中国特色社会主义是推动中国在新的历史方位下持续进步的关键力量。中国道路不是对于中华优秀传统文化、马克思主义经典理论、其他国家社会主义实践的简单复制，或是外国现代化模式的粗劣模仿。中国的独特文化、历史和国情决定了其必须走一条属于自己的独特道路。依靠中国特色社会主义的成功，中国不仅创造了举世瞩目的发展奇迹，还挑战了“现代化即西方化”的传统观点。同时，中国道路也是一条和平发展的道路，注重在发展过程中与世界各国共享发展机遇，这又有力地反驳了西方“强国必霸”的观念。实践证明中国道路不仅适应了中国的国情，也为世界现代化的多样性提供了新的视角和佐证，展示了在全球多极化背景下多元并存的现代化路径的有效性和正当性。

长期以来，中国共产党和中国人民一直尊重人类文明的多样化发展路径，并坚决反对将某一种发展模式和价值观强加于他国。同时，中国高度重视同世界各国各地区之间的文明交流互鉴，认为这是增进国际理解与合作的重要途径。随着中国在国际舞台上的日益崛起，国际社会越来越期望听到中国的声音并见识到中国的方案，特别是在处理全球性问题时，中国的见解、方法和经验越来越得到重视。这表明，真正的全球合作应建立在尊重差异和促进共享的基础之上，也只有通过这种方式，国际社会才能够更好地应对和破解多元复杂的全球挑战。正如习近平所说，“解决好民族性问题，就有更强能力去解决世界性问题；把中国实践总结好，就有更强能力为解决世界性问题提供思路和办法。这是由特殊性到普遍性的发展规律”[①]，这也是对中国道路世界意义的科学诠释。

① 《习近平著作选读》第1卷，人民出版社2023年版，第480页。

结 语

回望过去的路，是为了坚定脚下的路、走好未来的路。科学社会主义的演进历程表明，社会主义理论要随着实践的发展而向前推进。科学社会主义演进本质上是对人类解放道路的探索。中国特色社会主义道路立足实践，承接历史，是实现民族复兴和推动社会主义发展的正确道路，为构建21世纪马克思主义基本原理提供了鲜明的历史与实践依据，对深化马克思主义基本原理研究具有重要意义。

一、科学社会主义的演进本质上是对人类解放道路的探索

从空想社会主义到中国特色社会主义虽说已有几百年历史，但是这历史长河中不变的是社会主义者对人类解放道路的探索。这一探索过程具有递进性和规律性，是在不断解决前人留下的理论难题的过程中前行的。

（一）对“道路”的探索是贯穿科学社会主义演进的一条主线

科学社会主义的演进本质上是在具体的历史实践中探索人类的解放道路。

空想社会主义之所以会失败，就是因为没有深入把握到社会发展的客观规律，没有找到通往未来理想社会的道路。马克思、恩格斯创立了科学社会主义，立足西欧发达生产力的资本主义国家揭示了资本主义社会和人类社会发展的一般规律，找到了资本主义国家通往共产主义的道路。

列宁将科学社会主义的理论付诸实践，根据国内外发展形势，着力探

索生产力落后的俄国向社会主义过渡的道路。斯大林以社会主义的特征为指引，建立了苏联模式，这一模式在短期内促进了社会主义生产力的发展，但是弊端逐渐显现，这条道路走向了失败。自马克思列宁主义传入中国以来，科学社会主义在中国的发展进程就表现为中国解放道路的探索。在新民主主义革命时期，中国共产党人探索出中国革命的道路，推动了新中国的成立。随后，带领中国人民完成社会主义改造，确立了社会主义制度。新中国如何探索社会主义建设道路被提上了日程。在这一次探索中，中国共产党人前期受到“苏联模式”的影响，后来在实践中发现行不通，开始反思“苏联模式”的弊端。这一次探索的实质仍然是对社会主义建设道路的探索，且为后来中国特色社会主义道路的开辟提供了宝贵的经验教训。

改革开放以来，中国共产党人立足于中国的客观实际开辟了中国特色社会主义道路。这条道路取得了巨大的发展成就，推动了社会主义生产力的解放和人民生活水平的提高，以实践成绩证明了其是实现国家发展和推动社会主义前进的正确道路。特别是中共十八大以来，以习近平同志为核心的党中央带领中国特色社会主义事业取得了历史性进展，推动了中国特色社会主义进入新时代这一新的历史方位。在这一方位下，要进一步解决好中国特色社会主义由“站起来”“富起来”向“强起来”转变的问题，从而明确新时代中国特色社会主义发展道路的问题，更好地探索走向共产主义的人类解放之路。

（二）科学社会主义的演进是在坚持科学社会主义基本原理的前提下不断调整其“边界”

科学社会主义基本原理是考察资本主义生产方式，预测未来理想社会得出的基本结论，是科学社会主义的“内核”。但是它们可以根据不同的时代条件、国情条件，不断地调整“边界”，以促进基本原理的发展。

马克思、恩格斯、列宁都强调要根据具体环境而调整策略。但是在实际的社会主义实践中，无论是苏联还是其他社会主义国家，由于缺乏社会主义建设的经验，而教条化地搬用科学社会主义的某些基本原理，形成了一些僵化的认识。这些做法实质上是给科学社会主义基本原理这一“内核”划上错误的“边界”，限制了科学社会主义的发展，必须调整修改。以下则结合具体的科学社会主义发展实践进行分析。

马克思、恩格斯探寻了发达国家通往共产主义的道路。列宁结合帝国主义时代世界经济政治发展新情况，提出了社会主义可以在经济落后国家取得胜利的理论。这是科学社会主义“内核”根据变化发展的实践一次正确的调整。

十月革命后，列宁沿袭了马克思、恩格斯对未来社会的构想，迫于国内外形势，列宁推行了战时共产主义政策，赢得了国内战争的胜利。但是，这一政策的弊端也逐渐凸显，破坏了生产力的发展，损害了人民的利益。这一客观形势要求科学社会主义“边界”必须作出调整，以推动科学社会主义“内核”的发展。因此，新经济政策应时而生，以此寻找适合俄国特点的社会主义道路。在新经济政策推行几年后，苏联的经济社会发展状况好转，斯大林急于向共产主义过渡，在实践中形成了有不少弊端的苏联社会主义建设模式。

以毛泽东同志为主要代表的中国共产党人，领导全国各族人民取得新民主主义革命的伟大胜利，建立了中华人民共和国，完成了社会主义革命，确立了社会主义基本制度，对适合中国国情的社会主义道路进行初步探索。中国的社会主义建设是以苏联模式为样本的，因此，这一阶段亟须调整科学社会主义的“边界”，以推动科学社会主义前进。

以邓小平同志为主要代表的中国共产党人将科学社会主义基本原理与中国实际相结合，准确定位到中国仍处于社会主义的初级阶段，进而针对性地采取新的策略发展社会主义，彰显了科学社会主义的生命力，实现了科学社会主义“边界”的再一次调整。随着实践的变化，以江泽民、胡锦涛同志为主要代表的中国共产党人进一步发展了中国特色社会主义，形成了一系列的新观点，这些是科学社会主义“边界”调整的结果。中国特色社会主义进入新时代，在这一历史方位下坚持和发展中国特色社会主义是科学社会主义“内核”在新时代这一“边界”的要求，以习近平同志为主要代表的中国共产党人带领全国人民实现了新时代中国特色社会主义的新发展。

可见，科学社会主义的演进路径是始终坚持科学社会主义基本原理的“内核”，并将这一“内核”与不同的时代条件、国情条件相结合，不断调整“边界”，从而在破解时代难题的过程中实现科学社会主义的发展与完善。

二、中国特色社会主义是科学社会主义的当代形态

中国共产党人在立足现实的基础上，将科学社会主义发展到现阶段，开辟了科学社会主义发展的新图景。

（一）在唯物史观层面始终强调解放与发展生产力

生产力是社会发展的决定性力量，这是马克思主义唯物史观的核心。社会主义的任务有很多，但是最根本的是要解放和发展生产力。马克思、恩格斯对未来社会的构想是建立在高度发达的社会生产力的基础之上。但是在实践中，苏联模式的社会主义观主要强调生产关系，忽视了生产力的发展，没有彰显社会主义的优越性。

改革开放以来，全党把工作重点转移到社会主义现代化建设上来，强调社会主义必须消灭贫穷，大力发展生产力，不断追求经济发展质量。中国共产党人在开辟中国特色社会主义的过程中强调要将社会主义建立在一定的物质基础之上，彰显出社会主义的优越性。同时，为了促进生产力的发展，在坚持社会主义制度的前提下，对不适应生产力的生产关系进行变革，为生产力的解放和发展开辟道路。这不仅将发展生产力与发挥社会主义制度的优越性结合起来，还恢复了科学社会主义的本来面目，表明了中国特色社会主义与科学社会主义反复强调的要发展生产力的思想是一脉相承的，是对科学社会主义基本原理的坚持和发展。

（二）在价值目标层面始终坚持人的自由全面发展

实现每个人的自由而全面的发展，是马克思、恩格斯关于未来理想社会的基本思想，科学社会主义鲜明地凸显着对人的解放和人的自由全面发展的目标。传统的苏联模式社会主义将马克思、恩格斯关于未来社会的制度特征教条化，而忽视了蕴含在背后的价值意蕴，这也是导致苏联模式社会主义失败的主要原因。

中国特色社会主义将生产力的发展与人的发展高度统一，高度重视生产力的发展，坚持以经济建设为中心，为人的自由而全面发展创造条件；特别是在新时代，不断将以经济建设为中心和以人民为中心相结合。中国特色社会主义将社会主义社会看作一个整体予以全面考虑，以社会的全面发展和人的全面发展为宗旨，不仅注重社会主义社会在经济、政治、文化、社会、生态等方面取得长足的发展，还关注个人在经济、政治、文化、社会、生态方面的利益是否得到满足，不断满足人民对美好生活的高级需要。同时，高度发挥人民群众在社会主义革命、建设、改革中的主体性作用，充分尊重人民群众的首创地位。这是科学社会主义的价值目标在当代中国的现实体现。

（三）在方法论层面始终坚持将科学社会主义基本原理与现实相结合

科学社会主义是实践的理论学说，必须将其与现实相结合才能发挥其科学的价值。马克思、恩格斯在创立科学社会主义时，将社会主义置于西欧资本主义发展状况的现实基础之上，对未来社会作出了一般性的预测。马克思、恩格斯没有也不可能对以后各国如何实现未来社会的道路作出精准说明，他们始终强调运用原理要“随时随地都要以当时的历史条件为转移”①。随后的部分社会主义探索者将社会主义特征误以为是社会主义本质，在实践中犯了教条主义的错误，造成了社会主义探索的失败。改革开放后，中国共产党在探索中国特色社会主义的过程中坚持解放思想、实事

① 《马克思恩格斯文集》第 2 卷，人民出版社 2009 年版，第 5 页。

求是的思想路线，在方法论层面始终坚持将科学社会主义基本原理与现实相结合。这里的现实指两方面：一方面指时代条件、一方面指国情条件。这使得中国特色社会主义无论是在理论形态上还是制度形态上，都具有了鲜明的民族特色。

中国共产党把握住了“和平与发展”这一时代主题，立足于社会主义初级阶段的国情，不断地将科学社会主义基本原理与现实相结合，辩证把握了社会主义和资本主义之间的关系，重新审视了社会主义的建设思路，开辟了中国特色社会主义道路，在社会主义实践中不断深化对建设社会主义的认识，取得了突出成就。这不仅推动了中国特色社会主义进入了新的历史方位，也使中国特色社会主义的共产主义面相得到彰显。

参考文献

[1]《马克思恩格斯文集》第1—10卷，人民出版社2009年版。
[2]《马克思恩格斯选集》第1—4卷，人民出版社2012年版。
[3]《马克思恩格斯全集》第1卷，人民出版社1995年版。
[4]《马克思恩格斯全集》第2卷，人民出版社1957年版。
[5]《马克思恩格斯全集》第3卷，人民出版社1960年版。
[6]《马克思恩格斯全集》第4卷，人民出版社1958年版。
[7]《马克思恩格斯全集》第7卷，人民出版社1959年版。
[8]《马克思恩格斯全集》第10卷，人民出版社1962年版。
[9]《马克思恩格斯全集》第18卷，人民出版社1964年版。
[10]《马克思恩格斯全集》第19卷，人民出版社1963年版。
[11]《马克思恩格斯全集》第21卷，人民出版社1965年版。
[12]《马克思恩格斯全集》第42卷，人民出版社1979年版。
[13]《马克思恩格斯全集》第43卷，人民出版社2016年版。
[14]《列宁全集》第1—60卷，人民出版社2017年版。
[15]《列宁选集》第1卷，人民出版社2012年版。
[16]《列宁选集》第2卷，人民出版社1995年版。
[17]《列宁选集》第3卷，人民出版社1995年版。
[18]《列宁选集》第4卷，人民出版社1995年版。
[19]《列宁专题文集·论社会主义》，人民出版社2009年版。

[20] 列宁:《论"左派"幼稚性和小资产阶级性》，人民出版社 1955 年版。
[21]《毛泽东选集》第 1—4 卷，人民出版社 1991 年版。
[22]《毛泽东文集》第 1—8 卷，人民出版社 1999 年版。
[23]《邓小平文选》第 2 卷，人民出版社 1994 年版。
[24]《邓小平文选》第 3 卷，人民出版社 1993 年版。
[25]《江泽民文选》第 1 卷，人民出版社 2006 年版。
[26]《江泽民文选》第 3 卷，人民出版社 2006 年版。
[27]《江泽民论有中国特色社会主义》(专题摘编)，中央文献出版社 2002 年版。
[28] 江泽民:《全面建设小康社会 开创中国特色社会主义事业新局面——在中国共产党第十六次全国代表大会上的报告》,《人民日报》2002 年 11 月 18 日。
[29]《胡锦涛文选》第 2 卷，人民出版社 2016 年版。
[30] 胡锦涛:《在纪念中国人民抗日战争暨世界反法西斯战争胜利 60 周年大会上的讲话》,《人民日报》2005 年 9 月 4 日。
[31] 胡锦涛:《在省部级主要领导干部提高构建社会主义和谐社会能力专题研讨班上的讲话》(2005 年 2 月 19 日),《人民日报》2005 年 6 月 27 日。
[32] 胡锦涛:《坚定不移沿着中国特色社会主义道路前进 为全面建成小康社会而奋斗——在中国共产党第十八次全国代表大会上的报告》,《人民日报》2012 年 11 月 18 日。
[33]《习近平谈治国理政》，外文出版社 2014 年版。
[34]《习近平谈治国理政》第 2 卷，外文出版社 2017 年版。
[35]《习近平著作选读》第 1 卷，人民出版社 2023 年版。
[36]《习近平著作选读》第 2 卷，人民出版社 2023 年版。
[37] 习近平:《在庆祝全国人民代表大会成立 60 周年大会上的讲话》，人

民出版社 2014 年版。
[38] 习近平:《在纪念陈云同志诞辰 110 周年座谈会上的讲话》,《人民日报》2015 年 6 月 13 日。
[39] 习近平:《在省部级主要领导干部学习贯彻党的十八届五中全会精神专题研讨班上的讲话》,《人民日报》2016 年 5 月 10 日。
[40] 习近平:《在庆祝中国共产党成立 95 周年大会上的讲话》，人民出版社 2016 年版。
[41] 习近平:《决胜全面建成小康社会　夺取新时代中国特色社会主义伟大胜利——在中国共产党第十九次全国代表大会上的报告》，人民出版社 2017 年版。
[42] 习近平:《在纪念马克思诞辰 200 周年大会上的讲话》，人民出版社 2018 年版。
[43]《坚持人民至上　不断造福人民　把以人民为中心的发展思想落实到各项决策部署和实际工作之中》,《人民日报》2020 年 5 月 23 日。
[44] 习近平:《高举中国特色社会主义伟大旗帜　为全面建设社会主义现代化国家而团结奋斗——在中国共产党第二十次全国代表大会上的报告》,《人民日报》2022 年 10 月 26 日。
[45]《毛泽东年谱（1949—1976）》第 5 卷，中央文献出版社 2013 年版。
[46]《邓小平年谱（1975—1997）》(下)，中央文献出版社 2004 年版。
[47]《关于建国以来党的若干历史问题的决议》，人民出版社 1981 年版。
[48]《三中全会以来重要文献选编》(上)，人民出版社 1982 年版。
[49]《十一届三中全会以来重要文献选编》(上)，人民出版社 1986 年版。
[50]《十三大以来重要文献选编》(上)，人民出版社 1991 年版。
[51]《建国以来重要文献选编》第 8 册，中央文献出版社 1994 年版。
[52]《十四大以来重要文献选编》(上)，人民出版社 1996 年版。
[53]《十五大以来重要文献选编》(上)，人民出版社 2000 年版。
[54]《十五大以来重要文献选编》(中)，人民出版社 2001 年版。

[55]《改革开放三十年重要文献选编》(上)，中央文献出版社 2008 年版。
[56]《十一届三中全会以来党和国家重要文献选编》，中共中央党校出版社 2008 年版。
[57]《建党以来重要文献选编》第 25 册，中央文献出版社 2011 年版。
[58]《建党以来重要文献选编（1921—1949）》第 5 册，中央文献出版社 2011 年版。
[59]《改革开放三十年重要文献选编》(下)，中央文献出版社 2008 年版。
[60]《十八大以来重要文献选编》(中)，中央文献出版社 2016 年版。
[61]《党的十九大报告辅导读本》，人民出版社 2017 年版。
[62] [苏] 洛克申:《苏联工业史纲要（1917—1940）》，张贤务等译，生活·读书·新知三联书店 1957 年版。
[63] [法] 摩莱里:《自然法典》，刘元慎、何清新译，商务印书馆 1959 年版。
[64] [法] 巴贝夫:《巴贝夫文选》，梅溪译，商务印书馆 1962 年版。
[65] [英] 温斯坦莱:《温斯坦莱文选》，任国栋译，商务印书馆 1965 年版。
[66] 苏联部长会议中央统计局编:《苏联国民经济六十年》，陆南泉等译，生活·读书·新知三联书店 1979 年版。
[67] [英] 罗伯特·欧文:《欧文选集》第 2 卷，柯象峰等译，商务印书馆 1981 年版。
[68] [法] 傅立叶:《傅立叶选集》第 2 卷，赵俊欣等译，商务印书馆 1981 年版。
[69] [法] 圣西门:《圣西门选集》第 2 卷，董果良译，商务印书馆 1982 年版。
[70] [英] 托马斯·莫尔:《乌托邦》，戴镏龄译，商务印书馆 1982 年版。
[71] 石仲泉:《毛泽东的艰辛开拓》，中共党史出版社 1992 年版。
[72] 梁启超:《梁启超全集》第 1 卷，北京出版社 1999 年版。

[73] 邓力群：《经济战略家毛泽东》，中央民族大学出版社 2004 年版。
[74] 陈曦文：《世界中世纪史研究》，人民出版社 2006 年版。
[75] 郑德荣：《毛泽东思想新论》，东北师范大学出版社 2006 年版。
[76] 程伟礼、戴雪梅：《中国特色社会主义思想史》，学林出版社 2009 年版。
[77] 赵明义：《科学社会主义》，山东大学出版社 2011 年版。
[78] 萧贵毓、牛先锋：《社会主义通史》第 1 卷，人民出版社 2011 年版。
[79] 复旦大学社会科学基础部：《社会主义：理论与实践》，复旦大学出版社 2014 年版。
[80] 高放、李景治、蒲国良：《科学社会主义的理论与实践》，中国人民大学出版社 2014 年版。
[81] 马拥军：《马克思主义与中国梦》，天津人民出版社 2015 年版。
[82] 侯惠勤：《中国道路和中国模式》，社会科学文献出版社 2015 年版。
[83] 孙力：《理论的新形态：社会主义与中国特色》，世界图书出版公司 2015 年版。
[84] 蔡美彪等：《清朝通史》第 2 册，人民出版社 2016 年版。
[85] 田克勤、李婧：《邓小平与中国特色社会主义》，中国人民大学出版社 2016 年版。
[86] 陈学明：《中国道路的世界贡献》，天津人民出版社 2017 年版。
[87] 蒲国良：《社会主义思想从乌托邦到科学的飞跃（1516—1848）》，北京师范大学出版社 2018 年版。
[88] 孙力：《中国为社会主义贡献了什么？》，天津人民出版社 2018 年版。
[89] 孙代尧：《源远流长：科学社会主义与中国特色社会主义理论体系源流关系研究》，中国人民大学出版社 2019 年版。
[90] 秦宣：《中国特色社会主义重大问题研究》，中国人民大学出版社 2019 年版。
[91] 王伟光：《改革开放与中国特色社会主义道路》，中国言实出版社

2019 年版。
[92] 唐爱军:《中国道路与中国话语》, 社会科学文献出版社 2020 年版。
[93] 顾海良:《马克思主义中国化: 历史 · 理论 · 现实》, 经济科学出版社 2020 年版。
[94] 韩庆祥:《中国特色社会主义的发展逻辑》, 中国人民大学出版社 2020 年版。
[95] 关锋:《经典马克思主义与中国特色社会主义新时代》, 中山大学出版社 2020 年版。
[96] 韩庆祥、黄相怀:《中国奇迹的根本密码》, 中共中央党校出版社 2020 年版。
[97] 姜辉:《中国特色社会主义新时代的世界意义》, 江西人民出版社 2021 年版。
[98] 辛向阳:《中国特色社会主义新时代》, 人民日报出版社 2021 年版。
[99] 本书编写组:《社会主义发展简史》, 人民出版社、学习出版社 2021 年版。
[100] 孙力、陈杰、马光霞:《社会主义何以能发展》, 上海人民出版社 2022 年版。
[101] 邱卫东:《社会主义何以能复兴》, 上海人民出版社 2022 年版。
[102] 郝宇青:《社会主义何以能发生》, 上海人民出版社 2022 年版。
[103] 徐蓉:《社会主义何以影响世界》, 上海人民出版社 2022 年版。
[104] 颜晓峰:《创造人类文明新形态》, 社会科学文献出版社 2022 年版。
[105] 陈曙光:《21 世纪马克思主义若干重大问题》, 中共中央党校出版社 2023 年版。
[106] 肖贵清、车宗凯:《新时代中国特色社会主义制度创新研究》, 人民出版社 2024 年版。
[107] Angus Maddison, *Chinese Economic Performance in the Long Run, 960-2030 AD, Second Edition, Revised and Updated,* OECD Publishing,

2007.
[108] 叶润青、张少华：《斯大林关于反对平均主义坚持按劳分配原则的论述和实践》，《广西民族学院学报》（社会科学版）1980 年第 4 期。
[109] 赵曜：《中国特色社会主义是科学社会主义基本原则的创造性运用和发展》，《科学社会主义》2013 年第 2 期。
[110] 马拥军：《文化与经济的关系：西方马克思主义政治经济学批判的启示》，《西南大学学报》（社会科学版）2014 年第 2 期。
[111] 尚庆飞：《“新的历史特点论”：党中央治国理政科学体系的历史基座》，《中国社会科学》2017 年第 4 期。
[112] 郑云天：《国外中国特色社会主义研究的自我批判与反思》，《当代世界与社会主义》2018 年第 1 期。
[113] 秦刚、郭强：《社会主义“从传统到现代”的新发展——从社会主义发展进程看中国特色社会主义进入新时代》，《科学社会主义》2018 年第 1 期。
[114] 吕薇洲：《习近平新时代中国特色社会主义思想开辟国际共产主义运动新境界》，《当代世界》2018 年第 3 期。
[115] 成龙：《海外视域中的中国特色社会主义研究》，《国外社会科学》2019 年第 3 期。
[116] 李冉：《中国道路与马克思实践观的革命性质》，《理论探讨》2019 年第 3 期。
[117] 马拥军：《新时代世界社会主义运动的生机与活力》，《人民论坛·学术前沿》2019 年第 7 期。
[118] 顾海良：《中国特色社会主义的过程和逻辑》，《理论视野》2019 年第 10 期。
[119] 吴海江：《中国特色社会主义：人类文明新形态》，《理论视野》2021 年第 1 期。
[120] 顾海良：《马克思主义中国化历史与理论的创新性探索》，《马克思

主义理论学科研究》2021 年第 1 期。
[121] 吴晓明:《世界历史与中国道路的百年探索》,《中国社会科学》2021 年第 6 期。
[122] 肖巍:《世界社会主义发展的中国镜鉴》,《人民论坛》2021 年第 20 期。
[123] 季正聚、许徐琪:《中华民族伟大复兴的康庄大道——中国道路的底蕴、基础和特点》,《经济社会体制比较》2022 年第 4 期。
[124] 马拥军:《"道路思维":"中国道路" 生成的辩证思维》,《同济大学学报》(社会科学版) 2022 年第 6 期。
[125] 张明:《以中国式现代化全面推进中华民族伟大复兴的学理阐释》,《中共中央党校(国家行政学院)学报》2022 年第 6 期。
[126] 陈锡喜:《习近平新时代中国特色社会主义思想对科学社会主义的原创性贡献》,《马克思主义理论学科研究》2022 年第 8 期。
[127] 张雷声:《建构中国自主的马克思主义基本原理体系》,《马克思主义理论学科研究》2022 年第 9 期。
[128] 王永贵:《中国式现代化新道路的鲜明特征》,《思想教育研究》2022 年第 10 期。
[129] 何海根、孙代尧:《马克思主义时代化的理论特征和历史演进》,《当代世界与社会主义》2023 年第 1 期。
[130] 陶文昭:《习近平新时代中国特色社会主义思想对科学社会主义的理论贡献》,《马克思主义研究》2023 年第 4 期。
[131] 张新宁:《五个必由之路:"走自己的路" 的马克思主义中国化时代化新阐释》,《思想理论教育导刊》2023 年第 3 期。
[132] 李永康:《毛泽东的忧患意识》,《学习时报》2019 年 4 月 22 日。
[133]《GDP 十年翻番　我国经济实力实现历史性跃升》,中华人民共和国中央人民政府网,2023 年 12 月 15 日。

后　记

本书立足于马克思主义经典著作，从科学社会主义的前史——空想社会主义谈起，试图描绘出科学社会主义从空想社会主义，马克思、恩格斯创立的科学社会主义，苏联的社会主义，中国特色社会主义的演进轨迹，进而把握科学社会主义的演进规律，明确中国特色社会主义的历史方位。在具体的写作过程中，以“道路”为主线，以探索社会主义道路的历史性实践为主题，呈现社会主义道路在不同历史时期、不同国家与地区的发展变奏与创新成果，彰显社会主义是在破解时代难题中得到发展的，以期进一步认识社会主义的演进规律与中国特色社会主义的创新性发展，启发后来者在实践中进一步推进社会主义事业的发展与进步。需要指出的是，科学社会主义这一体系包含的内容众多，且新的实践、新的成果不断出现，鉴于作者能力水平有限，难免存在疏漏和不足之处，恳请学界同仁和广大读者批评指正！

本书在写作与出版的过程中，吸收了学术界相关成果，得到了老师和学界同仁的指导和帮助，得到了复旦大学马克思主义研究院出版项目的资助，上海人民出版社给予了大力支持。在此一并致以诚挚的谢意！

图书在版编目(CIP)数据

传承与发展 ：从科学社会主义到中国特色社会主义 / 孙健著. -- 上海 ：上海人民出版社，2024. -- ISBN 978-7-208-19082-5

Ⅰ. D610

中国国家版本馆 CIP 数据核字第 20244CY916 号

责任编辑 罗 俊 郑一芳

封面设计 零创意文化

传承与发展:从科学社会主义到中国特色社会主义

孙 健 著

出　　版 上海人民出版社
（201101　上海市闵行区号景路 159 弄 C 座）

发　　行 上海人民出版社发行中心

印　　刷 上海商务联西印刷有限公司

开　　本 720×1000　1/16

印　　张 15.25

插　　页 2

字　　数 205,000

版　　次 2024 年 10 月第 1 版

印　　次 2024 年 10 月第 1 次印刷

ISBN 978-7-208-19082-5/D·4379

定　　价 68.00 元